发展成就通览

襄阳

（1921—2021）

罗　丽◎主　编

杨华斌　石雄斌◎副主编

中央党校出版集团

国家行政学院出版社

NATIONAL ACADEMY OF GOVERNANCE PRESS

图书在版编目（CIP）数据

襄阳发展成就通览：1921—2021 / 罗丽主编；杨
华斌，石雄斌副主编 . -- 北京：国家行政学院出版社，
2025. 3. -- ISBN 978-7-5150-3012-8

Ⅰ. F299.276.33

中国国家版本馆 CIP 数据核字第 2024GC9936 号

书　　名	襄阳发展成就通览（1921—2021）	
	XIANGYANG FAZHAN CHENGJIU TONGLAN（1921—2021）	
主　　编	罗　丽	
副 主 编	杨华斌　石雄斌	
责任编辑	陈　科　刘　锦	
责任校对	许海利	
责任印刷	吴　霞	
出版发行	国家行政学院出版社	
	（北京市海淀区长春桥路 6 号　　100089）	
综 合 办	（010）68928887	
发 行 部	（010）68928866	
经　　销	新华书店	
印　　刷	中煤（北京）印务有限公司	
版　　次	2025 年 3 月北京第 1 版	
印　　次	2025 年 3 月北京第 1 次印刷	
开　　本	170 毫米 ×240 毫米　16 开	
印　　张	16.75	
字　　数	220 千字	
定　　价	65.00 元	

本书如有印装问题，可联系调换，联系电话：（010）68929022

序 言

Preface

　　以史鉴今，资政育人。在中共中央印发《党史学习教育工作条例》，推动党史学习教育常态化长效化，推动全党全社会学好党史、用好党史之际，为配合全市深入开展党史学习教育，引导各级党组织和广大党员弘扬伟大建党精神，从党的历史中汲取智慧和力量，做到学史明理、学史增信、学史崇德、学史力行，奋力打造中西部发展的区域性中心城市、谱写中国式现代化襄阳篇章，中共襄阳市委党校（襄阳市行政学院）结合本地实际编写了《襄阳发展成就通览（1921—2021）》。该书是一部面向全市广大党员干部的通俗党史读本，思想深刻且具有地方特色，也是一本记录襄阳经济社会发展的生动教材。

　　百年跋涉，征途漫漫。自中国共产党成立以来的一百年间，襄阳儿女秉持着党的初心使命，战胜各种艰难险阻，创造了不同凡响的英雄业绩，谱写了灿烂辉煌的历史篇章。从早期革命家萧楚女两次来襄阳传播马克思主义革命火种，到新中国成立之初的土地改革、清匪反霸、各级人民政权建立；从独树一帜的"三线"建设，到"二汽"襄阳基地辟建、襄阳高新区发展壮大；从"襄阳的三峡工程"——火电厂兴建，到长江流域第一个百亿斤粮食大市的诞生；从全面深化改革、襄阳都市圈快速发展，到襄阳古城一步步发生深刻蝶变……在百年历史进程中，在襄阳这片光荣的土地上，我们党走过峥嵘岁月、历经苦难辉煌，准确把握历史规律，牢牢掌握历史主动，交出了一份出色的历史答卷。历史是最好的老师，历史是最生动具体的教材。《襄阳发展成就通览（1921—2021）》就是这样一本高度浓缩百年发展历程和成就的教材。

本书立足襄阳、聚焦党史，以时间为经、以事件为纬，从革命、建设、改革开放和社会主义现代化建设、中国特色社会主义新时代四个历史时期具有重要意义、产生重要影响的标志性事件切入，以生动的史料和笔触展现了发生在襄阳大地的大事件，以纪实手法，突出党史政治性，把握史料精确性，体现史实时代性，以存史、资政、育人为根本遵循，集中展示在中国共产党的领导下，襄阳积极落实党的各项路线方针政策，进行伟大斗争、建设伟大工程、推进伟大事业、实现伟大梦想的光辉历程，体现襄阳人民的斗争精神、担当精神、创新精神、时代精神。

"虽有智慧，不如乘势。"了解历史才能看得远，理解历史才能走得远。回望百年历程，我们将光荣写在了历史深处；历经百年风雨，我们又站在了一个新的历史起点上。今天，全面建设社会主义现代化国家新征程已经开启，向第二个百年奋斗目标进军的号角已经吹响。对过去最好的致敬，是创造新的历史伟业。我们相信，《襄阳发展成就通览（1921—2021）》的推出，必将有助于引导襄阳广大党员、干部、群众在地方党史的学习中，全面了解和正确认识襄阳的光辉历史、伟大成就和宝贵经验，从地方党史学习中增强自豪感和使命感，进一步坚定共产主义理想信念，进一步坚定中国特色社会主义道路自信、理论自信、制度自信、文化自信，继承和发扬党的光荣传统和优良作风，为襄阳都市圈高质量发展跨越新台阶、谱写中国式现代化襄阳实践新篇章贡献力量！

罗　丽

2025年3月

目录

02 第二编
社会主义革命和建设时期襄阳的发展成就

03 第三编
改革开放和社会主义现代化建设新时期襄阳的发展成就

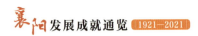

04 第四编

新时代十年襄阳的发展成就和变革（2013—2022年）

第一编

新民主主义革命时期
襄阳的革命史

第一章 马克思主义在襄阳的传播

1840年，鸦片战争揭开了中国近代史的序幕。此后，中国开始由封建社会逐渐成为半殖民地半封建社会。西方列强的入侵使得中国主权受到侵犯，民族不再独立，民众遭受掠夺，文化遭遇入侵。如何捍卫国家主权并实现民族的独立呢？一代代先进的中国人进行了不断的探索与尝试。林则徐、魏源率先"开眼看世界"；曾国藩、李鸿章等以"中体西用"思想为指导，展开了器物救国的尝试；康有为、梁启超与孙中山殊途同归，都试图通过确立民主制度改变中国落后挨打的局面。这些努力开启了中国社会从传统向现代转型的大门。他们为新民主主义革命的到来做好了铺垫。

一、襄阳社会的"新陈代谢"

鸦片战争之后，襄阳这片古老的土地也在"新陈代谢"中孕育着新的生机。

1890年，荆州、沙市有线电报线接至襄阳。1896年，大清邮政官局正式成立。1898年，邮政官局与外商合资架设鄂北线路，于襄阳小营盘创建襄阳电报局。1902年，大清邮政官局在樊城镇建立邮政局。1903年于襄城县街设襄阳邮政局，随后各县相继建立邮政局或代办所，至1908年，邮政局所达47处。通过邮政局，外地的信函、印刷品等流入襄阳，使得襄阳同外界的联系更加紧密。通过电报，外界重大事件得以第一时间传入襄阳。1904年，汉江即有小火轮（机动船）行驶。通过小火轮，襄阳得以更好地通江达海，更加快捷地同武汉这一晚清民国时期全国中心城市进行更好地互联互通。

襄阳逐渐卷入资本主义世界市场。凭借更加便捷的交通，部分"洋货"进入襄阳。1911年后，英、美、德、日等国的"洋货"更是充斥襄阳市场。1915年，英、美、德、日、法等国分别在樊城、老河口设庄立号，直接倾销"洋货"，收购农副土特产品。

随着襄阳同外部联系的进一步加强，"西学"在襄阳也进一步扩散。1802年，西医随教会传入老河口。1901年，美国传教士在襄阳开办大同医院，1914年开办同济医院。1905年之后，老河口、樊城及襄阳、宜城、南漳、枣阳、光化、谷城等地相继组建巡警专局，襄阳治安管理走向近代化。1906年，英、美、日、德、意、法等国传教士在谷城沈家垭教堂举办了篮球和网球竞赛活动，襄阳卫生体育事业的近代化向前推进。

1902年，除私塾外，各种类型的传统学校相继改办为学堂，同年襄阳府中学堂设立。1905年废科举后，设立襄阳县官立高等小学堂、襄阳府简易师范学堂、道立师范学堂等。境内先后开办官立、公立、私立初等小学堂214所，官立、公立高等小学堂及官立、公立、私立初高等小学堂22所。1909年开办襄阳艺徒学堂，1910年开办襄阳县初等工业学堂、蚕桑学堂各1所，实业学堂7所。襄阳近代职业教育逐渐展开。除了襄阳本地教育逐渐由传统教育转变为近代教育外，部分家庭还将子女送往武汉等大城市接受高等教育。除此之外，1898—1903年，襄阳府多次派遣学生到国外留学，共96人。

教育的近代化促进了民众思想逐渐向近代更迭。在外地就学的襄阳籍学生及留学生成为新思想在襄阳传播的引领者。其中留日学生刘公，1905年参加中国同盟会，1907年任共进会会长。以刘公为代表的襄阳人为近代中国革命作出了不可磨灭的贡献。

二、新思潮在襄阳的传播

随着中国社会的变化，大量襄阳人走出去，把新思想引进来，为马克思主义在襄阳的传播作了充分的准备。

刘公（1881—1920年），原名炳标，字仲文，襄阳市东津新区上洲村人，祖上为清末襄阳三大富豪之一，叔伯四房拥有田地13000余亩。1902年，刘公东渡日本求学，就读于东亚同文书院，积极宣传革命，翻印《警世钟》《猛回头》等革命读物。1904年4月，刘公与田桐、程家柽、宋教仁在东京创办《二十世纪之支那》杂志，后进入日本东斌学堂研习军事，与邹容、章炳麟成为莫逆之交。1905年，刘公遇到孙中山、黄兴，遂加入中国同盟会，捐巨资出版《民报》。1906年，刘公奉孙中山之命回国筹备萍浏醴起义，后因起义消息泄露，只好潜回襄阳。3个月后再赴日本，入明治大学攻读政治经济学。1907年3月，他与张伯祥、邓文翬在日本成立共进会，以十八星旗为会旗，并担任第三任会长。1910年秋，刘公携革命文告和十八星旗回国，与杨玉如在武汉主办《雄风报》，继续为革命奔走、宣传。

1911年5月，刘公向家中谎称捐得道台一职，索取5000两银票捐助共进会的革命活动。9月24日，共进会与文学社联合制定起义方案，初步决定刘公为总理（起义大都督）。10月9日下午，刘公与孙武在汉口共进会总部准备起义事宜，孙武不幸受伤。刘公命李春萱送孙武去同仁医院治疗，自己隐匿在汉口友人处。其妻李淑卿等人被捕后，刘公与张振武等仍谋划如期举事。10月10日，谷城人杨洪胜英勇就义。武昌起义成功后，因刘公再三谦让，孙武受伤未愈，蒋翊武在逃未归，最后由清军协统黎元洪担任都督，刘公任军政府总监察。

除了刘公之外，保康南部山乡的吴元泽、马明熙、刘庚藻、汪凯等进步人士也纷纷离开家乡，接受革命思想，参加武昌起义，为旧民主主义革命作出了积极贡献。时任湖北陆军第八镇三十标一营排长的马明熙在争夺中和门、攻打楚望台和火攻督署的战斗中，英勇顽强，立下战功，被破格晋升为十标三营管带。吴元泽在起义胜利后，任军政府军学司司长和战时司令部参谋长，曾指挥起义军与反扑的清军多次激战。特别是11月27日下午，当清军攻陷汉阳，都督黎元洪意欲出城避险之时，他竭力劝阻，使其将参谋部人员带回武昌本部，并旋移洪山宝通寺。由于黎元洪接受劝谏，以地屋避之，安定了民心。他们的事迹同民主共和思想一起鼓舞着家乡的有识之士，引领着越来越多的襄阳青年踏上追求救国救民真理的道路。

武昌起义爆发后，新军21混成协马队士兵张国筌、李秀昂与江湖会各首领在老河口筹划起义。11月28日上午，江湖会乘老河口商会会长娶儿媳之机，逮捕知县黄书南、水师营管带周祥谦等军政官员。起义军顺势扩编军队，很快招募2000人，编为10营。11月29日，起义军分水陆两路，沿江而下进攻襄阳。

与此同时，留日学生杨君磐、杨九生，两湖师范学生杨君直、周景占，高商学生马骐之及邱凤吾、毛伯屏等，回到襄阳并在清军骑兵第八营内开展革命活动。受老河口义军首领张国筌委派，何义茂率领数十兄弟潜入樊城，策应起义。镇守襄阳的兵备道喜源，逃往南阳避乱。驻军首领黎天才经绅商劝降，同意义军入城。管带孙长龄逃亡，守城清军士兵纷纷投降。

11月30日，起义军控制襄阳。当天，起义军在鼓楼开会，众议黄书南为襄阳军政分府行政长官，张国筌为驻军司令，李秀昂为第二协协统。12月1日，军政分府沿街鸣锣，告知商户照常营业，不准买卖鸦片，劝富户支纳军饷，严禁向贫民摊派钱物。12月2日，传檄各县举义，并驰电武昌军政府报捷。襄阳对辛亥革命的响应促进了新思潮在襄阳的传播。

中华民国的成立，为进步思想的传播创造了宽松的环境。1913年，湖北省立第二师范学校（以下简称二师）在襄阳开办，该校逐渐成为襄阳市区新思想传播的主阵地。在襄阳所辖各地，新思想、新观念也不断地扩散。民国初年，谷城的学校教育形式已略有转变，规定学生不许留长辫、下操要穿军装唱歌等。洪宪帝制被推翻后，谷城县知事公署也向学校提出了"养成健全人格，发展共和精神"的办学宗旨。受新文化运动影响，谷城县创办了乙种农业学校、女子小学等，还建立了私立中学。乙种农业学校主要学习养蚕知识和技能，该校配置有养蚕工具，还有足球、乒乓球等体育用品。每年春季组织学生养蚕、"踏青"，秋季组织学生重阳节"登高"，一改过去那种闭门读书、脱离社会实际的沉闷局面。不少教师还投身农民运动，开展革命活动。同时，各校还引进了《学校系统改革草案》的教育内容，"公民"课取代"修身"课，"国文"改为"国语"，"体操"改称"体育"，小学学制也由7年改为6年。

辛亥革命前后，除了"革命救国"思潮外，"教育救国""实业救国"的思潮也在襄阳传播。1911年，从日本弘文师范学校留学回来的陶仆伦与留日同学冯应田合作，编译出版了《最新教育界指南》一书，论述了新学的宗旨、课程及教育方法等。他还极力主张女子读书、教育救国、实业救国。1912年陶仆伦与冯开浚合作，在南漳铜绿山开铜矿，开设乙种实业学校，把办教育和兴实业结合起来，还以振兴家乡为目的开展养蚕业。在武昌高等师范学校就读的南漳学生蔡麟阶，受到新思想影响，1921年返回家乡后，在苍耳坪兴办高等小学。

总之，辛亥革命后，新思想在襄阳的传播进一步加速。这为新文化运动的展开奠定了基础。

新文化运动期间，民主、科学的旗帜也飘扬在襄阳上空。

1916年，二师校长高建庸率先提倡新文化，注重聘请思想进步、学识渊博的教师充实学校。附小主任孙鸣雷代修身课，宣讲反对封建礼教和封建文化，揭露帝国主义对中国的侵略，使学生树立反帝爱国思想。

鸿文中学虽然是教会办的私立学校，但是学校校监董曦鲁积极宣传新文化。五四运动以后，他首先教学生白话文，而当时湖北各省立中学尚未开展。他购置一些新文学书籍，有《少年中国》《少年世界》《学灯》等杂志，供学生借阅。他还针对当时帝国主义讽刺中国人是"东亚病夫"、"只有五分钟的爱国热情"等谬论，编了话剧《五分钟》。内容主要是启发群众反对帝国主义的政治、经济侵略，不能只有五分钟的爱国热情，而是要加强团结，众志成城，和帝国主义侵略势力斗争到底。学生联合会组织宣传队深入集镇、农村四处公演，并把剧本印出来广泛散发至襄阳所属各县。

1920年9月，萧楚女应二师校长刘泥清的邀请，到二师担任国文教员。他在授课班级增设新文化课，宣讲鲁迅先生的《狂人日记》《风波》《阿Q正传》等文章，还对学生进行反帝、反封建教育。萧楚女对欧文、傅立叶、圣西门的空想社会主义也作了介绍，对克鲁泡特金的无政府主义、工团主义、费边学社以及日本的新村学说作了说明或批判，并系统地讲述了马克思主义的唯物史观和社会发展史。

在二师学生及其他襄阳籍学生的推动下，新文化进一步扩散。外地求学的谷城籍学生把新思潮带回了谷城。一部分教师开始在课堂上讲授"民主"与"科学"。乙种农业学校的教师通过让学生掌握养蚕技能，破除了养蚕中的一些封建迷信。在课堂上，开始用白话文讲课，让学生写白话作文。促进了新文化在谷城的传播。

五四运动期间，襄阳籍在京青年积极参加五四运动。如南漳人曾晓渊、李汉琼、胡淑云、郭荆重，谷城青年胡进吾，保康青年黄绍谷、杨晓晖等都参加了天安门广场的游行示威活动，其中黄绍谷是五四当天被捕的32名学生之一。

五四爱国运动的消息传到襄阳以后，以二师、鸿文中学等校师生为首，发起和组织各校千余人走上街头游行示威，声援北京学生的反帝爱国运动。

各学校还成立了学生会，并在此基础上成立了学生联合会（简称学联）。6月，学联在樊城四官殿召开了以学生为主、有市民参加的万人大会，号召万众一心，惩国贼、争国权、治奸商、查仇货（指英美及日本产的商品）、废除"二十一条"。大会主席、鸿文中学学生管梓材，在会上大声疾呼"内惩国贼，外抗列强"，并当场咬破手指，写下了"还我河山"四个血字。鸿文中学教师董曦暜作了"抵制日货，劝用国货"的演讲。会后，学联发动学生，组建了大量的宣传队（队员10人左右，亦称十人团），分头深入街头巷尾进行反帝宣传。学联还组织学生到商家登记仇货。同时向群众宣传，希望他们不买仇货，不用仇货。有些店员受到教育，主动报告奸商隐藏的仇货。各地工人也积极响应，襄阳、樊城、张家湾、东津湾、竹条铺等地工人举行罢工，声援学生的爱国行动。这场斗争持续了两个月之久。

在谷城，五四运动消息传入后，一部分学生手持彩旗结队走上街头游行，声援五四运动。在京谷城籍革命志士胡进吾通过向谷城亲属写信，寄进步报纸、杂志等方式宣传反帝反封建的革命理论。谷城县立高等小学堂、初等小学和农业学堂的师生也用各种形式，向群众宣讲五四运动的意义。在五四运动的影响下，谷城的耿廷锁、龚继述、江云棚、方近思、李亚声、高如松等一些进步青年，纷纷去武汉、北京等地寻求新的革命知识，然后又将新文化、新思想传播到自己的家乡。

在保康，黄绍谷获释后，立即写信"叙高校学生示威及各界骚动事"，将消息告诉了好友恽代英，同乡刘昌世、魏以新和杨晓晖。在武汉的保康籍青年又及时将五四运动的消息传回保康。县立中心小学的进步师生组织"国民联合会"，在保康县城举行了反帝反封建的示威游行，高呼"内惩国贼，外争国权""废除不平等条约"等口号，声援五四爱国运动。这些活动为马克思主义在保康的传播奠定了坚实的基础。

三、马克思主义传入襄阳

近代襄阳的社会变迁和新思潮的不断传入，为马克思主义传入襄阳奠定了群众基础。早期在襄阳传播马克思主义作出最大贡献的是谢远定和萧楚女。

谢远定是襄阳枣阳人。1917年秋，谢远定在武昌参加了恽代英组织的互助社、利群书社。利群书社经营有《共产党宣言》《新青年》等进步书刊。1922年，谢远定加入中国共产党。1923年10月，中共上海地委将南京城里的5名党员编为上海地委第六小组，谢远定任组长，同时任中国社会主义青年团南京地方执行委员会委员长，领导学生运动的开展，并筹建妇女问题研究会。他还参加了国民党南京党部的筹建工作，在南京高等学校的进步学生中发展党员。1924年初，他发起组织了"襄郡旅宁学友会"，主编《襄军》季刊，其发行对象以鄂北家乡民众为主。他写出了《北洋军阀下的乡梓情况》等文章，揭露帝国主义和封建军阀在鄂北的罪行。《襄军》还发表了许多热情赞颂俄国十月革命的文章。谢远定后来成为襄阳地区党团组织的创建者。

北京师范大学谷城籍学生胡进吾也是较早接触马克思主义的人。1921年冬，李大钊直接发展其为共产党员，并组建了北京师范大学党支部，任命胡进吾为书记。胡进吾的表妹黄子萍是谷城紫金人，她曾到北京去找表哥。胡进吾向她讲述了当时的形势和五四运动的中心任务——反帝反封建。黄子萍回到谷城之后，经常收到胡进吾的信件和报纸、杂志，其中有许多杂志是宣传反帝反封建革命理论的刊物，如《少年中国》《新生活》《新社会》等。在胡进吾的影响下，黄子萍于1924年赴北京师范大学学习，1926年认识了李大钊。在李大钊的教育和培养下，黄子萍从一个天主教徒转变为坚定的共产主义者，并加入中国共产党，成为最早的谷城籍女共产党员。此外，谷城籍的方近思和华竞成分别在萧楚女和施季皋的介绍下入党，并在武汉从事革命活动。保康籍的耿廷桢也接受了许多新思想，回家时携带《民国日报》副刊《觉悟》《星期评论》等报刊，并于1923年和龚继述创建青年会，吸收进步青年参加，宣传马列主义。保康籍的华复初经常向家乡寄《新青年》《新声》《互助》等进步刊物，对进步思想传入谷城起到了积极的作用。

北京大学保康籍的黄绍谷很早就结识了李大钊，并会同邓中夏、罗章龙等人成立"马克思主义学说研究会"，他成为保康在京青年中最早传播马克思主义学说的代表。1921年秋，保康在汉学生刘昌群、刘光国加入中国共产党，并分别于1922年4月和12月任武汉社会主义青年团书记、委员长。刘昌群还先后担任全民通讯社和《反响》旬刊的编辑，宣传马克思主义。刘昌群、刘光国还联合黄绍谷等人向家乡人民邮寄《先驱》《劳工运动史》《新青年》《妇女》等进步书刊，宣传马克思主义。1924年秋，宋昭岗在董必武的介绍下加入中国共产党。当年9月，他利用假期回乡探亲的机会，宣传助工助教和农民生活改良等进步思想。1924年2月，保康在汉青年吴德峰经周恩来推荐并由董必武、陈潭秋介绍加入中国共产党，同年7月，吴德峰当选为中共武昌地委委员。1926年5月，吴德峰任中共湖北地委军事委员会书记。这一时期在外地求学的保康籍青年加入中国共产党的还有刘昌世、刘昌绪、宋昭员、尚宗海、柳德彰、杨晓晖等人。这些共产党员虽远离故土，但他们通过书信联络或利用假期探亲，向家乡人民宣传马克思主义思想。

早期在襄阳宣传马克思主义贡献最大的还有萧楚女。萧楚女（1893—1927年），生于湖北省汉阳县鹦鹉洲。他参加过武昌起义和五四运动，曾与恽代英一起主编《中国青年》，并在广州协助毛泽东编辑《政治周报》，还曾任广州农民运动讲习所专职教员和黄埔军校政治教官。1927年4月22日，萧楚女在广州南石头监狱被反动派杀害。1920年9月和1924年初，萧楚女两次从武汉到襄阳，执教于襄阳城内的二师。萧楚女第一次到二师任教，主讲《新文学》，用辩证唯物主义和历史唯物主义讲授课程，其间萧楚女的思想不断马克思主义化。

1922年萧楚女加入中国共产党。1924年萧楚女第二次来襄阳执教。他向学生宣讲《共产党宣言》，引导学生阅读《共产党宣言》《唯物史观》《阶级斗争》等书籍。他还在襄阳城内的"过盛发"笔墨店设置了一个进步书刊代销处，出售《共产党宣言》《唯物史观》《社会进化史》《阶级斗争》《三民主义》《建国方略》《建国大纲》等进步书籍，征订、分发、出售《向导》《中国青年》《新青年》《共产主义ABC》等进步报刊，这些新思想和新书刊很快流入襄阳各地。二师的学生此后成为襄阳爱国学潮和革命运动的骨干力量。

大革命时期襄阳的革命史

1924年1月，中国国民党第一次全国代表大会召开，确定了联俄、联共、扶助农工三大政策，标志着第一次国共合作正式形成，革命统一战线正式建立，由此进入了国民大革命时期。1925年7月，在共产党人和国民党左派的主持下，国民党湖北省第一次代表大会在武昌举行。大会正式选举产生由董必武、陈潭秋等11名共产党员和3名国民党左派组成的国民党湖北省执行委员会。程克绳作为枣阳县代表参加了这次会议。

1925年春，中共武汉地方执行委员会根据中国共产党第四次全国代表大会《对于组织问题之议决案》的精神，在湖北省各地开展建党工作。

一、襄阳中共早期党组织的创建及活动

受革命统一战线和国民大革命的推动，1924—1925年，襄阳爆发了震惊鄂西北的襄阳学潮，造就了一批学生运动的领袖与骨干。1925年5月30日，五卅惨案的消息传到襄阳，襄阳各界群众无比愤怒，掀起了声势浩大的群众运动。在这场运动中，襄阳工人阶级显示出伟大力量，并起到了领导作用。马克思主义的传播、一批初具共产主义思想的知识分子的产生和工人运动的兴起，为中国共产党早期组织在襄阳的创建奠定了思想基础、组织基础和阶级基础。

1925年6月，程克绳、吴雅晖受中共武昌地委派遣，在枣阳建立了鄂西北第一个共产党组织——程坡党小组，程克绳任组长，隶属中共武汉地

委。1925年11月，共青团武昌地委派谢远定在省立襄阳第十中学建立党团特支，谢远定担任书记。1925年12月，程克绳主持建立了中共枣阳特支，并任书记，李永达、王恩平为委员。1926年2月，枣阳人黄火青回到钱岗小学任教，发展王乐真等9人入团，建立了共青团支部，黄火青任团支部书记。同年3月，黄火青经中共枣阳特支批准转党后，又发展韩顺时等4人入党，建立党支部，黄火青任党支部书记。1926年8月，中共湖北区执行委员会在武昌黄土坡召开组织工作会议，批准组建了中共枣阳地方委员会，并任命程克绳为书记、傅良驹为组织委员、王恩平为宣传委员。截至1927年5月，中国共产党在枣阳的基层组织发展到10多个，党员64人。

襄阳市第一个党小组创建人程克绳（襄阳市档案馆供图）

1926年2月，襄阳党团特支组织派遣左觉农到光化（今老河口）开展秘密发展党员、筹建党组织的工作。同年冬，中共光化支部建立，左觉农任书记，下辖4个党小组。1926年8月，中共湖北区执行委员会派共产党员李金铭到谷城开展革命活动，在谷城城区和盛康、庙滩、太平店4个临时支部基础上建立了中共谷城县委。1927年3月，中共湖北执行委员会派共产党员胡天经到宜城发展党员，建立了中共宜城支部。到1927年7月，襄阳辖区内共有党支部39个，党员340多名。襄阳地方党组织建立后便投入到轰轰烈烈的工农革命运动中。

二、襄阳地区国共合作局面的形成

国民党湖北省第一次代表大会召开后，程克绳回到枣阳，积极动员枣阳的中共党员和共青团员以个人名义加入国民党，并于1925年9月筹建了国民党枣阳县党部，程克绳任常委，徐化龙、王大忠、勾伯琨任委员。1925年秋，董必武以国民党湖北省党部的名义，派共青团员潘文郁到襄阳发展国民党组织。潘文郁到襄阳后，吸收方复生、孙孝承、宋良猷、高如松、燕文新等人加入国民党，并建立了襄阳地区第一个国民党小组。到1926年2月，襄阳的国民党党员已发展到300多人。同年3月，中共襄阳特支干事会把活动情况向中共武汉地委汇报，要求召开代表大会，成立国民党襄阳县党部。武汉地委同国民党湖北省党部商议后同意所求，并派石炳乾以特派员的身份来襄阳指导工作。石炳乾到襄阳同中共襄阳特支干事会商讨，选出了参加会议的代表。不久，特支便在襄阳虎头山下召开了国民党襄阳县第一次代表大会。出席会议的代表约80人。会后成立了国民党襄阳县党部，选举李实（中共党员）任县党部常委（书记长）。此后，襄阳县先后成立了6个国民党区党部和31个区分部。襄阳地区各级国民党党部，基本上是在共产党的领导和帮助下建立起来的，主要领导人也由共产党人担任。襄阳各地国民党党部的建立，标志着国共合作的革命统一战线在襄阳已经形成，促使襄阳地区的工农运动走向高潮。

三、襄阳人民支援北伐的斗争

国民党襄阳地方组织建立后，在中共襄阳特支的领导下，襄阳的革命运动日益高涨。北伐战争开始后，襄阳人民踊跃支持。至1926年秋，襄阳、樊城、张家湾、竹条铺等城镇分别成立了青年联合会和工人店员联合会，襄北、襄东先后成立了30多个乡或村农民协会。"打倒列强、除军阀，国民革命成功"的口号响彻大街小巷，"打倒军阀政府""一切权力归农会"等标语遍及乡村。襄阳人民以各种形式多方面支援北伐，加速了北洋军阀襄阳地方政权的覆灭。1926年9—10月，在中国共产党的帮助和工农群众的支援下，北伐军攻克武汉三镇。襄阳军阀张联升孤立无望。在中共襄阳特支和团襄阳地委的领导与推动下，张联升被迫表明态度，归附革命。12月1日，张联升宣布易帜，所部改编为国民革命军独立第九师，张联升任师长。至此，北洋军阀在襄阳的统治宣告结束。汉口《民国日报》曾以《革命形势下之襄阳新气象》为题报道："襄阳自张联升投诚受编北伐军独立第九师后，对于党务表面上观颇有赞助之表示，是以党员乘此机会，积极进行反英、反奉、反对基督教，组织宣传队进行表演，并于十六年（1927年）元旦召集市民大会于鄂北中学校场，除党、团员到外，到会者三四千人，颇极一时之盛，为空前未有之大会，各党部各团体均有演说及传单，措辞慷慨激昂，大受社会欢迎。"张联升易帜，国民党襄阳地方组织活动公开，标志着以国共合作为基础的革命统一战线在襄阳建立。

四、襄阳工农群众运动的高涨

（一）工人运动的开展

受大革命的影响，在中国共产党领导下，襄阳的工人运动也开展得有声有色。

从1926年5月开始，中共襄阳特支组织襄阳工人先后成立了店员联合会、襄樊钱业店员工会、襄樊绸缎布业店员工会、襄樊船业航员工会、襄樊卷烟工会、襄樊邮电职工工会、襄沙公路汽车工会、襄花公路汽车工会等组织。1927年3月27日，中共襄阳特支派共产党员、国民党县党部工运部长李金铭主持成立了襄阳总工会并兼任工会主席，总工会机关设在襄阳城内的宏庆宫。枣阳、南漳也相继成立总工会。1927年3月5日，在湖北省总工会指导下，枣阳县城各行业工人召开大会，成立枣阳县总工会。总工会下设搬运、店员、纺织、理发等基层工会，共有会员200余人。到1927年7月，襄阳地区共建立产业工会10余个，会员4000余人。在襄阳工会组织的领导之下，襄阳工人也开展了一系列的工人运动，成为鄂北大革命运动的中坚力量。

（二）农民运动的高涨

1925年12月，枣阳党组织在原联庄会的基础上，秘密成立了襄阳地区最早的农协组织——枣阳西区农民协会，会员有上千人。1926年1月，湖北省召开农民协会成立大会，枣阳派代表参加了大会。2月，湖北省农民运动委员会派出特派员和巡视员到枣阳指导农民运动，继续发展农民协会组织。10月，国民革命军攻克武昌后不久，以共产党员为主导力量的国民党枣阳县党部公开活动，为农民运动的发展创造了有利条件。12月初，枣阳县农民协会执行委员会成立，勾伯坤任委员长。为适应革命形势的发展，农民协会举办了农民运动训练班，培训农运骨干，每月1期，每期60余人，参加培训的成员均成为各地农协骨干。至1927年1月，全县成立区农协12个，乡农协79个。各乡农协成立农民自卫武装，设立农民自卫社。

1927年3—4月，南漳、宜城、谷城、襄阳等县农民协会成立。襄阳各县基本建立了乡农协组织，会员发展到12万余人。四一二反革命政变后，襄阳县农协于4月24日召开了全县各区农协骨干会员会议，会后组织3万余名农协会员在襄、樊两城示威游行，声讨蒋介石的反革命罪行。至1927年7月，襄阳地区共建立县级农民协会6个，区级农民协会47个，乡级农民协会330个，会员达20多万人。

襄阳各地农民协会的普遍建立，有力地推动了农民运动的蓬勃发展，形成了一场空前的农村大革命。农民提出了"一切权力归农会"的革命口号，把几千年封建地主阶级的特权打得落花流水，使地主豪绅威风扫地。各级农协实际上成为农村的唯一权力机关。农民一经组织起来，就能爆发出无穷的革命力量。1926年6月5日，枣阳军阀政府在枣西隆兴寺召开会议，选举县议员。事前，土豪劣绅四处拉票。共产党员程克绳、徐化龙等人决定开展竞选斗争。选举当天，农协提出"不选恶霸，不选坏人"的口号，组织5000多农民投票。结果，军阀政府提名的大恶霸田尧平，遭到群众唾弃，程克绳和徐化龙两人当选。虽然选举结果被反动军阀政府否决，但这次选举显示了农民协会的巨大力量。农协实行了一系列保护农民经济利益的措施：减租减息，取消苛捐杂税，没收土豪劣绅的财产分给农民，将庙产收归农协。有些地方的农协还取缔了高利贷。这些成就充分显示了中国农民的伟大作用。

五、大革命运动在襄阳的失败

1927年4月12日蒋介石发动了四一二反革命政变，之后，汪精卫集团发动七一五反革命政变，第一次国共合作破裂，国民大革命失败。各地的大小军阀，纷纷追随蒋、汪，对共产党员和革命群众实行疯狂屠杀。

1927年4月15日，枣阳反动团长杜进德伙同县长首北兹和劣绅张玉朗密谋反叛。4月16日，杜进德率数百名武装暴徒关闭城门，闯入县党部和县农协，大肆搜捕共产党员和革命团体负责人，搜去县党部及县农协名册，妄图按名单将共产党员和革命团体负责人一网打尽。盘踞鄂北的军阀张联升、蒋世杰紧步蒋介石、汪精卫的后尘，公开叛变，使襄阳的革命形势急转直下。1927年4月26日，张联升以"私自购买枪弹，扰乱地面"的罪名，将中共襄阳县委农运军运部长、县农协主席董振秘密逮捕，并于5月17日枪杀董振于襄阳城西门外，当时董振年仅24岁。同时，张联升还下令通缉中共党员、国民党襄阳县党部常委董曦鼗，捣毁淑华女中和湖北省立第十中学（原襄阳鹿门中学），查抄销售进步书刊的"乐群书社"，查封国民党襄阳县党部。襄阳古城陷于白色恐怖之中。

1927年6月下旬，国民革命军暂编第二军第六师师长蒋世杰在随县县城举旗叛变，大肆镇压工农运动。蒋世杰安插自己的心腹霍振武接替县长职务，恢复各区、乡团防局，取缔革命群众团体，严禁一切革命活动。同时，划分"清剿"区，竭力"清剿"农民自卫军。在叛军支持下，随县地方反动势力死灰复燃，组织反动武装，成立反动团体，向工农革命运动疯狂反扑，肆意报复。张联升、蒋世杰的叛变，给襄阳大革命运动造成极大损失。鄂北各地的叛军和土豪劣绅、反动民团相互勾结，砸毁国民党县、区党部，大肆捕捉农民协会领导人，杀害共产党员，轰轰烈烈的大革命失败了。

大革命运动虽然失败，但党在工农群众中点燃的革命烈火并没有熄灭。面对国民党反动派的残酷镇压，中国共产党和革命群众并没有被吓倒，襄阳人民在中国共产党的领导下，又投入到武装反抗国民党反动统治的新斗争中。

第三章　土地革命时期襄阳的革命斗争

大革命失败后，血雨腥风笼罩全国。为了挽救中国革命，中共中央决定武装反抗国民党反动派，随即举行了八一南昌起义。1927年8月7日的八七会议，确定了开展土地革命和武装反抗国民党反动派的总方针，并决定发动秋收起义。毛泽东同志说："中国共产党和中国人民并没有被吓倒，被征服，被杀绝。他们从地下爬起来，揩干净身上的血迹，掩埋好同伴的尸首，他们又继续战斗了。"

一、血雨腥风中揭竿而起闹革命

面对白色恐怖，襄阳地区的共产党人和革命群众揭竿而起，英勇战斗，其中著名的起义有四次。

（一）第一次鄂北起义

鄂北，尤其是襄阳、枣阳等地，大革命时期是农民运动蓬勃发展的地区，中国共产党在当地具有雄厚的群众基础。因此，中共湖北省委认为全省各区"以鄂北环境为最佳"，决定由鄂北打响湖北秋收起义的第一枪，为此组建了鄂北特委，但由于特委负责同志把主要精力和工作重点放在策动国民党师长张兆丰（共产党员）的起义上，忽略了对农民斗争的组织和发动。八一南昌起义的枪声传来，引起了国民党反动派对军队的警惕，罢免了张兆丰的师长职务，第一次鄂北起义失败。

（二）枣阳起义

1927年9月初，枣阳成立了由程克绳、杨秀阡、王承祜、惠亚东、张抱朴5人组成的秋收起义指挥部，程克绳任总指挥。全县4个区委分别设立指挥部：南乡由惠亚东指挥，北乡由张抱朴指挥，西乡由程克绳代理指挥，城内由杨秀阡指挥。9月上旬，枣阳西乡的程家坡、翟家古城、马岗、七方岗、芦坡堰一带及襄阳县程家河、双沟、张家集等地的农民自卫社和硬社同时"起社"，拉开了鄂北农民"暴动"的序幕。1万多武装农民在程克绳等人的指挥下，从四面八方涌向隆兴寺，攻下枣阳县西一区区署。两天后，另一支"暴动"队伍攻破沈家大房团防局，整个隆兴寺沸腾了，程克绳进行了富有鼓动性和号召力的演讲，引起群众阵阵热烈的掌声。当他宣布将土豪劣绅邱植卿交由群众处理时，会场上"打倒邱老七""打倒土豪劣绅"的口号声震耳欲聋，邱老七等土豪劣绅被群众用梭镖刺毙。接着，起义队伍又进攻西乡实力最强的璩家湾团防局，团总饶海平自知力不能敌，慌忙带了两个亲信狼狈逃往县城。西乡"暴动"取得了完全胜利。

随即，在翟家古城，鄂北第一个农民政权——枣阳县革命委员会宣告成立，程克绳任主任。根据县委的部署，西乡"暴动"以后，其他各地也陆续发起"暴动"。10月上旬，枣南段家营、南高庄等地群众2000多人在共产党员段曙东、高泽普等人的领导下，攻破反动堡垒梁家集，处决了闻世宗等一批反动分子。下旬，枣东兴隆集共产党员施化民组织1000余人的队伍赶走了前来收粮捐的建国军。枣北的鹿头、新市、钱岗也在共产党员的领导下，攻打了新市附近的邱家前湾团防局。

枣阳起义的胜利，使革命武装不断壮大。枣阳县委组建后扩编了枣阳县农民赤卫总队，总队长为张履中，总队有250人，100余支枪，初步形成了以翟家古城为中心的工农武装割据局面。

（三）随县、襄阳县起义

1927年9月上旬，随县成立了武装起义总指挥部，李子宾任总指挥，并在吴山、青苔、祝林等地设立了分指挥部。9月下旬，随县工农自卫军独立大队200余人和"红枪会"500余人，在吴山镇东与建国军一个团激战3小时，将敌击溃。10月初，祝林地区工农革命军大队和各农民自卫大队共计200余人，兵分两路，先后打垮了祝林店团防局和祝林店警察分局、福音堂团防局、草店团防局、淮河店团防局等。11月，工农革命军在李子宾、陶继侃等人的率领下，一举攻克青苔镇，并乘胜击溃了万和店、阎河、解河、冷家岗等地的反动武装，成立了青苔区革命委员会，由祁阜壮任主席，开创了随县第二块工农武装割据区域。

9月上旬，共产党员陶慕合、王天悦等人带领襄阳县双沟、程家河、张家集等地的农民武装1万多人攻打刘家大湾。到10月，全县组建了6支游击队，有长枪200余支，驳壳枪10余支，机枪2挺。

（四）襄枣随三县联合起义

1927年11月10日晚，特委在翟家古城召开襄阳、枣阳、随县三县负责人联席会议，研究部署下一步的工作。与会的有特委主要负责同志及枣阳代表程克绳、傅良驹，襄阳代表杨晓晖、余益庵，随县代表谢远定、余世颂等。会议认为，在鄂北开展大规模武装"暴动"的时机已经成熟，决定于11月12日晚发起行动。13日凌晨，东、南两乡聚集三四万人，将枣阳县城团团围住，后来情况有变，攻城停止，围城群众遵令撤回，三县联合起义因武器缺乏、经验不足而流产。

1927年12月，鄂北特委将枣阳县农民赤卫总队改编为工农革命军鄂北总队，总队长程克绳，党代表余世颂，政治部主任李实，下设3个中队和1个手枪队，直属中共鄂北特委领导，这支队伍后来发展为红九军二十六师。同时，工农革命军随县独立大队也扩编为工农革命军鄂北总队随县独立支队。支队长李子宾，下设3个大队和1个直属大队，隶属鄂北总队。枣阳重新组建了农民赤卫总队，总队长杨道吾，党代表杨秀阡。

中国共产党领导的多次鄂北起义震慑了反动势力，传播了革命火种，壮大了革命武装，初步开创了工农武装割据的局面，谱写了襄阳地区革命的新篇章。

二、峥嵘岁月里创建襄枣宜苏区

为了加强对鄂北秋收起义的领导，中共中央派王一飞、张学武等数十名干部来到鄂北地区。1930年6月25日，中国工农红军第九军第二十六师正式成立，之后第二十六师在程克绳的指挥下，打土豪，分田地，减租免债，赢得了人民的支持，进一步壮大了武装力量。同年底，国民党反动派卷土重来，发动了对鄂北革命根据地的围剿。1931年1月，鄂北之敌四十八师和五十一师在反动民团配合下，向鄂豫边苏区发动了疯狂的进攻。2月，红二十六师在枣南山区与敌四十八师遭遇，由于敌强我弱，二十六师

中共鄂豫边特委所在地（襄阳市档案馆供图）

师长赵莘仁牺牲，程克绳代理师长指挥战斗，终于将敌人击退。在随后的战斗中，二十六师师长、副师长、参谋长相继牺牲，部队只好转移至南漳一带打游击，处境极度艰难，苏区大部都被敌人占领。4月，红二十六师重新整编，余益庵任师长。余益庵吸收了毛泽东在井冈山的反"围剿"经验，采用灵活的游击战，取得了重大胜利，革命队伍扩大至千余人，襄枣宜苏区相继恢复。9月初，余益庵率军与红三军第九师会师于宜城县的落花潭。九师师长段德昌和余益庵商议后，决定攻打吴家冲，最终将敌人全歼，缴获了一批黄金、布匹、粮食等物资。9月中旬，贺龙军长率红三军第七师、第八师与红二十六师会师于宜城流水沟附近的汤泉。由余益庵提议，马三光任二十六师政治部主任，他集中整顿了部队，使部队的军事素养有了很大的提升。贺龙军长还留下了300支步枪，使二十六师的战斗力得到了极大的增强。襄枣宜苏区也进入了一个稳定发展的时期。到1931年11月，红二十六师已经壮大到1500余人，枪500余支，苏区也得到了极大的发展。1932年3月，临时湖北省委决定建立鄂豫边区红军总指挥部，要求鄂北豫

襄阳革命烈士纪念塔（融媒体记者安富斌供图）

南红军编入红九军，并指示红九军的主要任务是消灭敌人，扩大革命战争，而不是打游击。4月，襄枣宜苏区被纳入湘鄂西中央分局的领导之下，这种"左"倾错误使得红九军处处受挫，损失惨重。对此余益庵提出了自己的见解，他认为目前的形势敌强我弱，我军应向毗邻苏区的大洪山地区发展，进可与南侧的钟北新苏区相连，退可以用北侧的老苏区作为依托继续斗争。这种正确的见解被斥为逃跑主义，并被免去了师长的职务。在"左"倾错误路线的指导下，襄枣宜苏区的局面每况愈下，到1932年6月，红九军的力量也所剩无几，襄枣宜苏区全部丧失。

第四章 全面抗战时期襄阳的革命斗争

1937年的七七事变标志着中华民族的全面抗日战争正式开始。抗日民族统一战线的建立，对中共襄阳地方组织的恢复和发展产生了深远的影响。中共襄阳地方组织团结国民党第五战区的进步力量，在襄阳各界广泛建立抗日团体，坚持抗战，使襄阳乃至整个鄂北地区的抗日救亡运动高潮迭起。同时，也推动了中共地方党组织的发展壮大。尽管抗战时期襄阳的环境十分恶劣，政治状况异常复杂，但是中国共产党领导的各种抗敌反顽活动还是取得了较大的成绩。

一、鄂北特支点燃"红色初心"

1932年以后，襄阳地区只有襄东陶李支部和襄西竹条中心支部保存下来。这两个支部仍然坚持斗争。1937年秋，陶李支部负责人朱大山和孙家骧、许楚材等人召开支部扩大会议，决定广泛联络同志，扩大组织，将陶李支部改建为中共黄龙垱区委，朱大山被推举为区委书记。会后，区委恢复和发展了7个支部。黄龙垱区委管辖范围包括襄东、枣西、宜东周边的大片地区，所以又称其为"襄枣宜中心县委"，共有党员64人。朱大山于12月底来到武汉，找到了八路军驻武汉办事处，同中共湖北临委取得联系，得到了董必武的赞赏和支持。1938年1月，朱大山被中共湖北省临委派回襄枣宜边界进行抗日救亡工作。同时，中共中央长江局青委书记于光远也派张书武到襄阳县张家湾宣传抗日。

1937年10月，经过董必武的交涉，被关押在国民党监狱的原省立襄阳师范"读书研究会"的进步师生全部获释。这些师生很快投入了抗日救亡的洪流之中。这一事件促使襄阳更多的青年投身于伟大的民族解放事业。他们向往革命圣地延安和敌后抗日根据地，同年冬，在中共襄阳地方组织的安排下，数十名襄阳青年学生先后投奔延安和华北等抗日根据地，参加抗战救亡。整个全面抗战期间，投笔从戎的襄阳青年总计有上百人，他们是鄂北抗日救亡运动的典范。

1938年1月，张光年率领上海演剧七队从武汉来到襄阳，在襄、樊二城的学校和街头演出，进行抗日救亡宣传。张光年在襄阳文教界广交朋友，与爱国人士座谈，介绍抗战形势，积极宣传中国共产党的政策，鼓励爱国青年积极参与抗日救亡。张光年还大力支持鄂北文化界抗敌救亡流动宣传团的工作，并随宣传团一起到欧庙、宜城等城镇活动，坚定民众抗战必胜的信心。

1938年2月，受中共中央长江局民运部和中共湖北省委的委派，刘瑞芳和韦君宜（女）来到襄阳，恢复和发展党组织，随后组建了中共鄂北特别支部委员会（以下简称鄂北特支），刘瑞芳任书记，韦君宜任组织委员，张光年任宣传委员，机关驻在襄阳城内。刘瑞芳是一二·九运动的积极参加者，这次来襄阳公开的身份是记者。韦君宜则是以中国共产党领导的武汉青年救国团（以下简称"青救"）成员、华北流亡大学生的身份来的。鄂北特支的建立，恢复了鄂北地区党的组织机构及领导关系，推动了襄阳地区抗日救亡运动的发展。

刘瑞芳、韦君宜到襄樊后，联系上了张书武。张书武向韦君宜汇报了情况：张家湾不仅成立了青年抗日自卫队组织，还成立了抗敌后援会。韦君宜肯定了他们的工作，决定参与进去，他召集当地进步人士开会，介绍了华北、华东的抗战形势，以及侵华日军的各类暴行。1938年2月，"青救"张家湾分团成立,张书武担任负责人。

刘瑞芳前往老河口与张光年联系上之后,在襄阳城召开了鄂北特支第一次会议。会议的主要内容是:全力开展各类抗日救亡活动,在青年学生中广泛开展宣传工作,以提高民众爱国主义觉悟;通过各种渠道,开展抗日民族统一战线工作,争取社会同情,吸收各阶层人士到抗日民族统一战线中来;广泛联系社会各界进步人士,特别是将爱国青年作为发展党员的对象;明确特支各个成员分工:特支书记刘瑞芳负责整个鄂北特支的全面工作,并向省委报告工作。韦君宜作为组织委员,着重开展青年与妇女工作,以便吸收新党员,恢复、建立特支下属的党组织。宣传委员张光年负责鄂北各学校的宣传工作,并组织抗日救亡宣传队,同时还负责做一些上层人士的统战工作。

1938年初,鄂北特支召开了一次进步师生座谈会,张光年、韦君宜都出席了这次座谈会。他们充分肯定了宣传团的工作成绩,详细分析了这次宣传活动的意义,鼓励大家继续坚持抗日救亡宣传,继续宣传党对抗日战争的主张和政策,向爱国师生进行政治思想教育。在会上韦君宜还鼓励青年学生参加"青救","青救"襄阳分团也因此组建。在党组织和"青救"的推动下,襄阳各校学生纷纷成立"襄阳各界抗敌后援会",进行抗日救亡活动。

虽然鄂北特支在襄阳活动时间仅有两个月,但取得了很大成绩,为后来中共鄂西北区党委的建立奠定了坚实的基础。

二、鄂北地区党组织在抗战中的工作与斗争

1938年1月,左觉农从延安回到武汉,到中共中央长江局报到。董必武推荐他担任鄂北棉业改进所教务主任。省委决定,以左觉农为首组成中共鄂北工作代表团,5月正式成立中共鄂北工作委员会(以下简称鄂北工

委），主要在襄、枣两县从事地方党组织的恢复工作。为培养游击战争干部，鄂北工作团成立襄阳棉业改进所，举办棉业改进所训练班。有100多名爱国青年接受培训，在受训人员中发展了几十名共产党员。学员结业后开展群众抗日救亡运动，发展建立党组织。同时，左觉农积极联络失散的共产党员，在经过严格的审查、培训后，先后恢复了杜仲安、孙家骧、许楚才等人的党籍，正式承认了黄龙垱区党委。

鄂北工委还在中学和师范学校中开展了很多抗日救亡宣传活动，团结教育了一大批进步学生，吸收积极分子入党，建立了两个党小组和两个支部，即中共襄阳中学支部委员会和中共襄阳师范支部委员会。至1938年5月底，鄂北工委领导的襄阳县境内的基层组织有1个区委、12个支部，共有党员近百名。鄂北工委还深入枣阳等地，通过多种方式进一步恢复和发展鄂北党组织。

1938年6月，左觉农出席了中共湖北省委第二次扩大会议。会上决定撤销鄂北工委，组建中共鄂北中心县委，也称襄阳中心县委（以下简称中心县委）。随后，中心县委在襄阳南街南漳会馆正式成立，安天纵任书记。中心县委下辖襄阳、枣阳、光化、谷城、竹溪等几个县的党组织。中心县委直接领导下的地方党组织有襄东的黄龙垱和襄、樊二城及近郊的12个支部。

武汉沦陷前夕，武汉地区国共两党的组织机构纷纷向鄂西北的襄樊和鄂西的宜昌等地区撤离。中共湖北省委于1938年11月初撤至宜昌后，将省委设在襄樊。这样，襄樊一时成为中共湖北省委所在地和鄂北人民抗日斗争的中心，中共襄阳地方组织得到空前的发展壮大，成立了一系列的抗日组织。

首先是中共鄂北区特委的建立。1938年11月，中心县委召开扩大会议，传达省委指示，将中心县委改建为中共鄂北区特别委员会（以下简称鄂北特委），隶属中共湖北省委。会议决定进一步加强襄阳、枣阳两县党的各项工作。安天纵任鄂北特委书记。鉴于襄、樊二城及其近郊党组织的不断发展和壮大，鄂北特委组建了中共襄樊近郊工作委员会，直属鄂北特委领导。黄龙垱中心区委改为黄龙垱特区委，区委书记由朱大山担任。这两个组织由鄂北特委直接领导。

随后中共湖北省委秘书长王翰来到襄阳，主持召开了鄂北特委扩大会议，重点讨论了特委的工作方针，决定继续加强襄阳、枣阳两县党的工作。"文工委"成立后，鄂北区特委一方面配合该组织发动鄂北民众广泛开展抗日救亡活动，组建抗日救亡团体；另一方面吸收进步青年入党，扩建基层党组织并扩充革命队伍。此后，襄阳县境内的襄樊近郊工委所属党组织得到发展，共建立7个党支部，党员近百名。黄龙垱特区委所辖党组织发展到14个支部，党员200余人。

1939年1月，刘少奇到达豫南的竹沟镇，电召钱瑛和省委委员杨学诚、王翰商讨工作，传达中共中央六届六中全会精神，布置中原地区工作。中共中央拟定了1年内在鄂西北发展8000名党员的计划，以便襄樊地区一旦陷入日军之手后，建立鄂西北抗日民主根据地，广泛开展游击战争。中原局因此决定撤销湖北省委，在鄂西北、鄂中分别成立区党委，由钱瑛主持鄂中，王翰主持鄂西北，鄂中、鄂西北两个区党委均由中原局直接领导。

1939年2月，鄂北特委扩大会议在樊城召开，中共鄂西北区委员会正式成立，王翰任书记。组织驻扎在樊城湖南会馆，两个月后迁至谷城茨河镇。这时，鄂西北地区已有中共党员2000多人，与8000人的目标还存在一定距离。在随县长岗店召开中共鄂中特委扩大会议后，中共鄂中区委员会正式成立，钱瑛任书记。随着鄂西北、鄂中区委的成立，襄阳地方党组织规模与力量不断发展壮大。到1939年4月，全襄阳境内共有2个县级党组织、4个区委、25个支部，共有300多名党员，成为抗日战争时期中共襄阳地方党组织发展的一个高峰时期。

其次是"文工委"和"抗敌委"的建立。"文工委"的全称是国民政府第五战区文化工作委员会;"抗敌委"的全称是国民政府第五战区抗敌委员会。这两个组织都是中共地方党组织与第五战区司令部合作建立的,主要从事各种抗日活动,积极开展抗日宣传。这两个组织与中共襄阳地方党组织关系密切,它们既是共产党在襄阳领导和推动抗战的公开组织,同时也是襄阳地方党组织活动的公开组织。

1938年7月,中共中央长江局副书记周恩来在武汉设宴招待李宗仁,商谈加强团结抗战事宜,议定在第五战区建立一个国共合作的抗日文化组织——国民党第五战区文化工作委员会,即"文工委",具体负责第五战区的抗日救亡宣传和民运动员工作。随后,中共中央长江局和中共湖北省委决定派遣共产党员和进步人士钱俊瑞、胡绳、李乐先、臧克家等进入该会工作。同年9月,"文工委"从武汉撤退至襄樊,立即接管了《鄂北日报》,共产党员胡绳任主编。"文工委"在鄂北特委的领导下,建立文化工作站、工作队,举办文化工作干部训练班,宣传抗日救国和培养抗日救国的后备力量。文化站受"文工委"的领导,主要从事抗日救亡的文化宣传工作,对群众进行抗日救亡教育。"文工委"在黄龙垱文化站举办青年训练班,讲授《论持久战》《中国革命运动史》等课程。第五战区在襄阳境内设有7个文化站,其中相当一部分是中共襄阳地方组织发展和开展工作的阵地。黄龙垱文化站吸纳了大量的进步人士。襄东双沟文化站办夜校,宣传教育群众,对儿童教唱救亡歌曲。

1938年11月,国民党第五战区长官部撤至樊城,大批著名文化人士和群众抗日团体也一起汇集襄樊,襄樊成为第五战区的政治、经济、军事、文化中心,也是华中地区抗日救亡运动的中心。中共湖北省委也将省委机关从宜昌迁往襄樊。此时第五战区司令长官李宗仁采取"兼收并蓄、休戚与共"的开明政策，这是襄阳地区国共合作的"蜜月期"。中共襄阳地方党组织抓住这一有利时机广泛宣传，组织群众开展各项活动，促进襄阳抗日工作进一步发展壮大。

1938年11月，在中共中央长江局民运部长董必武指示下，第五战区抗敌工作委员会即"抗敌委"在襄樊正式成立。"抗敌委"的政治指导部干部均为中共党员。政治指导部向所辖县、区派驻工作队，做乡镇人员的统战工作，使得襄、枣、宜等县70%以上的区、乡保甲人员支持中共的抗日工作。中共襄枣宜县委同"文工委"一起，在襄东黄龙垱等地举办乡保人员训练班，宣传中共中央抗日主张，扩大抗日民族统一战线，团结基层乡保人员一起抗战。

1939年1月下旬，国民党顽固派实行"反共、限共、溶共"的反动政策。襄阳地区的党组织发展受到限制。第五战区司令长官李宗仁解散了"文工委""抗敌委"等一批抗日组织。"文工委""抗敌委"组建及工作时间虽然不长，但它们为中共在鄂豫区的抗日工作作出了不可磨灭的贡献。

1939年4月底至6月间的枣宜会战中，著名爱国将军张自忠壮烈殉国，襄阳成为抗日前线。其间，在襄北地区共产党领导成立了襄北抗日游击队。这支抗日武装队伍1939年5月由朱明达（中共襄枣宜县委委员，县委军事部长）组建。组建后积极开展抗击日寇、保卫家乡的斗争。同时，在黄龙垱、东津湾、王集等地，中共襄枣宜县委组织成立了黄龙垱抗日游击队组织，东津湾区委也组建了东津湾抗日游击队。此外，熊集区委也组织了50多人的抗日游击队；襄南王集区委也组织了三四十人的抗日武装。这些抗日武装在牵制日军、保护人民方面都起到了很好的作用。

1939年12月，由于出现叛徒，鄂西北区党委及其下属组织暴露，有的党员或被抓捕或叛变，区党委书记王翰及其他成员被迫离开襄樊。中共中央中原局不得不调中原局副秘书长郭甫到襄阳重建中共中央鄂西北区党委。1940年2月，郭甫来到襄阳，恢复了中共鄂西北区党委，并出任区党委书记。由于形势恶化，中原局撤销鄂西北区党委，将区党委机关人员撤离到鄂豫边区抗日根据地。1941年7月改称鄂北特委，余益庵任特委书记，8月，鄂豫边区党委决定将随枣地委并入鄂中地委，襄阳地区的党组织活动转入低潮。

第五章 解放战争时期襄阳的革命斗争

一、中原突围部队在襄阳的征战

中原突围是1946年解放战争初期发生的一场大规模战役。这场震惊中外的战役，是因为国民党企图消灭共产党领导的中原地区武装力量而挑起的。

（一）突围前的双沟之战

1945年12月初，国民党第五战区第十军第二十师侵占了襄阳县双沟镇。中共中央中原局决定歼灭该部国民党军。

12月7日，中原军区部队对双沟外围的国民党军发起了攻击。经过激战，占领了双沟以北一带阵地，包括东北的赵家仓屋，以东的周家岗，以南的三里庙、尚家庄等地，继而对大黄庄、杨家庄等地发动攻击。同时，第一纵队第三旅歼灭国民党军1个营。至此，双沟外围的国民党军大部被歼灭。

12月8日上午，我军围攻双沟之敌，活捉国民党军二十师师长。黄昏，我军发起总攻，先后从双沟东北面和西北面突破守敌工事，歼敌特务连两个排，击溃机炮连，缴获迫击炮8门。但此时，援救双沟的国民党军分别向程家河、杨垱、湖阳、祁仪、平氏等地进攻，国民党襄樊守军也向双沟增援。中原部队遂撤出战斗。

双沟之战是中原突围以前，中原军区在襄阳地区取得的一次重大胜利，沉重地打击了国民党的嚣张气焰。

（二）冲越平汉铁路后激战石花街

1946年6月26日，国民党军队进攻鄂豫边的中原解放区，全面内战由此爆发。根据中原局和中原军区的部署，中原军区第一纵队9000余人（组成南路突围部队），在一纵司令员兼政委王树声的率领下，经过激战，南路突围部分部队于30日夜从卫家店北侧越过了平汉铁路。7月1日下午，其他部队也从王家店铁路沿线越过了平汉铁路。

7月14—15日，一纵主力分兵在武安镇、安家集、报信坡等地将敌军一个团击溃，并在刘猴集地区痛击尾追之敌一个团后，向谷城石花街挺进。

南路突围部队于20日由盛家、老鸦山一线北渡南河，抵达石花街西南。21日上午，部队进抵谷城石花街以西的苍峪沟时，遭敌一个团的截击，形势危急。王树声命令先头部队坚决突破敌人的堵截，为纵队主力打开西进通道，同时阻击尾追之敌，保障部队的侧后翼安全。我军先头部队向敌人发起猛攻，一举拿下了黑山口，打开了西进的道路。负责阻击的部队与石花街之敌拼死搏杀，占领了石花街外围的制高点，于黄昏时分包围了石花街镇，打通了前进道路。

（三）江汉军区部队渡汉江后挺进鄂西北

此前，1946年6月25日，根据中原局和中原军区的指示，江汉军区决定留少数武装在原地坚持斗争，其余部队向襄西挺进。30日晚，正当中原军区南路突围部队冲越平汉铁路之际，江汉军区的先遣部队从安陆的桑树店提前出发，向襄西突进。江汉军区机关和部队5000余人（组成北翼部队），在司令员罗厚福、政委文敏生的率领下于7月1日黄昏由桑树店、大山头、杨家河等地，分路向襄西挺进。

7月3日，正当敌人在汉江沿岸忙于江防部署之际，江汉军区先遣部队以迅雷不及掩耳之势于4日下午突进到汉江东岸，不费一枪一弹占领了宜城流水沟，控制了渡口。5日晚，部队顶风冒雨夜渡汉江，并迅速占领了西岸的余家垴、牛坊湾、郭海营一线阵地，掩护后续部队渡江。6日，江汉军区部队继续组织抢渡，于当日午时全部渡过了汉江。

由中原行署副主席刘子厚和汉江军区副政委李人林率领的军区警卫团和地方干部团组成南翼部队，经宜城璞河垴、孔家湾、新集，于7月9日到达南漳的安家集，先后攻克了保康的马良坪、歇马河，然后向房县进发。

北翼部队向宜城进发，当前卫三团进至宜城城南时，与阻击之敌遭遇。经激战，毙伤敌50余人，余敌弃城而逃，7月6日下午攻克宜城。7日，该部经宜城朱市镇、南漳武安镇，捣毁两处镇公所，歼敌一部，于8日占领南漳县城，12日占领保康县城，然后向房县挺进。

南翼部队和北翼部队在房县胜利会师。会师后按照中原局的命令，又东返接应中原军区南路突围部队。

（四）北路突围部队驰战枣北

1946年7月3日，由李先念率领的中原军区北路突围部队前卫抵达随（县）北天河口，击溃国民党军第三师第二十旅第五十九团，掩护主力部队迅速通过天河口、高城一线。

7月5日，北路突围部队进至枣阳东北地区，迅速向唐河、白河沿岸进军。国民党军第十五师、第四十一师主力跟踪追击，同时派第三师在枣北地区堵截，另有12架战斗机封锁唐河、白河，企图将中原军区北路突围部队一举消灭在唐河以东地区。

7月6日，北路突围部队的第三五九旅在枣阳东北刘升店、吉河一带击溃国民党第三师第三旅和第二十旅主力，掩护中原军区机关西进，并控制程家河的唐河渡口。另一支部队在鄂家埠南边的陈湾唐河码头找到了几十条木船，连夜搭建浮桥，中原军区机关顺利渡过唐河。紧接着，第三五九旅第七一七团又占领了朱家集的白河渡口，在当地群众帮助下，该旅主力和干部旅渡过了白河，抵达薛家集，随后向老河口方向挺进。

7月7日，面对国民党军企图于白河东岸苍台地区即襄（阳）枣（阳）新（野）唐（河）地区合围北路突围部队的严重局面，李先念命令其他部队以最快速度渡过唐河、白河，脱离鄂北和豫西南交界的河网地带。先头部队于7日控制了唐河郭滩渡口，8日又控制了白河樊集渡口，在当地群众的支援下，终于在唐河、白河上架起了宽3米、长100余米的浮桥，使大部队顺利渡过了唐河、白河。

至此，中原军区北路突围部队全部跳出了国民党军的包围圈，中原突围取得了初步胜利。

（五）南路突围部队创建革命根据地

南路突围部队到达鄂西北地区后，党中央和中央军委致电中原局及南路突围部队，明确指示：南路突围部队进行游击作战，牵制敌人，发动群众，创建革命根据地。

1946年8月中旬，刘伯承和邓小平率领的晋冀鲁豫解放军向陇海路开封至徐州段发动猛烈攻击，迫使国民党从陕南、豫西南、鄂西、鄂中撤出大量兵力前往救援。江汉军区电告中央，决心趁此有利形势在鄂西北创建革命根据地。

为了统一军政领导和创建鄂西北革命根据地，在房县的狮子岩召开了干部会议，报请中央批准，决定成立鄂西北区党委和鄂西北军区，并成立四个军分区，将所属部队分别配属在这四个军分区中。

随着各军分区部队分散活动和创建根据地工作的逐步发展，鄂西北第一、二、三、四地委在9月上、中旬相继成立。9月下旬，为开辟谷城、南漳、保康及南河两岸地区，鄂西北区党委和鄂西北军区决定在这一带建立鄂西北第五地委和第五军分区。

10月初，经中央批准，成立了鄂西北行政公署，下辖五个专署。至此，鄂西北地区已建立了5个地委、专署和军分区，6个中心县委和政府，

18个县（工）委和20个县政府（办事处），这标志着鄂西北革命根据地正式建立。

二、中国人民解放军两次解放襄阳

1948年7月16日，襄樊战役胜利，襄阳即宣告解放。但在中国人民解放军主动撤出襄阳之后，国民党部队卷土重来，复占襄阳。1948年12月20日，中国人民解放军再次发起了樊城战役，1949年1月10日取得胜利，襄阳真正获得解放。

（一）中原博弈时刘邓大军剑指襄阳

1948年5月下旬，根据中央军委的指示，刘邓谋划在汉水流域发动强大攻势，消灭盘踞在老河口、襄阳之敌。为此，刘邓大军剑指襄阳。

襄阳，自古为兵家必争之地，战略地位十分重要。国民党政府国防部长白崇禧视襄阳为"控川陕豫鄂之门户，握武汉三镇之锁钥"的战略要地。蒋介石特意把他的亲信、特务头子康泽派驻襄阳，任第十五绥靖区司令官，康泽请来"川军名将"郭勋祺任副司令官。

1948年2月，康泽一到任，便对驻襄部队进行整顿，大修工事，大搞军训，挑选亲信成立特务营、宪兵连，又令第五行政专员公署专员李朗星组织了5000人的保安旅，反动武装共有2万余人。

康泽把襄、樊二城与老河口、谷城等地构成互相支援、浑然一体的犄角之势。司令部设在襄阳城内东街杨家祠堂内，炮兵第十四团七连（有美制化学白炮八门）的阵地设在中原中学门口，支援各据点。同时，康泽还在襄阳城外设外壕三道，深宽各一丈多。在襄阳城及城南和西南的岘山、凤凰山、虎头山、羊祜山、真武山等所有制高点上，构筑了以高碉为核心并辅以地堡、交通沟的碉堡群；在开阔地带和死角，遍布地雷、鹿砦。

1948年6月13日，中野下达了襄樊战役（原称老襄战役）的作战部署，计划使用西兵团（中野二、四纵队）和南兵团（桐柏军区主力，包括开辟汉水西岸新区部队及中野六纵全部），于21日向老河口、襄阳守敌发起进攻。但是由于豫东战役的进行，15日中野下令调一、二、三、四纵和华野十纵阻击北援开封之敌。同时，中野把第六纵队隐置在唐河地区待命。

豫东开封战役胜利结束之后，6月23日，中原军区首长决定发起襄樊战役，由桐柏军区司令员王宏坤统一指挥，参战部队接近15个团，总兵力达2万余人。

（二）出其不意奇袭老河口和谷城

襄樊战役分为两个阶段：第一阶段，全歼老河口、谷城之敌；第二阶段，沿江东下，围歼襄阳守敌。

1948年7月2日，襄樊战役正式打响。

中野六纵自豫西唐河西进，抵达老河口地区，守敌向谷城撤退。六纵即渡汉水跟踪追击。当日午夜，老河口宣告解放。而此时，襄阳城内的康泽毫不知情地在举行舞宴，庆祝他44岁的生日。

6月30日晚，陕南军区部队从均县草店隐蔽东进。7月3日拂晓，陕南十二旅一部向谷城西守敌发起攻击，歼敌大部，占领阵地。谷城守敌慌忙弃城逃跑，谷城遂告解放。同时，桐柏三分区部队在太平店歼敌一部后，渡水西进，占领了白虎山，全歼谷城南逃襄阳之敌。至此，第一阶段战役胜利结束。

（三）撇山攻城，夺取襄阳城外

1948年7月5日，前线指挥部发布第二阶段襄阳作战命令。命令中规定"襄阳集团（六纵、张廷发部、刘金轩部）由近山统一指挥"。桐柏二十八纵、桐柏一分区八八团、襄阳独立团负责攻击樊城。

6日，各部按预定计划完成了对襄阳城的合围。同时，十八旅袭占南漳，歼灭国民党反动地方武装，进至宜城地区监视可能来援之敌。

历史上向来要夺襄阳城，多取决于能否先攻克城南大山。

经过调查研究，我军断然改变计划，打破历史上攻襄阳必先攻取南山的惯例，决定撇山攻城，直捣西门。中野首长批准了作战方案。

依照计划，首先以六纵十七旅攻琵琶山和真武山，开辟城西走廊，这是实现整个攻城计划，击破襄阳防御的首要环节。8日黄昏，十七旅四十九团第三营迅猛通过雷区，砍开铁丝网，打掉明碉暗堡，歼敌一个连，冲上琵琶山。又打退了敌人八次反扑，巩固了阵地。战斗中，团长苟在合英勇牺牲。

9日，四十九团第二营攻击真武山。作战部队在20分钟内接连摧毁敌人18个地堡，攻占了真武山。10日，十七旅五十团一部攻占城西张家塘，为我军向西关进攻扫清了道路。该团副团长杨毅在战役中英勇牺牲。

攻克琵琶山、真武山以后，六纵乘胜袭取东关。

为了配合六纵主力部队夺取西关，陕南十二旅和桐柏三分区部队，佯攻城南大山敌人主要阵地，牵制敌军。陕南十二旅攻占了凤凰山和铁帽山，歼敌一部，保障了琵琶山、真武山侧翼的安全。汉水北岸的桐柏军区二十八旅亦歼敌一部，扫清了樊城敌人的外围据点，并向城区进行坑道作业。9日上午10时许，八十三团将定中门西北大碉堡打掉，歼敌一部。

康泽见势不妙，一面施放黄磷弹，烧毁樊城北面大片民房，妄图阻止解放军攻城；一面向蒋介石、白崇禧求援。白崇禧则电告康泽"着即放弃樊城，秘密集中，全力固守襄阳待援"，又急令整编七师、二十师集结孝感，沿京（山）钟（祥）公路火速增援襄阳。9日午后，敌一六四旅放弃樊城，樊城随之解放。

樊城解放后，王宏坤司令员及时调整了部署，令桐柏二十八旅由樊城南移东津湾，参与围攻襄阳。桐柏二十八旅渡过汉江，奔向襄阳东关。

10日晚，十八旅乘桐柏三分区八十六团猛攻文笔峰的机会，悄悄绕过文笔峰，占领了东关护城堤，接应自东津湾渡汉水的桐柏二十八旅，建立了东关攻城出发阵地。

上述行动成功后，我军随即转入总攻准备。12日夜，重新调整了部署，陕南十二旅接替六纵十八旅东关阵地，十八旅移至城西南尹家集地区，做总预备队。同时，十七旅经过两天土工作业，修建了两条交通沟，直抵西关。13日夜，五十团和四十七团各一部攻占了西关铁佛寺和同济医院，歼敌一部，建立了总攻的主要阵地。四十七团开辟了西北角攻城出发阵地；五十团的任务是保护西门外的大石桥，作为总攻时的跳板。

解放军实施撇山攻城战略，攻占琵琶山、真武山、铁佛寺的成功，史称"刀劈三关"。王近山司令员还采取了声东击西的战术。蒋介石、白崇禧被迷惑，命令康泽"注意加强东南面之工事和守备"。于是康泽将总预备队6000人调往南面，增强防御。这在一定程度上减轻了解放军从西门攻城的阻力。

解放军从东西关进抵城垣后，襄阳城已直接暴露在我军攻击锋芒之下，城南的大山，已完全丧失作用，守山敌人的补给也陷于困境。14日17时，城南高地守敌撤入城内。至此，我军不战而夺取了羊祜山和虎头山，襄阳城外一切障碍均被扫除，外围作战遂告结束。

（四）襄阳城中活捉康泽

1948年7月15日，总攻开始。攻城主力六纵队全部用于突击西门。桐柏三分区部队佯攻南门，迷惑敌人，陕南十二旅从东北角进攻，桐柏二十八旅在东南角涉水登城。

总攻前一天（14日）黄昏，六纵四十九团一营（突击队）及火力队（各种炮兵、重机枪组）隐蔽接近铁佛寺，构筑工事，作了充分的准备。15日20时30分，开始炮火准备。经过英勇顽强的战斗，解放军登上城墙并控制了突破口，随后打垮了敌人10次反扑，巩固了突破口，接应后续部队突入城内。

几乎在六纵突入城内的同时，桐柏二十八旅和陕南十二旅也分别于城东南角、城东北角相继攻入城内。三支部队入城后，经通宵激战，至16日6时，守敌大部被歼，只剩下钟鼓楼和杨家祠堂两处据点。钟鼓楼守敌，经解放军四面围攻，结合火线喊话，于上午10时缴械投降。此时唯有康泽司令部特务营、宪兵队数百人仍依托杨家祠堂顽抗。下午4时，第六纵队、陕南十二旅和桐柏二十八旅各一部在炮兵、工兵的协同支援下，向杨家祠堂发起攻击，炸倒了围墙，各突击队相继冲进敌司令部，全歼守敌。俘敌副司令官郭勋祺，抓获敌司令官康泽。至此，襄樊战役胜利结束。

此战役自1948年7月2日凌晨至16日傍晚，历时15天，俘敌十五绥靖区司令官康泽、副司令官郭勋祺，以及旅以上军官7人，团以下官兵1.7万余人，毙伤敌3500余人，共计2.1万余人，缴获大量枪支弹药。解放军牺牲团长、副团长各1名，共伤亡3719人，其中阵亡719人。

此次战役，解放了老河口、光化、谷城、南漳、宜城、樊城、襄阳等城镇，控制了汉水中段，桐柏三分区汉南指挥部乘机进入汉南，取得了开辟桐柏解放区以来最大的政治、军事胜利，直接威胁江南和四川敌人的后方，并有力配合了豫东战役，是闻名全国的五路大捷之一。

7月23日，党中央发出《贺襄樊大捷电》，贺电说："庆祝你们在襄樊战役中歼敌两万余人，解放襄樊、老河口等7个城市，并活捉蒋匪法西斯特务头子康泽的伟大胜利。这一汉水中游的胜利，紧接着开封、睢杞两大胜利之后，对于中原战局的开展帮助甚大。尤其是活捉康泽，更给全国青年受三青团特务迫害者以极大的兴奋。尚望继续努力，为彻底解放中原而战！"

对于襄樊战役，时任参战部队六纵十七旅旅长、新中国成立后曾任第十届中央委员会副主席的李德生回忆说："1948年7月，我中原野战军在

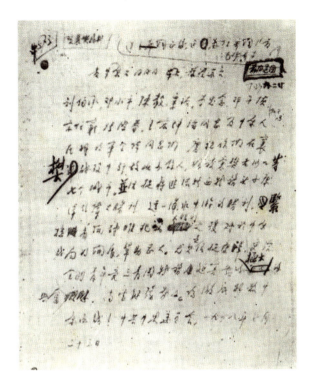

中共中央电贺襄樊战役大捷
（襄阳市档案馆供图）

汉水流域所进行的老河口、襄樊战役，是一个成功的战例。从战场的选择、战机的捕捉、战役的部署和指挥上，体现了刘（伯承）司令员胸怀全局、趋利避害、机动歼敌的军事思想，是中原战场全局中的一着好棋，被朱总司令誉为'小的模范战役'。"

（五）再克樊城后襄阳回到人民手中

襄樊战役胜利之后，解放军主动撤出襄阳、樊城，准备参加淮海战役。接任国民党第十五绥靖区司令官的宋希濂，率整编二十师（后改称二十军）趁机进驻襄阳、南漳、宜城等地。1948年11月4日，国民党第十三绥靖区司令官王凌云带部队从南阳逃到襄阳，复占襄、樊二城及老河口、谷城一带。

1948年11月8日，淮海战役开始。蒋介石将驻襄阳地区的二十军东调，襄阳、樊城只剩王凌云之十五军一部，处于孤立境地。

中国人民解放军桐柏军区决定再次发起樊城战役。

1948年12月20日，桐柏军区二十八旅及一、三分区独立团，奔袭樊西竹条铺，歼敌一部，旋即直扑樊城。解放军先将敌诱出，然后发起进攻，将敌十五军之七二八团大部歼灭。解放军乘胜直逼城下，于22日晚以一部兵力直插城西，防敌逃窜；以精干部队夜突城内，后续部队向纵深发展，激战一夜。23日拂晓，敌大部被歼。只剩敌七二九团残部据守福音堂负隅顽抗。解放军调整兵力，对该敌发起猛攻，至下午5时，敌人全部缴械投降。此次战役，共歼敌4个团，毙敌4000余人。

樊城之敌被歼后，盘踞在汉水两岸的残敌惊恐异常。1948年12月28日，在我军强大的军事、政治攻势下，驻守襄阳东津湾之敌1000多人和驻守襄阳城东北部及双沟的国民党军600余人，向解放军投诚。看到大势已去，王凌云及其残部弃城南逃，第二次襄樊战役以胜利告终。从此，襄阳人民迈入当家作主的崭新时代。

三、湖北解放的收官之战

1948年8月初，张廷发司令员兼政委率汉南工委及所属部队分两路进入保康。至1950年1月，先后开展了反"扫荡"和剿匪斗争，其中保康的剿匪斗争被视为湖北解放的收官之战。

（一）桐柏军区汉南工委进驻保康

1948年6月，中共中央中原局批准，在新开辟的汉水以南地区建立汉南工委会、指挥部及办事处。

7月16日，张廷发司令员率领桐柏三分区八十五团（欠一个营）和八十六团乘胜进入汉南地区，以保康为活动中心，开始了创建汉南解放区的斗争。

7月下旬，国民党军白崇禧部为防解放军进攻宜昌，截断长江，以整编二十九师进占襄阳、南漳、宜昌等地区，整编第七师进占当阳地区。为避敌锋芒，寻机歼敌，张廷发率部主动撤出南漳县城，兵分两路向保康进军，夹击县城顽敌。八十六团克服困难，于9月7日由歇马出发，翻越荆山，向县城进军。保康之敌派兵阻截。上午8时，八十六团行至羊五垭，在大石脑附近与敌激战2小时，突破敌军防线，向县城进发。8日，部队在黄土岭与敌激战4小时，突破第二道防线，攻入保康县城，保康县城第一次解放。

9月中旬，正在谷城开展工作的汉南办事处副主任武光清和工委组织部部长尹笠夫来到保康。至此，汉南党政军领导机关均驻保康黄堡坪，开辟汉南新区。

（二）汉南工委与南下纵队的反"扫荡"斗争

1948年9月，桐柏军区党委为了加强对汉南工作的领导，决定将汉南工委、办事处、指挥部改建为桐柏区第四爱国民主行政督察专员公署，下辖谷城、保康、南漳、南保兴宜和襄西县。

10月初，新兵南下纵队司令员汪洪清、政委杜景云带领278名干部来到保康，政权力量得到了充实发展。至此，汉南根据地建立了谷城、南漳、保康和南保兴宜4个县级政权、26个区级政权和32个乡级政权。形成东至武镇、南至东巩、西至保康、北至石花街，东西280里，南北450里，约40万人口的控制区，区内消灭了土匪，建立了政权。

从11月中旬起，为控制汉水地区，防止解放军南逼长江，西破大巴山防线，国民党政府调集重兵对南漳、谷城等地发动了大规模"扫荡"。国民党七十九军到达汉南地区，对保康县和南保兴宜县进行窜扰，妄图摧毁新生的人民政权。工委、办事处、指挥部机关决定组成小分队，跳出敌人的合击圈，分散游击。

11月7日，国民党七十九军由房县窜抵保康，县城复陷。随之在当地反动武装的配合下，进攻歇马、马良、黄堡坪等地，进行疯狂的"扫荡"。

18日，汉南工委召开会议。张廷发司令员作了《关于目前时局及任务》的重要讲话，汉南工委先后发出《全党行动起来展开对敌斗争》《反"扫荡"的指示》等指示，部署反"扫荡"工作。

21日，敌军一部占领百峰和保康县政府临时驻地歇马。

25日，敌军又占领南保兴宜县政府所在地马良坪。后又进占重阳和店垭等地。为避敌锋芒，敌军到达保康之前，保康县委、县政府工作人员已先期撤离。南保兴宜县委也转移到宜昌古村。在南保兴宜县活动的杜景云则率汉南工委、办事处机关人员转移到千家林。

虽然敌军的"进剿"连连扑空，但敌人并不甘心。30日，敌军一部由马良出发，经莲花寺，直扑工委临时驻地龙眼坪。张廷发事先得到情报，率工委机关转移至崔家湾。12月1日，尾追而至的敌军又分成数路四处追剿。工委、指挥部机关转移到南漳县境内。

在反"扫荡"的斗争中，保康县和南保兴宜县各级人民政府在汉南工委的领导下，一次又一次挫败敌人的阴谋，取得了反"扫荡"斗争的胜利。

（三）敌我两军在保康境内的对峙较量

正当汉南工委与南下纵队进行反"扫荡"斗争之时，1948年11月下旬，国民党委派温而理出任保康县县长，令其组织地方土顽配合正规军行动。温而理上任后，重建保康县民众自卫总队，对保康北部反动武装进行改编。

根据形势需要，12月上旬，南保兴宜县剿匪指挥部成立。米栋任指挥长，胡庆龙任副指挥长，冀晨曦任政治委员，统一领导全县的军事斗争。指挥部决定：县独立营在百峰区中队配合下打击国民党地方武装；同时抽调战斗经验丰富的干部组成武工队，到各地发动群众，打击分散活动的小股敌人。

12月9日，八十六团奔袭歇马河，将阎世隆部包围。激战5小时，敌仓皇撤至欧家店。12月中旬，八十六团奉令开赴谷城，汉南工委及办事处机关也随部队撤离保康。张廷发则率指挥部机关留在马良坪，继续指挥保康县和南保兴宜县的对敌斗争。

1949年春节后，温而理纠集张懿轩、阎世隆等反动势力，抛出了所谓的"春季反攻计划"，向解放区和游击区发起了多次进攻。

1月中旬，保康县剿匪指挥部成立，八十五团在地方武装的配合下，开展斗争。从2月3日至3月初，在一个多月的时间里，保康县人民武装先后在后坪、金斗、欧店、歇马、黄化、城关等地以少胜多，击退强敌，沉重地打击了国民党地方武装的嚣张气焰。4月，中共襄阳地委决定撤销南保兴宜县，其辖区除原属南漳县的重阳、马良、店垭划归保康外，其他地区回归原建制，南保兴宜县独立营也移交保康县。

5月20日，中共湖北省委、省人民政府、省军区在孝感花园成立。汉南工委大部地区划归襄阳地委，军队归湖北军区襄阳军分区指挥。

5月，国民党鄂北行政公署主任兼保安司令李朗星受白崇禧之命，率保安一、二、六团来到保康，成立了"均房保谷联防指挥部"，妄图建立反共基地，任命温而理统一指挥当地反动武装。为此，保康县剿匪指挥部将马良坪作为重点防范区，成立了马良坪、店垭、麻坪三个剿匪指挥部，配合地方武装，开展剿匪斗争。5月30日，李朗星窜至歇马河，决定以保康为据点扩充兵力，妄图占领重、马、店，直取南漳，反扑襄阳。6月中旬，由南漳民兵武装改编的八十五团二营奉命开进保康，配合八十五团一营和县独立营开展剿匪斗争。

6月23—28日，李朗星亲率房、保、均、南、谷等反动地方武装和国民党部队共4000余人，直扑马良坪。县指挥部召开紧急会议，研究对策。29日晚，八十五团击退敌人的多次进攻，俘敌20余人，缴获轻机枪1挺，步枪10多支。

7月19日晚，解放军切断了马良、天池垭通向官帽山的通道。次日凌晨3时，指挥长王希永率领尖刀连夜袭小官帽山，包围敌指挥部，发起进攻。此战，毙伤敌军 100 余人，缴获骡马 3 匹，弹药无数。李朗星落荒而逃。7月下旬，李朗星重建保安十七旅，委派温而理为旅长，他本人则率保安三旅残部向四川狼狈逃窜（李朗星后来在重庆领取十万银圆军费后潜逃台湾，1961年自杀）。

（四）剿灭盘踞保康的土匪和敌伪残部

1949年10月初，湖北省军区独立七团（以下简称独七团）奉令来到保康，分成南、北两个集团。团长刘朝旺、政委智吉录率领北集团，活动于保康北部及与谷城交界地区；副团长王清率领南集团，活动于保康南部山区。北集团于10月17日解放黄堡坪，南集团于19日解放歇马，国民党地方反动武装分别被控制在荆山南、北的狭小区域内。

1949年10月底，中国人民解放军第四野战军一部西进入川，途经保康，对全县震动很大。县剿匪指挥部决定借四野军威，集中兵力拿下天险九路寨。九路寨位于保康南部，海拔1700多米，方圆15平方公里，四周多为悬崖峭壁，地势险要。1918年，在与四乡大刀会火拼中逐渐得势的山野铁匠孙秀章收容散匪，在山寨聚贼成众，霸山为王。他推行"内不出，外不入"政策，自称"九千岁"，并在山寨里竖起"九路国"石碑。

尽管孙秀章作恶多端，但原南保兴宜县人民政府考虑到他曾与伪政权作对，派百峰区区长崔树鹤与之谈判，实施政治争取；后又通过孙的同乡、原武汉市市长吴德峰与其弟吴士悉分别写信劝降，均遭拒绝。孙秀章将入寨的9条山路挖断7条，只留下易守难攻的钻天洞、走马岭两条路。在钻天洞绝壁上堆放滚木、砺石，布下岗哨，将走马岭半山树木砍光，修筑暗堡，派重兵把守，以此构筑绝壁天险。

1949年10月31日，王清、赵文彬、米栋、胡庆龙等分别带领四路纵队，会集全县民兵和由500多名群众组成的担架队、运输队，冒着滂沱大雨，向九路寨进发。部队于11月1日拂晓前到达预定地点，在走马岭对岸的"马场"上架起了重机枪和八二迫击炮。副营长徐鹏率领三连战士抄捷径、穿刺丛、攀悬崖，从走马岭东南角迅速向山顶运动，不料被敌暗哨发现，鸣枪报警。孙秀章听到枪声，立即命令寨上土匪以轻重机枪封锁道路，并砍断系着滚木、礌石的藤索。滚木、礌石呼啸而下，战士们沉着应战，巧妙地利用地形，紧贴悬崖岩壁，一次次避开了险情。

在紧急关头，王清指挥炮兵向敌暗堡发射炮弹，摧毁了敌前沿工事。黎明时分，各路突击小组采用搭人梯、抛绳索，登悬崖、攀峭壁，抓藤扣石、手攀脚登等办法，分别从走马岭、钻天洞、茅家沟方向攻入山寨，直捣敌方指挥部"老鳖窝"，把鲜艳的五星红旗插上了九路寨。

此役全歼顽匪百余人，缴获全部武器、弹药。孙秀章装扮成"伙计"，带着家眷、武器、烟土和6名心腹外逃到兴山，被迫于1950年1月15日向人民政府缴械投降。

九路寨战斗胜利后，县剿匪部队乘胜扩大战果。南集团快速奔袭后坪，沿途捣毁敌传递哨，于1949年11月9日包围合助乡乡公所，活捉了盘龙乡乡长孙骏。12月10日，该部又在金斗大坪将袁青山、张懿轩部包围，毙敌6人，俘敌44人。县独立营于同月下旬冒雪出击，在马桥笔架坪将保安十七旅特务营击溃，击毙营长肖云谷。至12月下旬，保康境内的残敌只剩下保安十七旅三团团长刘善初部和副团长兼三营营长阎世隆部两股。

根据湖北军区的统一安排，从1950年1月开始，以襄阳军分区独七团为主力，开始进剿保康境内的敌伪残匪。保康县剿匪指挥部通过政治攻势，敦促阎世隆率部投诚。刘善初则与温而理会合，龟缩于阳岩河山洞中据险扼守，做最后的困兽之斗。

刘善初，外号刘大少。1948年秋，他赶修了阳岩河永久性工事，在山洞中备有腊肉、木炭和粮食数十万斤，甚至把二三百斤重的石磨也抬进了山洞，妄想与解放军打消耗战。阳岩河地势险峻，有大小12个山洞分布在沿河两岸，各洞相隔不远，遥相呼应。主洞洞口砌有一座2米高、1米厚的"弓"形碉堡，洞内有天然厅堂、溪流，很多支洞相互穿插。主洞与其他洞之间架有电话线，可连通刘善初位于高桥河的岗楼，有了情况能以电话告急。敌军还在阳岩河两侧布下铁丝网，网上系铜铃用以报警。县剿匪指挥部在争取阎世隆投诚后，集中兵力直指阳岩河。1950年1月9日，王清、赵文彬、米栋和胡庆龙各率一支部队分别从牛鼻子石、黄湾、罗家山、两河口向阳岩河合围，端掉敌人布置在高桥河的岗哨，切断了通向各洞的联系，并派6名蒋军投诚人员进洞劝降。得知刘善初开枪打伤前去劝降的方寿铭、王身正两人后，部队从正面开炮警告。14日深夜12时，部队快速进攻，堵住了12个山洞洞口，并用八二炮、轻重机枪向阳岩河主洞轰击。随着两声巨响，洞口的碉堡和岗哨被成功端掉，藏在洞中的敌军官兵家属吓得魂飞魄散，乱作一团。经一昼夜围攻，结合政治攻势，迫使温而理残部300余人于15日清晨举着白旗走出山洞投降，收缴轻重机枪12挺、长短枪260余支。

随后，独七团二营由保康北部的紫金洞奔袭房县金竹园，歼灭均房谷自卫总队一部，俘其第二团团长王进英。26日，该营又向房县东部股匪进剿，捕获匪首萧盛茂。随即在保康北部石灰沟一带将股匪李从恢部百余人歼灭。至此，保康境内的伪区、乡政权全部被消灭，保康全境解放，湖北解放的收官之战胜利结束。

本编执笔人：宋喜微　襄阳市第五中学中级教师

王增峰　襄阳市第五中学中级教师

曾伟卓　襄阳市第四中学初级教师

薛晶晶　襄阳市第三中学中级教师

汪　力　襄阳市第三十六中学中级教师

任明元　襄阳市第三十六中学中级教师

第二编

社会主义革命和建设时期 襄阳的发展成就

新政权的建立巩固和向社会主义过渡

全面建设社会主义时期襄阳的艰苦探索

"文化大革命"时期的襄阳

第一章　新政权的建立巩固和向社会主义过渡

1949年10月1日，中华人民共和国成立，揭开了中国历史新的篇章，中国历史从此进入现代史时期。

襄阳樊城各界庆祝新中国诞生（襄阳融媒体记者释贵明供图）

在党中央和中共湖北省委领导下，襄阳解放初期（1949—1952年），中共襄阳地委领导全区人民，积极开展清匪反霸斗争，镇压反革命，召开各级人民代表会议，建立各级人民政权，健全人民民主专政。积极响应党的号召，支持抗美援朝。积极推进农村土地改革、城市民主改革和社会改造。

1953—1956年，襄阳地区认真贯彻党的过渡时期总路线，制定了第一个五年计划，实施了在农业增产的基础上发展工业，工业为农业服务，农业为国民经济服务的发展策略；稳步推进了过渡时期的政治、文化、教育、卫生事业的发展和党的建设；完成了对农业、手工业和资本主义工商业的社会主义改造，确立了社会主义基本制度，为襄阳发展打下了坚实基础。

一、新政权的建立和巩固

（一）人民民主政权的建立

1949年1月襄樊解放后，成立了襄樊市爱国民主政府、襄樊市警备司令部、襄樊市公安局、襄樊市工商局，同时成立襄阳、樊城城市管理委员会，后来隶属襄阳专署领导。1949年3月，中国人民解放军组建襄樊军分区。1949年5月20日，中共湖北省委成立，设立襄阳行政区，将汉南工委改建为中共襄阳地方委员会（以下简称襄阳地委），为中共湖北省委派出机构，任命张廷发为地委书记。汉南办事处改建为湖北省襄阳行政区专员公署，为湖北省人民政府派出机关，高如松被任命为首任专员。专署领导成员、中级人民法院检察院负责人由省以上领导机关任命。同年5月，襄樊军分区改称襄阳军分区，隶属湖北军区（1957年5月改称湖北省军区）和襄阳地委双重领导，襄阳地委书记张廷发兼任襄阳军分区司令员。襄阳军分区既是襄阳地委的军事工作部，又是襄阳专区人民武装的领导和指挥机关。

正值襄阳地区党政军组织逐步建立完善之际，迎来了新中国的诞生。新中国成立后的襄阳地区县、区党政军组织，大部分都是解放战争时已经建立组织的延续。襄阳的解放，人民民主政权的建立，标志着新民主主义革命在襄阳已取得基本胜利，半殖民地半封建的历史在襄阳从此宣告结束，襄阳人民第一次真正成为社会的主人。新中国成立后，中国共产党在国家政治生活中的地位和作用也发生了重大变化，党的任务从领导人民夺取政权变为管理国家、改造社会、建设新生活。由此，襄阳党的历史揭开了新的篇章。

中共襄阳地委第一次代表大会（襄阳融媒体记者释贵明供图）

（二）巩固新政权的斗争

1.剿匪反霸斗争

襄阳解放伊始，匪患严重，暴乱四起。国民党溃逃时遗留下来的反革命残余力量与土匪、恶霸势力相勾结，以保康为中心，依仗险山峻岭，负隅顽抗，以土匪游击战争的方式同新生人民政权较量。他们阴谋发动武装暴乱，肆无忌惮地进行抢劫、暗杀等罪恶活动，严重威胁着人民政权和广大人民群众生命财产的安全。为此，各级人民政权一经成立，即把清剿匪患作为稳定社会秩序、安定民心、巩固新生政权的首要任务。襄阳军分区和各地人民武装，在党委和政府的统一领导下，积极依靠人民群众的配合，采取军事清剿与政治攻势相结合的方针，在全地区展开剿匪斗争。襄阳地委要求，在剿匪中必须贯彻军事清剿、政治攻势、发动群众三者相结合的方针，根据情况的变化，有计划、有步骤地展开剿匪斗争。

1950年8月以来，剿匪工作获得很大成绩。共缴出枪支1036支、机枪6挺、小炮1门、掷弹筒2个、冲锋枪5支、子弹23624发。群众情绪高涨，干部思想作风也有很大转变。10月19日，襄阳地委根据8月以来剿匪反霸斗争形势，要求抓紧时机，党政军民密切配合，彻底肃清股匪，打开保康局面，安定社会秩序。

在剿匪的同时，全地区还开展了反霸斗争。襄阳地委要求，重点打击通匪、窝匪、资匪、庇匪和奸霸，结合减租减息，对恶霸地主既进行政治清算，又进行经济清算，打击地霸势力的威风，真正树立起人民的统治。总的要求是树立群众优势，打击地主阶级的气焰，搞好内部团结，为下一步的工作扫除障碍，铺平道路。基本做法仍然是本着大霸大反、小霸小反、有霸则反、无霸不反的原则进行。反霸的锋芒是针对破坏土改的地主分子，不要扩大打击面。

从1949年7月起，襄阳军分区集中优势兵力，重点围剿南漳、保康、谷城等山区土匪。到1951年底，共歼灭匪特15318人。同时，各县武装股匪基本肃清。

2.镇压反革命运动

朝鲜战争爆发后，国民党遗留在大陆的反革命分子气焰更加嚣张，大肆散布谣言，进行种种破坏和捣乱活动，残害革命干部和群众，妄图颠覆人民政权。为了巩固人民政权，1950年10月，中共中央发出《关于镇压反革命活动的指示》，决定对罪大恶极、怙恶不悛的反革命首要分子实行坚决镇压。

1950年10月，襄阳地委按照中央和省委的统一部署，在全地区范围内大张旗鼓地开展镇压反革命运动。襄阳地委成立以地委书记兼军分区司令员张廷发为主任的"清匪肃特委员会"，领导部署镇压反革命运动。从1950年10月至1953年10月，运动历时3年，分三个阶段进行。重点打击土匪（匪首、惯匪）、恶霸、特务、反动党团骨干、反动会道门5个方面的敌人。

通过镇压反革命运动，狠狠打击了土匪、恶霸、特务、反动党团骨干、反动会道门等恶势力，清除了一批暗藏在人民内部的反革命分子，进一步肃清了反革命残余势力，巩固了新生的人民政权。到1953年底，镇压反革命运动取得伟大胜利，彻底打击了反革命分子的嚣张气焰，极大提高了党和人民政府的威信，为大规模的经济建设提供了安定的社会环境，保证了抗美援朝、土地改革和国民经济恢复等工作的顺利进行。

在开展剿匪反霸斗争和镇压反革命的同时，襄阳地委、专署认真贯彻执行《中华人民共和国婚姻法》，禁娼、禁毒，废除封建婚姻制度，根除几千年摧残妇女的娼妓行业，消除长期毒害人民的烟毒，解放广大妇女，净化社会风气。这一系列社会改造的完成，极大地调动了人民群众的积极性，促进了社会生产的发展，提高了党和人民政府的威信。

3. 支持抗美援朝

1950年6月25日，朝鲜内战爆发，美国打着联合国的旗号派兵武装干涉朝鲜内政，并命令其海军第七舰队开赴台湾海峡，阻止中国人民解放台湾。同年10月2日，美国军队悍然越过"三八线"，大举进犯朝鲜民主主义人民共和国，并迅速向中国东北边境推进，把战火烧到中朝边境，直接威胁新中国的国家安全。中共中央根据朝鲜党和政府的请求，根据祖国安全的需要，作出"抗美援朝，保家卫国"的战略决策。

1950年10月，中共中央发出了关于开展抗美援朝运动的一系列指示，1951年3月，湖北省委颁发《关于全党动手，普及深入抗美援朝运动的指示》。襄阳军民热烈拥护中央和省委的决策，响应中国人民抗美援朝总会的号召，成立襄阳专署抗美援朝委员会，开展有计划、有组织的抗美援朝工作。各地建立抗美援朝分会组织，深入开展抗美援朝的实际工作和宣传教育工作。各级党委充分认识"抗美援朝宣传教育是各种工作的灵魂和原动力"，根据抗美援朝运动的发展情况，结合当地实际，及时提出宣传重点和办法，开展形式多样的宣传教育活动。同时，进一步加强宣传队伍建设，建立、巩固和发展报告员、宣传员组织，全地区在机关、学校、工厂、街道、农村广泛建立由报告员、宣传员组成的宣传网，使时事宣传遍及城乡各基层单位、工农商学各界人士。

1951年5月1日，全地区开展"抗美援朝运动周"活动，举行声势浩大的示威游行，有百余万人参加（将近全地区人口的一半）。各地通过广泛深入的宣传教育，进一步使人民群众认识到抗美援朝的重要性和正义性，提高了爱国主义和国际主义觉悟，增强了民族自尊心、自信心和自豪感，坚定了胜利的信心，鼓舞起巨大的革命热情和劳动热情，纷纷以实际行动参加到抗美援朝运动中，掀起了参军参战、增产捐献、订立爱国公约和拥军优属的热潮。

襄阳广大青年农民积极响应"抗美援朝、保家卫国"的号召，踊跃报名参军，青年学生积极报考军校。谷城县10天中就有2088名农民报名参军。母送子、妻送夫、兄弟争相入伍、新婚妻子送丈夫参军的动人景象随处可见。据统计，1950年11月至1951年6月，全地区有13556名青年参加志愿军，100多名青年学生报考军校。到1953年5月底，共有2万多名青年参加志愿军赴朝参战。1951年3月，襄樊工商界人士及城镇居民一次就捐献慰劳金16600多元，还有绒毛衣裤、袜子、毛巾、慰劳袋和慰问信等。1951年，襄阳县民间唢呐演奏艺人郭修本，受全县人民的重托，随湖北省赴朝慰问团前往朝鲜慰问志愿军战士，鼓舞了志愿军战士的杀敌斗志。

在历时2年零9个月的抗美援朝运动中，全地区人民在人力、物力、财力等各方面作出了自己的贡献，不仅增强了民族自尊心、自信心和爱国主义思想，而且激发起极大的革命热情和劳动热情，促进了全地区经济的迅速恢复和发展。

4.土地改革

新中国成立时，全国新解放区尚未完成土地改革，严重阻碍了社会生产力发展。1950年6月，中央人民政府颁布《中华人民共和国土地改革法》提出：废除地主阶级封建剥削的土地所有制，实行农民的土地所有制，彻底摧垮中国封建地主阶级的统治基础，解放农村生产力，以便发展农业生产，为新中国的发展开辟道路。

土地改革运动是新中国成立初期著名的三大运动之一。土地改革的总方针是：依靠贫雇农，团结中农，中立富农，有步骤有分别地消灭封建剥削制度，发展生产。根据全国解放后的新情况，《中华人民共和国土地改革法》还将过去征收富农多余土地财产的政策，改变为保存富农经济的政策。为保证土地改革的顺利进行，中央人民政府政务院于1950年7月公布了《农民协会组织通则》《人民法庭组织通则》，11月又公布了《城市郊区土地改革条例》。到1952年底，全国大陆的土地改革基本完成。全国约3亿无地少地的农民无偿获得约7亿亩土地，农民真正成为土地的主人。

根据中央和省委指示，襄阳地委领导全地区人民积极开展了土地改革运动。1950年10月，襄阳地委决定在襄阳、南漳、光化、谷城、洪山5县，根据工作基础、经济、地理等情况，选择14个行政村进行土改试验。12月，襄阳地区开始全面土改。全地区以派工作队的形式，先后投入干部1589人，土改队员2182人，分赴各地领导土改工作。至1952年土地改革结束，全区无地少地农民分得土地230多万亩，人民政府为分得土地的农民颁发了土地证。

5. "三反" "五反" 运动

在抗美援朝战争期间，爱国增产运动的开展，暴露出各级党政机关内部存在着惊人的贪污、浪费现象和官僚主义问题。1951年12月，中共中央作出《关于实行精兵简政、增产节约、反对贪污、反对浪费、反对官僚主义的决定》。1952年1月，党中央下达发动"三反"运动的指示。一场群众性的"三反"运动很快在全国形成高潮。

1951年12月22日，根据中共中央指示和省委部署，襄阳地委发动全地区的"三反"运动，成立增产节约委员会，领导开展"三反"运动。"三反"运动按照先地区直属机关后县（市）的顺序，在机关和国营公司干部中普遍进行。"三反"采取群众运动的方式，大张旗鼓，雷厉风行。整个运动受到襄阳地委的高度重视，到1952年6月底基本结束。

"三反"运动在党和国家机关开展起来后，各地各部门清查出一些机关内部人员同社会上的不法资本家内外勾结，侵吞国有资产的案例。1952年1月26日，中共中央发出《关于在城市中限期展开大规模的坚决彻底的"五反"斗争的指示》，要求各大城市在2月上旬均应进入反行贿、反偷税漏税、反偷工减料、反盗骗国家财产、反盗窃国家经济情报的"五反"运动。

襄阳地区"五反"运动主要在襄樊市区进行，并以工商业集中的樊城为重点。1952年2月，根据地委转发的中共中央中南局文件指示精神，地委将城市工作的中心由民主改革转向"五反"。"五反"运动中，党和政府广泛发动群众进行说理斗争、揭露不法商人的违法事实，同时注意维持经济生活的正常进行。到6月，襄樊的"五反"运动胜利结束。"五反"运动有力打击了不法资本家严重的"五毒"行为，在工商业者中普遍进行了一次守法经营教育。"五反"运动推动了在私营企业中建立工人监督制度和进行民主改革，巩固了工人阶级的领导地位。"五反"运动为后来用和平方式逐步改造资本主义工商业作了重要铺垫。

二、民主政治建设和社会主义制度的确立

人民代表大会制度是我国的根本政治制度，中国共产党领导的多党合作和政治协商制度、民族区域自治制度是我国基本政治制度，这构成了我国社会主义的政治制度体系，为我国确立社会主义经济基础和相应的经济制度提供了政治保障。随着第一个五年建设计划的实施和社会主义工业化的起步，随着党在过渡时期总路线的提出和宣传，国家对农业、手工业和资本主义工商业的社会主义改造也在有步骤地向前推进。1956年底，三大改造基本完成，标志着社会主义基本制度初步建立。这是一个伟大的历史性胜利，为当代中国一切发展进步奠定了根本政治前提和制度基础。中国进入社会主义社会，成功实现了中国历史上最深刻最伟大的社会变革。

（一）过渡时期的民主政治建设

1.人民代表大会制度的建立和宪法的颁布

1949—1953年，新中国经过五年的努力，胜利完成了各项社会改革任务，国民经济得到恢复与初步发展。随着大规模有计划经济建设的全面展开，加强国家政治、法律等上层建筑领域的建设，更好地为建设社会主义经济基础服务，已成为迫切需要。《中国人民政治协商会议共同纲领》明确规定新中国的根本政治制度，即在全国范围实行普选的人民代表大会制度。1953年1月，中央人民政府委员会正式作出了《关于召开全国人民代表大会及地方各级人民代表大会的决议》。3月1日，中央人民政府委员会颁布了《中华人民共和国全国人民代表大会和地方各级人民代表大会选举法》。襄阳地区行署根据中央和湖北省政府的指示精神，开展了基层选举工作。1954年6月，在基层选举顺利完成的基础上，襄阳地区所辖的襄阳、枣阳、随县、宜城、南漳、光化、谷城、保康、均县、郧县、郧西、竹山、竹溪、房县等县，也先后召开了首届人民代表大会。襄阳地区各县（市）第一届

人民代表大会的召开，标志着人民代表大会制度作为新中国根本政治制度在襄阳地区的确立，为实现人民当家作主提供了根本保证。

1954年9月20日，一届全国人大一次会议通过并公布了《中华人民共和国宪法》，这是中华人民共和国的第一部宪法，是国家的根本大法。它用法律的形式肯定了中国人民长期革命斗争的胜利成果和新中国成立以来所取得的重大成就，并明确规定国家在过渡时期的总任务，体现了全国人民建设社会主义社会的共同愿望。宪法颁布后，襄阳地委立即组织县（市）、区报告员和有报告能力的区干部，紧密结合当地实际，以乡为单位向群众广泛宣传宪法，使80%的农民群众听到宪法的宣传，明确了宪法的主要内容、制定宪法的重大意义，增强了法治观念和遵守宪法、维护宪法的自觉性，使广大群众认识到宪法赋予公民的权利与义务，激发起热爱国家和建设社会主义的积极性、创造性。

2.政治协商制度的建立和民主党派组织的产生

中国共产党领导的多党合作和政治协商制度是我国的一项基本政治制度，也是适合我国国情、具有中国特色的社会主义民主制度，是发扬社会主义民主的重要渠道。而中国人民政治协商会议是我国广泛的统一战线组织，是实现中国共产党领导的多党合作和政治协商制度的重要政治形式和组织形式。

新中国成立初期，襄阳地区虽然没有建立单独的政协和人大组织，但是各县（市）曾经召开各界人民代表会议，在当时的环境下，它作为政协组织的前身，代行人民代表大会的职能。

在过渡时期，襄阳地区本级并未建立人民政协组织，有关事务由地委统战部办理。地区所辖的部分县（市）建立了人民政协组织，其前身为本县（市）的各界人民代表会议。

1956年3月，襄阳地区所辖的襄樊、随县、光化、谷城等县（市），根据《中国人民政治协商会议章程》的规定和湖北省政协1955年7月下发的《关于湖北省设置县、市政协机构的意见》，分别成立了政协机构。襄阳地区所辖其他县均未设立政协组织。

1956年3月11—14日，中国人民政治协商会议襄樊市第一届委员会第一次会议在市文化馆召开。会议主要议程是，宣布成立由代表各个单位和界别的59名委员组成的中国人民政治协商会议襄樊市委员会，选举郭玉山为政协主席，王根长、刘杰三、闫平章、张文陶为副主席，邓海波等17人为常务委员。

政协襄樊市及随县、光化、谷城三县一届一次会议的召开，标志着政治协商这一基本政治制度在襄阳的确立。这些县（市）政协成立后，在中国共产党的领导下，对各地的政治、经济、文化和社会生活各方面的重大问题及人民群众普遍关心的问题，进行政治协商、民主监督和参政议政，为襄阳的社会主义革命和社会主义建设起到积极作用。

1956年11月24日，刘杰三在武汉加入中国民主建国会（以下简称民建），成为民主党派在襄樊发展的第一位成员。1957年4月23日，在民建武汉市委、中共襄樊市委和市委统战部关心帮助下，襄樊市的第一个民建组织，也是襄樊市的第一个民主党派组织——民建襄樊市支部委员会筹备委员会成立，刘杰三、邓文波分别担任主委、副主委。

民建襄樊市支部委员会筹备委员会也是襄阳地区的第一个民主党派组织。它的成立，揭开了襄樊民建的历史和襄阳地区民主党派的历史，也拉开了中国共产党与襄阳地区多党合作事业的序幕。

人民代表大会制度、中国共产党领导的多党合作和政治协商制度、民族区域自治制度都是具有中国特色的民主政治制度。它们满足了人民当家作主的愿望，调动了各民主党派参政议政的积极性，为三大改造的完成提供了政治保障。

（二）社会主义制度的确立

1.对农业的社会主义改造

农业的社会主义改造，实际上在过渡时期总路线提出前就已经启动。1951年9月，党中央制定了《关于农业生产互助合作的决议（草案）》，强调互助合作采取稳步前进的方针，以典型示范，引导农民走互助合作道路。

随着过渡时期总路线的宣传贯彻和社会主义工业化的起步，对农业的社会主义改造也全面展开。对农业的社会主义改造，是把过渡时期以生产资料私有制为基础的非社会主义经济，改造为以生产资料公有制为基础的社会主义经济的一项基本任务，是牵涉农民切身利益的一场深刻的社会变革。改造农民个体所有制，建设先进的社会主义农业经济，对整个社会主义改造具有决定意义，是社会主义事业成败的关键之一。因此，对生产资料私有制的社会主义改造首先要从对农业的社会主义改造开始。

在湖北省委的领导下，襄阳地委按照中央的统一部署，对农业的社会主义改造运动经历了由农业生产互助组，到初级农业生产合作社、高级农业生产合作社的社会主义改造道路，把个体农业经济基本改造为集体所有的合作经济，在襄阳广大农村建立了社会主义的经济制度。根据中央的决定和省委的部署，襄阳地委从1952年春开始，在全地区狠抓农业合作化运动，大致经历了个别试办、有计划发展、整顿巩固和普遍建立四个阶段。到1956年9月，入高级社农户达到1166197户，占总农户的97.32%。至此，襄阳地区基本实现了农业的高级合作化，基本完成了农业的社会主义改造，把广大农村的个体经济改造成为社会主义集体经济，使广大农民群众彻底摆脱了小块土地私有制的束缚，走上了合作经济的广阔发展道路，进入了一个新的历史时期，保证和促进了生产力的发展。全地区生产逐步上升，1957年全地区农业总产值77390万元，比1949年的37455万元增长106.62%，平均每年增长13.33%；粮食总产量12.85亿公斤，比1949年的 6.21 亿公斤增长 106.92%，平均每年增长 13.36%；人均产粮 383 公斤，比 1949 年增加 159.5 公斤。集体经济壮大，农民生活改善，农村局面安定，集贸市场活跃，为实现国家工业化和推进对资本主义工商业及手工业的社会主义改造，创造了有利条件。这是一场深刻的社会变革，对全地区的农业乃至国民经济的全局产生着深远的影响。

2. 对手工业的社会主义改造

对个体手工业的社会主义改造，是过渡时期总路线提出的三大改造任务之一。手工业在襄阳地区的国民经济中占有重要地位，根据解放初的普查和行业的归口划分，襄阳有金属制品、陶瓷、木材加工、竹藤棕草、建筑材料、印刷、文教用品、多种修理、缝纫、皮革、油脂香料、造纸、纺织、其他燃料、化学加工等十多种主要行业。在广大农村，农民生产资料和生活资料的 80% 左右都是由手工业生产的。据襄阳专署手工业管理局统计，全地区个体手工业 1952 年同 1949 年相比，户数由 15722 户增至 18605 户；从业人员由 28129 人增加到 33179 人；产值由 1505.19 万元增加到 2023.63 万元。

解放初期，手工业户资金短缺、工具落后、技术保守、规模狭小、生产力低，在原材料供应和产品销售方面存在严重困难。个体手工业者多数是师傅带徒弟的生产管理方式，随买、随做、随卖，生产的季节性很强，常常是淡季停工歇业，旺季加班生产。这种落后的生产方式和生产关系，远不能满足国家建设和人民生活需要。因此，改造个体手工业的任务就是要走社会主义集体化的道路。

襄阳地区手工业的社会主义改造，是从 1951 年开始的，大致经过了试办、普遍发展、掀起高潮三个阶段。由于思想对路、工作细致、方法对头，全地区在处理手工业合作社的集中与分散问题上，不仅没有影响生产，而且将生产推进了一大步，达到了应有的效果。到 1956 年底，全地区原有的

384个社划为462个社，大部分都恢复了原有的小社，或保留了原有的服务地点和门市部；供销生产小组199个，社员1519人，社、组员已占到总从业人员的83.31%；还有3375人因居住零散、主副业暂未确定，而未加以组织。至此，全地区对个体手工业的社会主义改造基本结束，基本实现了全地区手工业合作化。

3. 对资本主义工商业的社会主义改造

1953年6月，中共中央根据中央统战部的调查，起草了《关于利用、限制、改造资本主义工商业的意见》。9月，毛泽东同志同民主党派和工商界部分代表座谈，指出国家资本主义是改造资本主义工商业的必经道路。10月，中华全国工商业联合会召开了会员代表大会，传达了中共在过渡时期的总路线和对资本主义工商业的社会主义改造的政策。在过渡时期总路线指引下和农村社会主义高潮的推动下，中国共产党依靠巩固的无产阶级专政，通过国家行政机关的管理、国营经济的领导和工人群众的监督，利用资本主义工商业有利于国计民生的积极作用，限制其消极作用，鼓励和指导他们转变为各种不同形式的国家资本主义经济，逐步用全民所有代替资本家所有。

襄阳地区对资本主义工商业的社会主义改造，总体上是在国家指导下同步进行的，经历了两个大的阶段。第一，从1949年解放至1954年改造为初、中级形式的国家资本主义阶段。主要采取委托加工、计划订货、统购包销等，是既利用又限制。第二，从1955年至1956年改造为高级形式的国家资本主义阶段。主要是实行全行业公私合营，对资本家进行社会主义改造。

襄阳地区只用几年时间，就走完了改造的全部历程。全地区2000多家私营工商业，1956年全部实现了以公私合营为主的各种形式的改造。

襄阳地委十分明确，对资产阶级分子进行思想改造的目的，就是要逐步把他们改造成为自食其力的劳动者，克服资本主义经营思想和经营作风，树立为生产者、消费者服务的观念。襄阳地委要求各县（市）"改造办公室"，严格按照党的又团结又斗争的政策，进行全面分析，区别对待，实事求是地安排好每一个人；鼓励进步分子积极靠拢党和人民政府，坚定他们走社会主义道路的决心，并本着"量材使用、适当照顾"的原则，给他们以适当安排。襄樊市委为23个合营企业的1911名工商业者、店员、工人，都安排了适当的工作。襄樊市政府还批准厂长（经理）8人，副厂长（副经理）47人，主任、组长138人。有4名工商界人士被选为襄樊市第二届人民代表大会主席团成员，其中刘杰三连选连任襄樊市政府副市长。樊城的工商业者当上经理、副经理后，认为这是靠近了政府，是最大的光荣，工作更加积极。

襄阳地委坚决贯彻党中央的"赎买"政策，认真执行对资本主义工商业利用、限制、改造的方针，工作细致稳妥，在减少社会震动的情况下，圆满地完成了改造资本主义经济的历史重任。在改造过程中，虽然也曾出现过一些缺点和偏差，如要求过急、工作过粗、改变过快、形式过于单一等，个别地方还把一部分工商小贩、手工业者当作资本主义工商业进行改造。但就整体来说，用和平的方式改造民族资本主义工商业是正确的、成功的。

1953—1956年，襄阳地委和襄阳专署根据党在过渡时期总路线和总任务的要求，带领全地区人民广泛开展了对农业、手工业和资本主义工商业的社会主义改造，对不适应社会生产力发展的生产资料私有制进行了一场伟大革命，取得了决定性胜利，使全民所有制和劳动群众集体所有制这两种形式的社会主义公有制经济，在襄阳地区国民经济中占据了绝对统治地位。到1956年，全地区97.32%的农民加入了农业高级合作社；手工业合作社的产值在整个手工业总产值中的比重由1954年的17%上升到86%以上。资本主义工商业改造的结果为：公私合营达6710户，占总户数的26.14%；

人员8897人，占总实业人数的28.71%。合营商店1204个，占总个数的40.94%；人员10507人，占总实业人数的39.93%。各自负盈亏的合作小组，经、代销户共8150户，占总户数的32.92%。全地区的资本主义工商户及其实业人员都已改造成为具有公有制性质的工商业单位及其实业成员。

公有制经济成分的绝对优势地位的确立，标志着社会主义经济制度在襄阳的建立，也标志着襄阳在经济制度上由新民主主义向社会主义过渡任务的胜利完成。这是新中国成立后襄阳历史发展上的一件具有划时代意义的大事，是党领导襄阳人民进行社会主义革命取得的伟大胜利。襄阳地委严格按照党中央的有关方针政策，对许多遗留问题逐步给予纠正和解决，受到广大人民群众的拥护。

社会主义三大改造基本完成以后，在新建立的社会主义制度基础上，为实现国家富强、人民共同富裕的新的伟大目标，中共襄阳地委积极领导襄阳人民，迈向探索社会主义建设新的历史阶段。

三、襄阳国民经济的恢复和各项建设的展开

（一）稳定物价和统一财经

新中国成立初期，国家财经困难，投机商人兴风作浪，拒用人民币，倒卖银圆，物价飞涨。为了扭转市场的混乱状态，襄阳地委和专署坚定执行中央和省委有关稳定市场、平抑物价的政策，通过一系列行政和经济手段，持续不断地打击投机、平抑物价。为进一步从根本上稳定物价，做到国家财政收支的平衡，1950年3月，根据政务院《关于统一国家财政经济工作的决定》精神，全地区财政工作实行四统一，即统一收支管理、统一物资管理、统一现金管理、统一财政权限管理。由于稳定物价和统一财经的工作卓有成效，襄阳地区结束了自1937年7月以来连续12年使人民深受其苦的通货膨胀和物价高涨的局面，也结束了旧中国几十年财政收支不平

衡的局面，为安定襄阳人民的生活和工商业的健康发展提供了条件。

（二）国民经济的恢复和初步发展

1950年，为了争取财经状况的基本好转，扶植私营工商业克服困难，渡过难关，襄阳地委和专署按照中共的指示精神，着手调整工商业。4月，襄阳专署及所辖各县（市）相继成立工商科，主要是帮助解决手工业生产者在恢复发展生产中的困难。6月9日，襄樊市人民代表大会决定在工商业调整中认真执行"公私兼顾，劳资两利"的原则，突出抓好调整公私关系、劳资关系、产销关系三个环节，开展对资本主义工商业的经济扶持工作。

在三年国民经济恢复期间，襄阳地委认真贯彻"发展生产、繁荣经济"的方针，领导全地区集中力量恢复和发展生产。经过三年多的艰苦努力，全地区的国民经济得到全面恢复和初步发展。1952年，社会总产值达到63731万元，比1949年增长32.01%。工农业总产值达到50703万元，比1949年增长29.60%。其中工业总产值3074万元，比1949年增长53.24%，年均增长17.75%。至1952年在市区和各县兴建了一批工厂，全地区企业数从1949年的177个发展到224个。

经过三年的恢复调整，全地区的国民经济结构也发生了深刻的变化。在社会经济根本改组的情况下，建立了国营经济领导下的多种经济成分并存的新民主主义经济，国营经济、私人资本主义经济、个体经济、国家资本主义经济、合作社经济都得到一定程度的发展。其中，国营经济发展较为迅速。全地区国营工业企业产值从1949年的320万元增加到819万元，占工业总产值的比重从19.41%上升到31.72%。在交通运输业、商业中，国营的比重也有较大的上升。国营经济在发展生产、调节流通、稳定市场物价中起着主导作用。个体经济在国营经济的领导、支持和帮助下，也得到较快的恢复和发展。各种社会经济成分在国营经济领导下，分工合作，各得其所，促进整个社会经济的发展。随着工农业生产的恢复和发展，财政经济状况的好转，职工、农民收入的增加，襄阳人民生活得到初步改善。国民经济的恢复和初步发展，为国家开展有计划的经济建设创造了条件。

（三）第一个五年计划的实行

1953年1月，中共中央决定实施发展国民经济的第一个五年计划（1953—1957年），同时要求各省市从实际出发，按照"统一计划，分级管理"的原则，编制本地区的"一五"计划。根据党中央和湖北省委指示精神，在中共襄阳地委的领导下，5月，襄阳专署要求所辖各县（市）在原已建立统计科的基础上配齐统计科长，区镇及大中型国营企业配备统计员。9月，党正式公布了在过渡时期的总路线和总任务。襄阳地委团结和组织全地区人民学习宣传、贯彻落实党在过渡时期的总路线和总任务，制定国民经济发展的第一个五年计划，恢复和发展交通运输业、手工业，贯彻实施粮食统购统销政策等。襄阳和全国一样，进入有计划发展国民经济和全面实行社会主义改造的新阶段。1953年，襄阳地区"一五"计划的编制工作，主要是为编制计划准备资料，建立、充实办事机构，自1954年正式开始编制工作，并于当年12月编制出《襄阳专区1955年度国民经济计划草案》。这虽然只是一个年度国民经济计划，但在这个计划的编制和实施过程中，却体现了严肃认真地贯彻党的政策精神和实事求是的办事原则。一是严格贯彻省计委所指示的在地委直接领导下进行编制的要求。二是严格按照中央财经委员会的规定，采取自上而下、上下结合的编制方法。襄阳专署通过召开地直各有关单位负责人会议，对编制工作进行了具体研究和分工，以及对各个有关编制的计划，在编制程序上亦作了研究，如农业、商业及手工业合作社等。首先，按系统分县（市）分单位拟出具体控制指标，由专署布置到县（市）或有关单位。其次，由各县（市）各单位结合本地本单位实际进行编制。由于交通条件的不便，其中随县、洪山、枣阳、襄阳、宜城、南漳、光化、谷城、均县、郧阳10个县是自编的，保康、房县、竹山、竹溪、郧西5个县是专署根据各县对所分配的控制数字提出反馈意见后而代编的。最后，在各县（市）各单位所编制计划的基础上，由专署进行总平衡汇总，形成地区计划指标。

襄阳地委、襄阳专署特别注意因地制宜，从襄阳的实际出发进行五年计划的编制。1956年10月，专署通过召开全地区计划会议，对1956年的国民经济执行情况进行了检查，并在对该年计划预计完成情况进行总结的基础上，依据省政府的指示，确定了1957年国民经济计划可增长的速度，进而据此经过对原编制计划的调整补充，完成了对1957年国民经济计划的修订。"一五"计划包括工业生产、农业生产、交通运输、商业、基本建设、劳动工资、文教卫生、财政收入等主要内容。襄阳地区的"一五"计划提出：全部工业总产值（不包括新增投入生产的企业）在1956年水平上增长20%，计划1957年达到34211.628万元，比1952年的3824万元增长794.655%。农业方面，计划1957年全地区粮食总产量在1956年的水平上增长7%，达到38.487亿斤，比1952年的12.72亿斤增长202.57%。计划1957年棉花单产在1956年的基础上提高13.64%，达到25斤，使1957年棉花总产量达到65万担（植棉260万亩），比1952年33.4万担增长94.61%。社会商业零售总额计划1957年在1956年水平的基础上增长14%，达到2.052亿元，比1952年的0.8517亿元增长140.92%。

襄阳地区的"一五"计划，由于在编制过程中工作严谨，坚持了因地制宜、实事求是的原则，计划总体是既稳妥又积极的，有利于调控本地区国民经济综合平衡的发展。它的实施，使襄阳地区社会主义建设步入计划性的轨道，在"一五"时期的襄阳工业化建设中发挥了重要作用。

襄阳地委根据省委精神和襄阳地方实际大力发展地方工业。1953年，襄阳专署将原鄂北农具厂改为直属国营企业，生产步犁、水车等。1956年生产饲料粉碎机，后改为地区通用机械厂。"一五"计划期间，襄阳地区所辖16个县（市）中，有14个县（市）以铁、木社为基础，陆续建起一批以农机具制造、修配为主的地方国营农具厂。

襄阳地委、专署确定了把发挥地方烟草和棉花等资源优势作为襄阳地区工业发展的重点。因此，在地委、市委的领导下，1956年1月，襄樊市第一个公私合营试点企业——襄樊卷烟厂成立。襄樊市公私合营卷烟厂是由复兴、建联两个小烟厂合并而成。复兴烟厂是1950年没收封建把头工厂而建立的第一家国营烟厂，而建联烟厂是1952年由四家私营卷烟作坊组织起来的合作工厂。两厂合营后，襄樊市委与厂领导班子上下一心，多方筹资、扩建厂房、强化管理，通过厂办文化技术夜校、培训提高生产和管理骨干等举措，使工厂很快扩大了规模，提高了效益，1956年合营当年就产烟1万箱，不久即成为全国八大烟厂之一。1957年，襄樊市委用上级拨款和烟厂提供的积累资金90万元，又先后兴办了砖瓦厂、棉织厂、玻璃厂、酱菜厂、碎石厂等一批公私合营小型工厂，为地方工业的发展打下了第一层基石。其中棉织厂的成立，无疑利用了襄阳盛产棉花的优势。另外，解放初期，襄阳专署为了充分利用襄阳盛产芝麻的优势，专员余益庵亲手筹建起了专署地方国营机器榨油厂。1952年，该厂与襄樊市人民米电厂合并，从事发电和榨油，故改名襄阳专署地方国营电油厂。1954年发电厂分出（现襄阳热电厂）搞专业榨油，故又改为襄阳专署地方国营制油厂。

襄阳地委、专署十分重视发展满足人民生活需求的地方企业。新中国成立后，专署投资开办和改建了一批工艺设备较先进的粮食加工厂，至1953年，全地区粮食加工厂达到19个，其中国营11个、公私合营2个、私营6个。1953年以后，襄阳更加重视关乎民生的米面加工生产的发展。1953年3月，襄阳专署企业公司将原襄阳军分区后勤部兴办的"生大米电厂"的打米设备交专署粮食局接管（第一米厂）。经过整修后，日生产大米15吨，是襄樊市区国营粮食企业机械碾米工业的开端。同年，专署粮食局投资10万元，在樊城马道口新建第二米厂，1954年竣工投产，日生产能力万吨。1954年10月，由湖北省粮食厅接管的私营建新面粉联营公司第二面粉厂，下放给襄阳专署粮食局，定名为襄阳专署粮食局面粉厂，厂址由武汉迁来樊城郑公祠，1955年4月竣工投产，日产面粉40吨。1956年8月下放襄樊市粮食局后，命名为市建新面粉厂。至1957年，全地区改扩建米面加工厂14个，年产大米48196吨，面粉13901吨，占全地区总加工量的49.86%。同时，为了初步解决人民对电力的需要，1954年1月，襄阳专署企业公司电厂开始筹建，1955年5月1日竣工，输电电压6.6千伏，输电里程4.9公里；1956年9月，电厂扩建，新增装1台柴油机和1台发电机。其间，各县开办的小型火力发电厂相继投产，到1957年底，基本建成小型发电厂14处。

1953年1月，为了推动交通运输业适应工业化的新形势，襄阳专署改变了过去交通运输管理工作由建设科负责的格局，专设了交通科。同时，各县（市）交通科也陆续建立。1954年10月，根据支援灾区粮种和口粮、支援工业化的粮食原料的运输需要，同时也为了大批工业品的急需调进，中共襄阳地委向各县（市）委发出了加强运输工作的指示，地区成立交通运输指挥部，副专员夏克为指挥长，下设各办公室，并提出：从此襄阳地区汽车、轮船及汉江中由郧县至汉口的帆船，均统一由地区指挥部指挥，各县不得私自扣留车船。"一五"计划期间，襄阳地区的水路、公路运输同时得到恢复，并取得新的发展。

襄阳水路运输历史久远，汉水是境内的干流河道，唐白河、南河、府河、蛮河、滚河为支流航道。在"一五"期间，襄阳地委、专署从多方入手，推动地方航运事业的发展。

1954年，综合国营船舶和个体船舶的货运发展状况是：1953年仅有个体专业船舶，其年货运总量为22.6万吨，周转量为5811.2万吨公里。1954

年在有了国营船舶航运后，年货运总量增加到 26.17 万吨，周转量增加到 5959.8 万吨公里。客运方面，从 1954 年起，由武汉正式开办客运班轮至襄樊和老河口。在此期间，还开辟了樊城至双沟等客轮航线，使客运量大大增加。1954 年客运量仅 0.26 万人，客运周转量 60.29 万人公里。1957 年襄樊省营专业客运量达 3.49 万人，客运周转量达 284.7 万人公里。

1952 年，襄阳地区境内主要有襄沙、襄花、老白、襄新等几条主要公路干线，通车里程 663.9 公里。自 1953 年起主要对部分干线公路展开了加宽、延伸等提质工程。如 1953 年汉孟路（原襄花路）枣随段，试铺泥结石路基沙石级配路面，开创晴雨通车的先河。接着将老白路扩宽到 7.5 米，铺筑 3.5 米宽砂石路面，也达到晴雨通车。樊（樊城）老（老河口）段公路 1953 年铺筑 3.5 米的级配砾石路面，1954 年达到了晴雨通车。此外，还在 1955 年将樊（樊城）魏（河南省魏集）公路修复通车。从 1955 年起，公路建设转向支援农业合作化，以改善山区交通落后状况为重点，各县动员 30 万民工，修建了厉山至万和、南漳至界碑头、宜城至刘猴、光化至张集、光化至竹林桥、石花街至黄山坪、沈家垭至观音堂、武镇至报信坡、武镇至张营、威龙观至叶家河、小河至朱市等支线公路。

同时，在汽车渡口和公路桥梁建设上也有新进展。1953 年襄花路改线，将张家湾渡口移至洪山头。1955 年清河口建桥撤渡。在第一个五年计划期间，公路桥梁建设仍延续解放初"以维修改建为主，新建为辅"的原则，除在新辟县道和汉孟、襄沙、老白三条干线公路新建桥 66 座外，改建干线桥梁 38 座，使干线桥梁最低通载能力达 7.5 吨。

在公路养护上，1954 年襄阳、郧阳两个专区合并，养护机构随之扩大，设樊城养路工程段于樊城，下设枣南、枣北、襄阳、牛首、光化、石花 6 个养路工区。长（长江埠）孟（孟家楼）路随县段由安陆第二抢修队淅河、厉山两分队管养。

在公路的运量上，农村经济的发展促进了城市经济的繁荣，加之宜城至南漳、随县至洪山等支线先后开办客运，客运进入农、商为主和运距逐渐缩短的时期，到1957年，客运人数、周转量虽比1952年分别增加8.44倍和5.59倍，但平均运距却下降41.61%。也就是说，随着客车运价降低和支线开辟，这一时期呈现以农民往返城乡为主的客运新形势。到1957年，货运量由1952年的2.7万吨增加到21.1万吨，货运周转量由1952年的155万吨公里增加到1863.4万吨公里。

"一五"计划期间，襄阳地区实行统购统销政策，大力发展农业生产。实行主要农产品统购统销，是贯彻落实党在过渡时期总路线的一件大事。从新中国成立开始，粮食的产需矛盾、供求矛盾就很尖锐。随着大规模经济建设的开展，城乡粮食供应面迅速扩大，供需矛盾更加突出。在供应不足的情况下，农村普遍存在惜售心理，私营粮商、粮贩和城乡囤积居奇者乘机到农村用高价与国家争购粮食，致使粮食短缺、市场紧张成为迫切需要解决的突出问题。为了稳定粮食市场，确保粮食供应，1953年10月，中共中央作出《关于实行粮食的计划收购与计划供应的决议》，决定由国家控制粮食市场，把粮食分配纳入计划轨道：（1）在农村向余粮户实行粮食计划收购（简称统购）的政策；（2）对城市人民和农村缺粮人民，实行粮食计划供应（简称统销）的政策；（3）由国家严格控制粮食市场，严禁私商自由经营粮食的政策；（4）在中央统一管理之下，由中央和地方分工负责粮食管理的政策。同年11月15日，中共中央又作出《关于在全国实行计划收购油料的决定》。11月23日，政务院正式向全国发布了《关于实行粮食计划收购和计划供应的命令》，标志着在全国范围内"粮食统购统销"政策正式实施。襄阳地区的粮食统购统销工作，是从1953年11月正式开始的。

第一，取缔私有粮商，由政府控制粮食市场。11月初，襄阳专署召开县（市）会议，宣布私营粮商一律停业，不准私人经营粮食，取缔了全部

560家私营粮行。对取缔的私营粮行，一部分实行转业转行，一部分接受国家粮食部门的委托，在国营粮食部门计划控制下代购代销代加工。自此，国营粮食部门完全控制了全地区粮食市场。

第二，组织工作队深入农村宣传统购统销政策。结合宣传过渡时期总路线，向农民讲明，粮食统购统销是贯彻执行过渡时期总路线的一个重要组成部分，号召农民多卖余粮支援国家工业化建设。通过发动群众，教育群众，提高农民的爱国热情，让农民自觉自愿地把余粮卖给国家，保证统购任务的完成。

第三，分配统购任务，自报公议认购。在粮食统购统销初期，国家对粮食工作提出了总的方针政策，但在具体操作实施上尚没有完善的办法，由地方党组织和人民政府根据国家的基本政策，在组织实施中摸索探讨、贯彻落实。11月中旬至12月初，地委在襄阳县泥嘴区谭庄乡、泥东乡和泥嘴街进行粮食统购统销试点，在总结经验的基础上在全地区推广层层分配任务、农民自报公议认购的方法，即根据种植面积和产量，按上级下达的任务指标，发动群众自报互评，落实到户。

第四，控制粮食销售，实行定量供应。对城镇人口和农村缺粮户，根据实际情况，按照当地规定的粮食标准，核定供应量，发证供应。经过一系列扎实有效的工作，至1954年1月中旬，全地区完成收购净粮29225万斤，比省分配任务超过4725万斤，除完成上调任务外，国库年平均存粮5840万斤，有效缓解了粮食短缺问题，保证了城市人民和农村缺粮户的粮食供应，保证了粮价和物价的稳定。

为进一步领导农村粮食市场，1954年7月，襄阳地区根据省委发出的关于巩固与发展国家粮食市场的指示精神，召开粮食干部和交易人员会议，要求各级政府摸清粮食统购统销情况，迅速组织建立国家粮食初级市场，迎接统购后农村大量余粮上市，便利余、缺粮户在新型的国家粮食交易市场进行交易。到1954年底，全地区在42个主要城镇共设立营业组、仓库、门市部、收购点131个，开展粮食收购和供应；新增设交易所185个，供销合作社也设立粮食代购代销点450个。全地区比1953年多收购贸易粮统购任务达20556万斤，占统购任务42286万斤的48.6%。国家粮食市场的设立，进一步打击了粮食黑市，调剂了粮食余缺，加速了城乡物资交流。

1954年9月，全地区又先后对棉花和棉布实行了统购统销。从9月8日起，开始实行棉布计划供应，凡棉布制成的成衣，包括四尺以上的童装，分花色品种一律实行计划供应，在规定数量内凭证购买。

1955年春，中央针对各地在1954年统购统销中普遍存在的盲目追求征购数量，挖农民口粮，征"过头粮"，导致次年春天农民缺粮、情绪不稳等问题，及时调整和改进了统购统销政策。粮食统购统销在农村进入定产、定购、定销"三定"阶段。定产，是按照实际种植面积，以前三年的实际产量为依据，评定常年产量，按正常年景定产，三年不变；定购，是从定产数量中，扣除"三留粮"（种子、饲料、口粮）以后，对剩余的粮食，按80%～90%计算，作为征购的定购数；定销，是对山区和产粮地区的缺粮户，根据县核定给乡、村的粮食定销数，以户为单位实行定销。定销数一年评定一次，评定后，按"先吃自己粮，后吃国家粮""何时缺粮，何时供应""有什么粮，供应什么粮"的原则，由粮食部门发证，凭证到指定的供应点购买粮食。3月20日，省委根据中央和国务院指示，作出了《关于贯彻粮食"三定"措施的几项规定》，要求坚决贯彻"卖余粮"政策，强调在粮食统购统销中，必须采取定产、定购、定销的措施，使农民对自己的交售任务心中有数；定产、定购一定三年不变，有灾照减，增产不增购。

1955年4月2日，襄阳地委召开县委书记会议，对试行粮食"三定"工作作出全面部署。从当年开始，以户为单位定产、定购、定销。会后，地委抽调171名各级干部分赴各县，传达、贯彻粮食"三定"政策和做好巩固农业社的工作。"三定"政策的实施，使广大农民对粮食的产、留、购、销心中更有底数，受到农民普遍欢迎，也激发了农民增加生产的积极性。1955年全地区粮食产量比上年增产9047万斤，而征购数量比上年减少1.26亿斤，较好地兼顾了国家和农民的利益。

统购统销政策的实施，是由新中国成立初期的历史条件所决定的。就当时来说，国家实行粮、棉、油统购统销政策是必要的。从实践结果看，统购统销政策的贯彻和顺利实施，也取得了很好的调控效果，对缓和粮食产需矛盾、保证粮食供给、支持国家工业化建设发挥了积极作用，也促进了对个体农业、手工业和资本主义工商业的社会主义改造。但是，统购统销政策作为计划经济的产物和组成部分，也制约了粮、棉、油等农产品的商品化，割断了农民与市场的联系。历史证明，这对解放和发展生产力也有不利的一面。

中共襄阳地委在第一个五年计划期间，十分重视农村工作，采取以下多种措施，推动农业生产发展，提高人民物质生活水平。

一是贯彻"以粮棉为主，大力发展多种经营"的方针。在狠抓粮食生产，使粮食连年增产的同时，各地采取合作社统一经营、社员个人经营、以生产队为单位的集体经营、部分社员合伙、公私结合等方法鼓励农民发展多种经营。多种经营的发展，不仅没有影响农业的发展，而且增加了副业的收入，解决了生产投资和社员生活中的许多问题，推动了农业的增产增收。襄阳县柿铺乡共同富裕社，1956年副业收入达34560元，每户平均40.6元，农业生产也比1955年增产一成半。

二是倡导农业技术革新运动。首先是大规模地训练农民技术员。1956年各地都采取了分行业的专业训练，一种是各县集中训练，一种是分区分片训练，还有一种是由乡、社领导进行田间现场传授。如棉田管理技术员各县都训练了三批以上。襄阳县小型的技术训练，各区都举办过10次以上。

在1956年冬播前，仅宜城、谷城、光化、均县4县，就训练技术人员37500人，农具手5430人，这些技术人员是推广农业生产技术的骨干力量，为农业丰收的技术中坚。其次是开展了推广新式农机具工作。1954年11月，省农业厅在襄北部营兴建了全省第一个拖拉机站——姜沟站，有拖拉机3台，机引农具犁3部，至1956年发展到11台，机引农具30台件，同时还推广了地区通用机械厂工人金凤山创造的"襄阳犁"。最后是开展了良种推广。1953年在襄阳县古驿区建立了地区农业试验站，推广了小麦南大2419、水稻胜利籼、棉花岱字15号等优良品种。同时，经过襄阳专署家畜保育站的工作，引进了"苏联大白猪""南阳种牛""秦川牛"等。

三是开展农田水利基本建设。土地改革以后，生产力得到解放，但农业生产由于受自然条件限制，旱作物每亩只收100多斤，而水稻能收500多斤，"一水顶三旱"。群众积极要求兴建水利，改变生产条件。地委根据群众要求，提出在"三北"地区（襄阳、光化、枣阳三县北部地区）每人改半亩水田的号召，推动了水利工作的开展。

1952年11月，襄阳专署发出在冬春季大力兴修水利的指示，明确指出了当年冬和次年春兴修水利的方针，以蓄水为主，做到既可防旱，又能防洪，克服单纯的排水思想。为此，专署组建了水利委员会，余益庵专员任主任委员，地委秘书长解金声、中央水利部科长黄云、专署秘书主任王平任副主任委员，并要求各县、区、乡也要成立水利委员会。自此以后，在"一五"计划期间，几乎每年冬，专署都要通过召开水利工作会议，总结过去的工作，安排部署新一年冬春的水利工作计划。在地委、专署的高度重视下，1953年冬，全地区第一座中型水库枣阳县熊河水库开工，至1954年6月完工。1954年冬，全地区第一座百万以上小（一）型水库襄阳县黑龙堰水库开工，至1955年春完工。1954—1956年完成枣阳县熊河、马鞍山、襄阳县石河畈三处中型水库，和襄阳县黑龙堰、白龙堰、黄龙堰、普陀堰，枣阳县闫岗，随县红石岩、扼头湾，谷城石龙沟，宜城小沙河等小（一）型水库。还兴建有襄阳县羊桥河、谷城卧佛川等引水工程和一批小（二）型水库及堰塘。同时，动力抽水机增加到1000多匹马力，扩大灌溉面积70万亩。

均县习家店区李家湾土改后每人分得四亩半坡地，产量低，还是过着"半斤红薯半年粮"的生活。1955年明星一社主任李大贵领悟"一水顶三旱"的种植好处，响应地委"旱改水"的号召，积极开渠，引水上山，改坡地为水田。他利用竹筒自制水平仪，把大柏河的水引上了李家湾山岗，当年改田24亩，单产558斤。1956年春季李大贵出席了湖北省劳模大会，被评为省劳动模范。1957年春明星一社由初级社转为高级社，社员增加到185户，又修了13条渠，将大柏河水引上两边山坡，挖了两口大堰，改水田461亩，群众生活有了很大改善，歌颂说："兴修水利好处多，绿水笑着上山坡，山青稻香水磨响，日子越过越快活。"

光化县赵岗乡在杜槽河上开渠引水，沿渠修塘，引蓄结合，发展了李大贵的经验，被称为"西瓜秧"式的自流灌溉网。这个乡的永固社只有5分水田，1955年在杨庄修了一个拦河小坝，开渠13里，修了两口塘，改田408亩。到1957年共修大小渠25条，最长的25里，修塘36口，水田面积扩大到1682亩。杜槽河全长只有25里，常流量只有0.06米^3/秒，光靠引水不够用，采取引蓄结合，闲时引水忙时用，充分发挥了"水"的作用。

四是开展先进生产者运动。首先由各级党组织层层深入发现典型，培养、总结、宣传、爱护、支持典型，树立旗帜。各县委和乡支部都采取了分工负责的办法，加强对重点人物、模范人物的培养和总结，真正做到了乡乡有模范、社社有典型。这种群众教育群众、先进带动落后的办法，在推动生产上发挥了很大作用。其次是组织现场参观评比。这是互相启发、推广先进农业生产经验、推动生产运动的一个好方法。1956年麦收以前，地委在光化、谷城举行全地区性的参观评比和当年秋冬各县、区、乡普遍组织的秋收冬播现场评比会，不仅推广传播了农业技术，而且更广泛地涌现了典型，宣传了先进，特别是谷城的蔡以田、襄阳的鄀金龙、随县的刘元祥等农业战线上的知名劳模，他们的涌现鼓舞了广大群众的劳动热情，促进了农业生产的发展。

在襄阳地委的正确领导下，由于措施的得力，"一五"计划提前一年零九个月完成。全地区1957年农业总产值达76762万元，比1952年增长62.4%，年均增长10%。在保证人民生活需要的同时，有力地支援了国家工业化建设。

四、文化教育卫生事业的恢复与发展

随着国民经济的恢复和初步发展，一个文化建设的高潮也即将到来，其他各方面的建设都有相应的发展。襄阳地委、专署认真贯彻新民主主义文化纲领，按照适应并推进社会变革和经济建设的要求，积极地有步骤地恢复发展文化和教育事业，健全卫生机构，使文化教育和医疗卫生事业得到初步发展。

（一）文艺工作方面

国家提倡文艺为人民服务、为工农兵服务，还提出了"百花齐放，推陈出新"的方针为繁荣我国文艺事业指明了方向。新中国成立初期，襄阳地区文艺机构认真贯彻党的文艺方针。广泛联系城乡广大人民群众，进行时事政策宣传，组织开展群众文娱活动。配合各项运动广泛开展宣传活动。全地区各专业、业余文艺表演团体配合土地改革、抗美援朝、镇压反革命、"三反""五反"、爱国增产节约、爱国卫生等运动，分别开展了广泛深入的宣传活动。

专业文艺和文化机构相继建立。全市专业艺术表演团体已由1949年的

3个发展到1952年底的10个，专业从业人数已由93人发展到654人。全地区已建立文化馆（群艺馆）10个，职工128人。一些重要区镇也相应建立了分馆或文化站。各文化馆、站和农村俱乐部，开展教农民识字，办生产技术讲座，设图书阅览室，开展形式多样的宣传活动和组织文艺演出等，为配合党的中心工作和推动农业生产起到了重要作用。

（二）教育改革方面

实行国家对学校教育的领导，废除反动政治教育，使马列主义教育进入学校。针对旧社会劳动人民难有受教育机会的状况，党和政府确定了"教育必须为生产建设服务，为工农服务，学校向工农开门"的教育方针。为稳定政局和贯彻教育部制定的"向工农开门"的方针，襄阳地区有计划、有重点、有步骤地改革了旧的教育制度，在接管、恢复旧学校的基础上开办一批新学校。新中国成立后，党和政府不断改善教师生活、福利待遇。1949年底，省政府指示，对接管的学校，暂发教职工生活维持费。1952年，政务院颁发全国统一工资标准，由发实物改为货币工资制。教师待遇的改善推动了襄阳教育的恢复和发展。

1953年10月，襄阳专署发出指示，整顿中小学（主要是小学），停止盲目发展，克服学习混乱现象，以提高教学质量。全地区加强各学校的领导力量，对教师队伍进行清理整顿，调整学校布局。襄樊市幼儿园7所，在校儿童606人；小学20所，在校学生3163人。全地区小学3233所，在校学生302991人，基本满足学龄儿童入学要求。

为适应国家建设的需要，襄阳专署积极发展中专教育。1950年3月创办湖北省襄阳农业学校，10月创办襄阳财经干部学校。同年秋，正式成立湖北省襄阳师范学校，同时开办襄阳县简易师范学校1所。中等师范学校由1949年的1所发展到2所6处，为国家培养了大批中等专业技术人才。1952年创办襄阳卫生学校。

为了培训基层干部以适应革命形势的需要，襄阳专署积极发展成人教育。筹办鄂北公校（属训练班性质），该校共办两期。1951年秋，专署举办工农干部业余补习学校一所，暂设初小、高小、初中班。各县也陆续办起了干部业余文化补习学校或补习班。为了推动农业生产的发展和农业技术的改革，全地区从1951年起，组织农民上冬学。共办冬学3756所，3826个班，有130805人参加了学习，教员4521人。全地区出现了"千村万户灯火明，家家响起读书声"的历史上从没有过的新气象。

（三）医疗卫生工作方面

党和政府提出了卫生工作要"面向工农兵""预防为主""团结中西医"的方针。襄阳地区认真贯彻党和政府的卫生方针，开办襄阳专署直属医院和县人民医院，成立襄阳专署爱国卫生运动领导小组，加强对广大群众进行爱国卫生宣传教育的领导。深入开展爱国卫生运动，积极开展流行病预防和除害灭病工作。

由于卫生宣传的普及、深入，人民群众都自觉地有组织地接受了各种预防注射，控制了流行病的传播。各地卫生防疫部门还广泛开展除害灭病工作，使天花、黑热病、梅毒、头癣、地方性甲状腺肿、地方性克汀病、血吸虫病、丝虫病等一批严重危害人民健康的疾病先后被基本消灭和控制。

全面建设社会主义时期襄阳的艰苦探索

正当三大改造完成之时，1956年9月，党的八大召开，标志着我国社会主义基本制度建立，中国进入了全面建设社会主义的新时期。在探索建设社会主义道路的过程中，襄阳广大人民群众以极大的热情辛勤劳动，取得了一些实实在在的成果。尤其是贯彻了中央"调整、巩固、充实、提高"的八字方针后，国民经济得到调整、恢复和一定程度的发展。比如：丹江口水利枢纽工程的建设，至今仍发挥着重大效益；被周恩来同志称赞的襄棉"寸纱不落地"精神至今仍具有借鉴意义。

一、政治上加强学习整顿作风纠正错误

进入全面建设社会主义的新时期后，襄阳地区首要任务就是在地委领导下，认真学习和贯彻党的八大所确定的路线方针政策，整顿党的作风，正确处理人民内部矛盾，纠正"左"倾错误，把党所制定的奋斗目标和主要任务落到实处，把工作重点转移到经济建设上来。

（一）学习贯彻党的八大精神

党的八大刚一结束，襄阳地委立即要求各级党组织认真组织干部，特别是党员干部深入学习。地委宣传部召开地直机关、学校党支部书记会，具体安排学习时间和方法。各县（市）分别作了动员报告和具体布置。各类中小学教师也以极大的热情参加了学习讨论。

针对干部学习中出现的问题，地委组织各部门研究出一些行之有效的

学习办法：必须明确学习的目的和意义；必须发挥基层党组织在学习中的领导作用；必须采取群众路线的工作方法；必须注意学员在学习中的思想动态，发现问题，及时解决；必须做到理论联系实际；等等。地委还引导各级党组织对干部思想上的主观主义、工作上的官僚主义、组织上的宗派主义展开了认真的批评和自我批评。到1956年10月底，地直机关和各县（市）先后由党内到团内、由教师到群众，对党的八大文件进行了广泛深入的学习讨论。

通过学习，全地区干部群众的政治热情和劳动积极性空前高涨，为争取第一个五年计划的提前完成和第二个五年计划的制定打下了良好的基础。

（二）正确处理人民内部矛盾

1957年2月，毛泽东同志发表了《关于正确处理人民内部矛盾的问题》的著名讲话。随后，中央要求各级党委认真学习，采取切实措施加强党与人民群众的联系。

襄阳地委认为，学好毛主席的讲话，对全面贯彻党的八大路线，团结各阶层人民群众，发展社会主义经济，巩固社会主义新制度，建设社会主义新国家，都具有重要意义和巨大作用。并带领全地区干部群众把学习讲话的活动由点到面、由干部到群众逐步展开和深入。为此，襄阳地委召开县（市）委书记会议，强调各级领导必须争取主动，结合1957年夏季预分工作，全面深入地宣传和贯彻讲话，通过参加劳动和组织座谈来了解并正确解决矛盾。在农村，要通过提高干部和群众的认识，解决好财务公开、分配、经济林入社、乡社干部参加生产等问题；在机关，要采取稳步提高、步步深入的办法，联系实际学好讲话，分析和认识各个具体问题上的具体矛盾，从中找出主要矛盾，有的放矢地解决。会后，地直机关、各县（市）分别向全体机关干部进行传达。各县（市）也先后召开区、乡、社干部会议，以"公开财务""夏季预分"为中心，结合工作学习讨论。各地还积极结合生产活动实际，检查农业生产合作社内存在的诸多问题，并进行认真处理。

通过学习，全地区广大干部普遍感到头脑清醒了，思想水平提高了，工作办法增多了。许多干部能够划清敌我矛盾与人民内部矛盾的界限，并对照检查了本地区、本部门存在的官僚主义、主观主义、宗派主义的种种表现。领导与群众、党内与党外、知识分子与工农的关系日益密切。

（三）整风运动

1957年，中共中央发出整风运动的指示，决定在全党开展一次以正确处理人民内部矛盾为主题，以反对官僚主义、宗派主义和主观主义为内容的整风运动。根据中央和湖北省委的要求，襄阳地委召开了由地直机关干部和中学教员参加的整风动员大会，开始了襄阳地区的整风运动。为了加强领导，地委组建了整风领导小组，并成立了整风办公室，负责全地区整风具体事宜，各县（市）相应成立了整风办公室。地委决定，地直机关以政法战线和文教战线为重点，以政法战线和文教战线的襄樊四中、襄樊五中、襄阳师范、医士学校、农业学校5所学校为试点，率先开展整风，先摸索出经验，然后向文教战线、地直机关和县直机关全面铺开，以推动运动逐步健康的发展。

整风运动开始后，地委专门组织工作组，深入各试点单位指导工作。由于严格贯彻中央提出的既严肃认真又和风细雨的方针，在个别交谈、小组会、各种形式的座谈会等场合，形成了自由批评和平心静气的说理气氛。党外人士解除了思想顾虑，提出了善意的意见；党员干部作了自我批评；各单位领导也从与干部职工切身利益相关的方面进行改进。整风运动在良好的氛围中按正确的方向进行，试点工作取得初步成效。

（四）政治关系的调整

1961年党的八届九中全会召开，决定从1961年起对国民经济实行"调整、巩固、充实、提高"的八字方针。从此国民经济建设由"大跃进"转入调整阶段。在对国民经济进行大规模调整的同时，党中央还发出通知，对政治和思想文化方面的政策进行了调整，对在反右派斗争和反右倾等"左"倾错误中受到错误批判的党员干部进行平反。

襄阳地委认真学习中央和省委有关文件精神，深刻认识到，做好甄别平反工作是活跃党内民主生活的重要一环，是一项重大的政治任务。它对调动广大党员干部的积极性，促进生产和各项工作，战胜国民经济各方面的困难，具有重大的现实意义。为了分清是非，划清界限，发扬民主，加强团结，调动广大党员干部积极性，上下一致，战胜各方面困难，地委按照中央、省委的部署，在全地区开展了甄别平反工作，并要求不论机关农村、不论单位任务大小，都要无一例外地把甄别工作做好。

在工作中，成立了工作专班，明确了工作重点，落实各项政策，采取各种办法：在机关，主要采取自上而下、先领导后一般干部、领导和群众相结合、由点到面、分级分批进行的办法，层层解决问题。在农村，主要是结合1961年冬、1962年春的整风整社和生产救灾、节约度荒解决问题。有力量的地方，对于明显处理错误的案件，先行甄别一批，以利于调动干部的积极性。

对坚持实事求是而被当作右倾保守批判处分的党员干部都彻底平反，恢复名誉；对撤职降薪的，恢复原职或相当于原职，降级的补发工资。甄别平反收到了很好的效果：政治思想面貌焕然一新，民主生活大大活跃；一些被批判或错误处分的同志平反后，心情舒畅，工作更加积极；广大党员干部也从中受到教育，分清了是非，划清了界限，提高了觉悟，从而有力地推动了各项工作的顺利开展。

二、经济上满腔热忱进行社会主义建设

三大改造完成之后，社会主义建设在探索中曲折发展。虽然受到一些

错误的干扰，但襄阳地区的经济建设仍然取得了巨大的进步。

（一）名扬全国的"西瓜秧"式水利灌溉系统

农业合作化运动推动襄阳地区的水利建设高潮迭起，成效显著，在1956年、1957年两年冬季生产高潮中，最突出的是光化县（今老河口市）赵岗乡创造的"西瓜秧"式水利灌溉系统（以下简称"西瓜秧"）。它彻底改变了光化县的粮食低产和贫困面貌。

1."西瓜秧"的创举

1957年之前，光化人民已经在杜槽河上兴建了滚水坝，抬高水位，修建水渠，引水灌溉下游的耕地。1957年冬，在县委、县政府统一组织下，他们在沿渠的5条小岗冲修了5个小水库，还挖了几口堰。由于水渠与水库、堰塘贯通，渠水一年到头不停地灌水库、堰塘，在用水季节，水库、堰塘的水可直接灌田。这样水资源的利用率提高了，上下游用水矛盾大大缓和了，形成了拦河筑坝、盘山开渠、沿渠修堰，坝连渠、渠连堰、堰灌田，远处引水、近处灌田、常年蓄水、忙时灌田的一整套自流灌溉系统。形象地说，就是以渠道为藤，以水库、堰塘为瓜，故称"西瓜秧"。该工程的建成初步改变了当地十年九旱和粮食低产的不利状况。

1958年后，光化县人民又在杜槽河上修建了黑虎山水库，并在水库放水管处修了一个分水闸和东西两条干渠，使灌溉面积扩大到11000亩以上。水库的修建使朴槽河流域的低产面貌发生了根本变化，粮食产量成倍增加。这样在河水上游筑坝引水，盘山开渠，渠首筑的坝好像"瓜秧根"，盘山的渠道好像"瓜秧"，沿渠修的水库、堰塘则像"西瓜"，这种"西瓜秧"式水利灌溉工程就更加完善了。其最大特点是：拦河筑坝，就山开渠，引水上山，渠堰相连，常年蓄水，用时灌田，引蓄结合，克服了渠首、渠中、渠尾用水矛盾，使水利资源得以充分利用，提高灌溉效益。有首民谣赞道："自古至今真少见，渠道盘着山腰转。藤上开花结硕果，渠灌堰来堰灌田。

村前村后流水响，杨柳低垂渠道旁。绿水沿渠门前过，穷沟变成鱼米乡。"

1958年12月，上海电影制片厂拍摄了杜槽河"西瓜秧"式水利灌溉网纪录片。周恩来总理签发国务院奖状："奖给农业社会主义建设先进单位湖北省光化县赵岗人民公社"。

国务院奖状

2. 襄阳"西瓜秧"经验在全国推广

中共湖北省委给中共中央作了《依靠群众力量，排除万难，大兴水利》的情况报告，介绍了"西瓜秧"式灌溉系统的形成和特点，总结了光化人民勤俭治水的经验。

1958年1月12日《人民日报》全文刊登该报告，并随文发表了题为《一篇生动的马克思主义的报告》的社论，对此创举给予了高度赞扬和评价。该社论指出：襄阳地区兴办水利的经验，是党的群众路线的生动范例，对全国来说具有十分重大的意义。中共湖北省委这篇报告的重要意义还在于它生动地提供了群众路线的领导方法，这就是深入实际，深入群众，及时地发现成功的典型，总结和推广成功的经验，使全盘工作能够迅速地前进。均县县委积极支持李大贵在山坡上开渠引水的创举，接着又进一步总结这个经验，加以提高，发动全县群众自力兴办水利；光化县在更大的规模和深度上发展了均县的经验；襄阳地委则及时地组织各县参观光化的做法和效果，总结和推广了兴化县的经验。这一系列的活动，使"依靠群众、勤俭治水"的正确方针在很短时间内推广到全区。这表明农业合作化以后，生产关系改变了，生产力解放了，只要善于把广大农民群众的生产热情和积极性鼓舞起来与集中起来，就能够充分发挥合作化的优越性，就能够产生无穷无尽的力量，就能够克服过去人们认为不能克服的困难。此后，全国有20多个省（市）、自治区派团来光化参观学习。"西瓜秧"式灌溉系统模型还参加了首都"国庆十周年建设成就展览"，从而使"西瓜秧"式灌溉系统在全国得到推广。

"西瓜秧"这一自流灌溉系统工程的伟大创造，是光化人民的智慧结晶和伟大创举，对光化的水利建设起到了极大的促进作用。光化县经过几年的摸索实践，终于找到了一条发动群众、依靠群众、勤俭办水利、着重办小型水利的正确道路，彻底改变了依靠政府、依赖大自然的局面。

（二）国民经济的调整恢复与发展

"大跃进"运动和人民公社运动中的"左"倾错误，加上1959—1961年三年困难时期，使国民经济雪上加霜。面对天灾人祸，中央于1960年8月制定了"调整、巩固、充实、提高"的八字方针，开始着手纠正"大跃进"的一些错误。襄阳地区从当年底开始进行经济调整，1961年进行国民经济的全面调整。经过两年的纠"左"，到1962年底，国民经济各方面开始恢复；1963—1965年，全地区继续执行进一步调整的措施，国民经济有所发展。

1.战胜三年特大自然灾害

1960—1961年，襄阳地区遇到了特大旱灾。据统计，全地区受灾人口400多万，占全地区总人口的70%。

第一，襄阳地委全力做好防治"四病"工作。天灾人祸给广大群众生活带来很大困难，由于营养不良，致使浮肿、干瘦、痢疾、麻疹4种疾病流行。地委十分重视灾区"四病"的防治工作。截至1961年2月中旬，全地区建立临时小医院1347个，连同省委派遣的医疗队一起，各地共投入医务人员 8000 多人，分散和集中治疗病人 6.2 万人，基本控制了"四病"的发展。

第二，开展生产自救，实行节约度荒。面对天灾人祸，从 1960 年冬季起，襄阳地委领导全地区人民逐步开始了国民经济的全面调整。调整的首要任务是：战胜灾害，开展生产自救；节约度荒，保障人民的基本生活，尽量减少灾害造成的损失。地委和各县（市）成立了生活福利办公室，领导地区人民积极开展生产自救，节约度荒，统筹安排农村生产救灾工作和群众生活，反复开展检查，并制定了按人分等、依人定量、凭票吃饭、节约归己、超吃扣回、10 天兑现等粮食管理制度。

为了做好生产救灾工作，1961 年 9 月，襄阳地委成立了生产救灾委员会，各县（市）也成立了生产救灾委员会，设立办事机构，指定专人负责，地、县（市）还派出卫生、民政部门工作人员，深入落后地区、灾社、灾队巡回检查。地委还下发了《关于生产自救节约度荒的指示》，决定从 1961 年夏收到 1962 年麦收前，全地区的中心任务是生产自救、节约度荒。一切工作都必须以此为出发点。依靠广大群众的积极性，在所有重灾地区，力争做到大灾化小灾，保人、保畜、保种子。在一般灾区，力争小灾化无灾，尽量做到不减收成；在无灾地区，则要大力开展增产节约，力争秋季大丰收。

把抓生产作为生产自救、节约度荒的中心环节。全地区积极发动干部群众，从生产中找办法，创造度荒的物质条件。全地区在生产上主要抓了 4 个方面，即种、管、收、大搞代食品。种晚秋作物、种蔬菜；大插晚红薯，把原计划 200 万亩红薯面积扩大到 300 万亩；利用一切可以利用的土地，大种萝卜、蔬菜和其他能够播种的小杂粮，见缝插针，多种多收；号召社员开荒种菜，以菜代粮。加强作物田间管理。向旱、涝、草、虫等各种自然灾害做坚决斗争，多收一斗是一斗，多收一斤是一斤。一切作物切实做到收光打净，颗粒归仓。加强粮食管理，教育社员计划用粮，节约用粮，省吃俭用，细水长流。大抓代食品。凡是能够吃的东西，如红薯叶、野苋菜、

芝麻叶和橡子等都要收集起来，妥善保存。

2.国民经济的全面调整

1961年党的八届九中全会正式宣布，从1961年起对国民经济实行"调整、巩固、充实、提高"的八字方针。党的指导方针的转变，表明国民经济建设由"大跃进"转入调整阶段。襄阳地委决定从1960年到1963年，在全地区做好各项精简工作，主要是压缩城镇人口。1957年底，全地区城镇人口36.5万人。到1960年底达到63万人，比1957年增加了26.5万人，上升了72.6%。城镇人口增加过快，带来了一系列问题，给城镇的物资供应增加了许多困难。农业战线劳动力减少，严重影响了农业生产。

第一，精简职工。下放清理劳动力，加强农业生产第一线。1960年，全地区下放干部和劳力30万人，占全地区总劳力的14%。公社、管理区、生产队搞的所谓文工团、俱乐部、绿化所、试验站、青年突击队、民兵基干连等非生产和部分生产性的组织，统统各归各队；各机关、各部门、各公社所属的厂矿企业，抽调生产队的劳力，坚决把多调的部分退还给生产队；对于公社、管理区、生产队经营的油坊、轧花车、弹花机，采取亦工亦农的办法，忙时搞加工，闲时搞农业生产，不安排固定的专业人员；减少生活福利、饲养、保育等服务人员；严格执行劳动管理制度，除兴修水利、抗灾防汛和较大的基本建设确需协作外，其他的一律不搞协作，更不得抽调其他地方的劳动力搞形式主义。

第二，缩短工业战线，精简企业事业机构。精简的主要对象是：工业企业主要精简1958年以来从农村调到工厂的临时工、合同工、学徒工和多余的工人；农林水系统主要精简一部分由事业费开支的干部和一些附属的企业事业机构中的多余人员；文教卫生系统主要精简关校、并校后多余的教职员工和由农村转到城镇学习的部分学生；城镇居民中主要是把国家机关、企业、事业机构中确定精简回农村的职工家属压缩回农村。全地区共精简国家机关、企业、事业人员和压缩城镇人口共95242人，占城镇人口的15%。

3.调整农业政策

第一，调整农村的分配办法。1960年，党中央发出《关于农村人民公社当前政策问题的紧急指示信》，规定坚持生产队的基本所有制，实行生产小队的小部分所有制，允许社员经营少量的自留地和小规模家庭副业；坚持按劳分配原则；加强农业生产第一线，恢复农村集市等。襄阳地区对农村展开了全面的调整。调整措施主要是实行"三包"，即包工、包产、包投资的办法进行分配。后来在实践探索中又摸索出"三合一"包工分配办法。这种"三合一"包工分配办法，严格按照劳动力底分、各种农活操作需要、包产产量3个方面进行包工，通过一定的方法，得出大队对各生产队的包工数，以此进行包工分配，也称"三三制"。这种"三合一"的包工分配办法，合理调整了包工，保证了按劳分配、多劳多得政策的贯彻执行，是一种合理的办法，各方面都比较满意。这种办法有力地调动了群众的积极性，促进了农业生产的发展。

第二，实行以生产队为基本核算单位的体制。就是除完成国家任务和上交大队的提成外，其余都归生产队分配。其好处是干部责任心增强，转变了作风，更加关心集体利益。生产队干部有事找大伙儿商量，形成了民主办社、勤俭办社的新风气。社员积极出勤，工效提高了，干活质量也好了。干部和社员劲头儿特别大，都想多种点，种好点。原来打算不种的坏地、荒地，又种上作物了；原来种得很粗糙的土地，又翻耕重种。有的生产队还主动兴修塘、堰，争取下一年多收保收，有力地推动了农业生产的发展。

4.缩短、压缩基本建设战线

三年的工业"大跃进"和大办钢铁，使全地区厂矿企业发展过快，重工业发展过快，尤其是基本建设战线拉得过长，影响了其他经济部门，影响了农业生产，国家的重点项目得不到保证，压缩基本建设战线势在必行。

第一，确定压缩项目。

1961年，根据湖北省委的指示，襄阳地区有13个项目被纳入压缩范围，包括襄樊市铝厂、普钙厂、水厂、棉纺厂、第一砖瓦厂、广播站、第一化工厂、光化石棉厂、老河口栲胶厂和地区农机学校等。襄阳地委、行署筹建机构一律撤销，仅留少数维护保管人员。专署建设项目，由地委决定处理，报省劳动部门备案。原材料的动用和调拨，地属项目的统配材料和地方材料由各地决定处理，但只限于农业机具、小农具、木船的生产维修和小商品生产及已经省批准的收尾工程。已运到建设单位的设备要妥善保管，均由各建设单位指定专人保管。

第二，严格检查，严禁顶风违规。

1962年5月，襄阳地区计划委员会在检查中发现有些地方计划外基本建设的情况仍然相当严重，贯彻执行中央压缩基本建设战线的指示还不够坚决、不够严肃。这些计划外项目建设管理不严，没有严格按国家规定的基本建设管理程序办事，没有根据投资、设备、原材料、技术力量等主客观条件和国民经济的需要合理规划；基本建设与其他开支混淆不清，用途不明；项目不具体，没有计划控制，盲目投资，造成单位乱花钱、乱买东西的状况；各方面对资金控制不严，清理不彻底，基本建设资金来源复杂。鉴于此，地委强调指出：坚决贯彻中央的指示精神，集中人力、物力、财力支援农业，凡未经省批准正在施工的计划外项目，不论工程进行到何种程度，都必须坚决地立即停下来；已停建的计划外基本建设项目所结余的资金、物资，一律冻结，任何单位或个人都不得私批、动用；任何单位或个人都不能私自批准基本建设项目和随意批准不符合财政手续的开支；基本建设必须按国家规定的计划程序办事，凡新建、扩建、改建的项目，不论规模大小，投资来源如何，都必须纳入国家计划，不准搞计划外基本建设，凡是未列入国家计划的，财政和银行不拨款，物资部门不调拨物资，施工单位不安排施工；国家投资的项目必须按指标办，自筹资金的项目，上报专署审查和省批准，方可行动。

后来，襄阳地委在检查中发现，有的地区仍然存在非生产性建设，如修建房屋、添置家具、挪用公款等现象，遂下令要"压缩社会集团购买力"，"增产节约，坚决停止一切非生产性的基本建设"，"清仓核资，冻结区一级各项结余存款"。为了保证这些规定能够真正得到贯彻执行，地委要求各地严格执行中央、省、地委的有关规定，坚决停止一切非生产性的基本建设。

第三，搞好准建项目。

1963年，襄阳地委要求用于支援农业生产的物资、资金，必须保证专材专用、专钱专用，注意使用效果，以便真正起到支援农业的作用；各地必须按确定的基本建设项目办事，按项目、投资专款专用，严禁挪用；进行项目调整时，必须按中央确定的基本建设管理程序逐级上报，经批准后方可调整；充分重视现有土地的使用，严格控制对基建单位所占用土地的使用；不准占用好地，如必须占用好地时，应报地委批准。

襄阳地区1963年国民经济计划下达后，各县（市）上报基本建设项目的请示不断增多。襄阳专署计划委员会对此作出明确说明：各地要求增加投资的请示不可能再批复；全地区当前不是投资少了要增加投资、增加项目的问题，而是如何把已经批复的投资项目管好用好，以发挥投资的更大效果、保证国家计划完成的问题；地区可以动用的资金不多，地方自筹和企业自筹的资金必须符合中央、省委有关规定，所需要的材料、设备、资金一定要来源正当、可靠、符合制度规定，必须经各地计划委员会和财政局联合签署，报省批准，列入计划，否则不得动工。经过几年的调整、清理，全地区基本建设规模大大压缩，基本建设战线过长、建设项目过多的情况得到有效控制。

5.国民经济的恢复与发展

到1965年，国民经济达到了新的高度。农业获得丰收，全地区粮食平均单产由1964年的207斤提高到249斤，总产达到305700万斤，增长20%。棉花面积虽比1964年减少29万亩，但总产达到650800担，仍比1964年增长2%；平均亩产由1964年的38斤提高到48斤，增长26.3%。其他经济作物产量，除油料、茶叶外，都比1964年有不同程度的增长。农副业总收入39400万元，比1964年增长20%。社员每户平均年收入294.6元，比1964年增长17%；每人年均收入64.3元，比1964年增长18.6%。

襄阳通用机械厂的新产品——东风德纳车桥（襄阳融媒体记者释贵明供图）

工业方面，地方工业总产值达到13600万元，比1964年增长28%。支援农业和人民生活需要的产品，如磨粉机、碾米机、发电机、铁制小农具、棉布、机制纸、黄金等分别有20%到1倍以上的增长。部分产品实行包修、包换、包退，产品质量显著提高。劳动生产率比1964年提高16%，产品成本下降17%，利润增加。还为支援农业试制了一批新产品。

交通运输方面，完成客运量1754600人，客运周转量10020万人公里；完成货运量64万吨，货运周转量4333.7万吨公里。

商业方面，农业的增产丰收，农副产品收购量的增加，加之群众购买力相继提高，使商品零售额稳步上升，市场一片繁荣。主要农副产品与1964年比较，粮食、棉花、鲜鱼、鲜蛋、桐油、皮木油等的收购量都有所增加。粮食比1964年的53480万斤，增加14695万斤，增长27.5%；除种子、饲料等用粮，每人年均净口粮由1964年的385斤增加到390斤，每人年均还有20斤储备。市场商品零售额为26500万元，比1964年增长5%。吃、穿、用的主要商品供应量普遍增加，销量上升。如猪肉、鲜蛋、卷烟、肥皂、力车内外胎等商品，比1964年销量增长50%以上；汽油、柴油、煤炭、白糖等比1964年增长20%～50%；棉布、食盐等商品也都比1964年销量增加。群众生活水平有了相应的提高。

文教卫生事业方面都有了很大的发展。全地区把文教卫生工作重点转向了农村。1965年国家和集体试办了半工半读、半耕半读学校409所，在

六七十年代文化下乡的热闹场景（襄阳融媒体记者释贵明供图）

校学生达19000多人。各县（市）都组织了农村巡回医疗队和农村文化工作队，上门为农民服务，深受广大群众欢迎。

1965年，全地区实现社会总产值122884万元，比1964年增长13094万元，上涨了10.7%；实现国民收入83845万元，比1964年增长7634万元，上涨了9.1%；实现国民生产总值91136万元，比1964年增长8506万元，上涨了9.3%；实现工农业总产值103898万元，比1964年增长11510万元，上涨了11.1%。

1965年，全地区工农业生产和各项事业的发展为1966年开始执行第三个五年计划打下了良好基础。

三、备受称赞的"寸纱不落地"精神

襄樊棉织厂是20世纪60年代全国勤俭办企业的五面红旗之一。襄棉人在艰苦创业过程中，创造的"寸纱不落地"精神，曾受到周恩来总理的高度赞扬，传遍大江南北。

（一）"寸纱不落地"精神的提出

早在1955年，导线女工郑士华给织机送纬纱时，发现车间地面上散落着许多零星的乱纱头，长的有几尺，短的有几寸。这是织布时拆下来的乱纱头。为了将这些乱纱头重新利用，她每天下班后就到每个机台旁边一点一点地拣，然后又一根一根地接起来，将接起来的废纱缠绕成一个又一个的大纱团。

经理梁彦斌看到后，觉得很好，决定在全厂推广。在一次全厂职工大会上，她拿着乱纱布、线疙瘩、勤俭布、车弦和草鞋，表扬了郑士华的勤俭节约，提出"长纱短纱，见了就抓，做到寸纱不落地"的口号，号召全体职工向郑士华学习，首次提出了"寸纱不落地"精神。"寸纱不落地"的精神很快成了全厂职工的自觉行动。

襄樊棉织厂将"寸纱不落地"精神落到实处，既培养了企业管理人才，提高了企业管理水平，又促进了生产发展，增加了企业经济效益。

（二）"寸纱不落地"精神的肯定与推广

襄樊棉织厂的"寸纱不落地"精神受到各级党组织的充分肯定。

1963年4月9日，《湖北日报》发表了省委第一书记王任重撰写的文章《一面红旗》，刊登了有关襄樊棉织厂的题为《勤俭创业，天长地久》的通讯。湖北省委发出全省学习襄樊棉织厂的通知，要求"全省所有工业交通部门和工矿、交通运输企业的党组织，立即组织干部和职工学习襄樊棉织厂的先进事迹，学习他们一贯执行勤俭办企业的方针，学习他们坚持社会主义革命精神，学习他们深入细致地做思想政治工作，学习他们的干部处处发挥模范带头作用，学习他们职工爱厂如家的精神"。

同年4月12日，襄阳地委下发通知，组织全地区所有工业、交通单位干部、职工认真地学习襄樊棉织厂的先进事迹，以提高广大职工群众的阶级觉悟，树立爱厂如家的主人翁责任感；学习和发扬"一厘钱"的精神，把全地区正在开展的增产节约运动引向深入。

6月，襄樊棉织厂作为全国勤俭办企业先进单位，到北京参加了全国工业交通企业经济工作座谈会。在这次会议上，周恩来总理专门提到襄樊棉织厂勤俭办企业的事迹，并强调："日子穷了要勤俭，日子富了更要发扬勤俭的传统。"7月7日，《人民日报》在头版头条报道了这次会议。

1964年4月30日，时任中共湖北省委第一书记的王任重到襄棉厂看望全厂职工，参观厂里勤俭创业的实物展览，询问工人的工作、生活和学习情况。

1965年下半年，湖北省委决定宣传和推广襄樊棉织厂的"寸纱不落地"精神，号召全省工交战线广大职工和全省人民向襄棉厂学习。

第三章　"文化大革命"时期的襄阳

1966年5月至1976年10月为"文化大革命"时期。襄阳地区虽然也遭受了巨大损失，但是在襄阳地委的领导下，经济、文化、社会方面仍然取得了一定发展，有的方面甚至取得了明显成就。人才引进不仅为襄阳发展注入了巨大活力，还助益尊重知识、尊重人才的优良传统的形成。"三线"建设为日后襄阳工业的腾飞奠定了坚实的产业基础。水利建设尤其是引丹大渠的建设，一举改变了襄阳岗地干旱缺水的不利局面。

一、开思想解放的先声

20世纪70年代中后期，襄阳在特殊的历史时期，冒着风险大批引进知识分子和科技人才，短短几年时间，2000多名知识分子、科技人才及专业技术骨干，从北京、天津、西安、上海、武汉等地汇聚到襄阳。这比中国改革开放初期人才汇流到广东深圳的"孔雀东南飞"还早了十几年。襄阳通过引进科技人才促进企业生产经营发展的实践，为"科学技术是第一生产力""知识分子是工人阶级的一部分"等论断提供了现实依据，成为贯彻科技强国战略的先行者。

（一）开人才引进之先河

1.襄阳人才引进的背景

襄阳地区工业基础相对薄弱，电子工业基本空白。当时，襄阳市内只有几家无线电修理铺，勉强可以为群众修理收音机。市区几个电子元件厂虽然上马了，但没有技术人员指导，只能对着别人的产品"依样画葫芦"，产品技术含量低，质量不稳定，出了问题也无法找到原因，技术人才上的匮乏严重阻碍了襄阳电子工业的发展。

从1970年到1975年，根据上级的要求和自身发展的需要，襄阳地区先后开展了电子工业大会战、电子技术应用大会战、两机大会战（运-10飞机和歼-8Ⅱ飞机研制会战）、"双革四新"大会战等。这些大会战都有其特殊的背景，既取得了很大成绩，也暴露出一些问题。两机大会战一直延续到1972年夏天，终因难以为继而停了下来。事后，人们把这种大会战总结为：花钱不少，问题很多；成果不大，效益很差。两机大会战的失败说明：搞经济建设，仅有朴素的阶级感情解决不了问题，现代化大工业生产必须建立在科学技术的基础上，必须有一大批懂技术、会管理的专业技术人员。

除电子大会战和两机大会战外，因为缺乏专业技术人员，襄樊工业中存在的一些老大难问题也困扰着企业生产。

2. 历经曲折的人才引进之路

1971年5月，湖北省省长张体学将曹野调往襄樊市工作，先后任中共襄阳地委委员、常委、副书记，襄樊市革委会副主任、市委书记（当时没有第一书记）。1973年2月，曹野任中共襄樊市委第一书记。在曹野主持召开的第二次全市工业发展现状分析会上，大家的话题聚集到一点：偌大一个襄樊市，除国家在这里建设的"三线"军工单位之外，几乎没有几个能称得上现代工业的工厂。各类工程师奇缺、技术员奇缺、各级各类科技人才奇缺，很多工厂连找个能看懂生产图纸的技术员都困难，几乎所有的企业遇到技术问题就"卡壳"。

"文化大革命"以来，再也没有大学毕业生分配，使各厂的技术人员来源基本断档。这个问题不解决，襄樊经济发展就只能原地踏步。形势逼迫市科委主要领导产生一个大胆想法：挖人。曹野赞同科委领导的观点：没有人就想办法去挖人。襄樊工业底子薄，缺人才是现实问题，坐等国家分配人才不现实。与其在家等，不如出去请。可以到外面去想办法摸摸情况，看有没有人才愿意到襄樊来，通过做工作能不能引进一点，关键是看他们有些什么条件。每个干部都要在这方面留心，就是要学战国时的孟尝君，唯才是举，遍揽贤才。

1970年8月，在南漳县钢铁厂做技术工作的潘云鹤，根据低品位铁矿砂和低热值煤炭的特点，设计炼铁高炉，开创了白煤炼铁的先例，使这家小厂一举成为湖北工业的一面旗帜。潘云鹤被襄樊市看重，调到了市里工作。此时，黄石市以解决夫妻两地分居问题为由（其爱人在黄石大冶铁矿工作），给襄樊市发来商调函。潘云鹤以信函形式向市委书记曹野道别，在信中顺便谈了一些对城市发展的建议。曹野收阅潘云鹤的信后，感到这是一位难得的人才，当即指示将其安排到市科委工作，并将其爱人从黄石调来襄樊，还把市里发展数控技术的任务交给潘云鹤。通过日夜钻研，潘云鹤设计出了数控线型切割机，开创了中国纺织电子提花图形软件研发并用于生产实践的先河；接着，他又开发出了自动售货机和仓库管理信息处理系统，得到商业部和国家计委高度重视。1978年，潘云鹤以优异成绩被浙江大学计算机系录取，毕业后留校任教，先后担任浙江大学校长、中国工程院常务副院长。

襄樊市科委主任鄂万友得知许镜平1960年大学毕业后到天津工作，妻子仍是"半边户"，生活很不方便，就问许镜平是否愿意到襄樊工作。许镜平说："我唯一的要求是解决妻子'农转非'和两地分居问题，我的家乡在江阴，江阴、无锡都想调我，但无法解决'农转非'问题。"回樊后，鄂万友立即向市里报告调许镜平来樊工作之事，曹野听说其是印染专家，当即批示同意。很快，许镜平的调动手续、妻子"农转非"问题、住房问题都得到了解决，来樊后被安排至市棉织厂印染分厂工作。他一上任便解决了"卡脖子"的技术难题，使企业经济效益大幅提升。1974年末，市里召开表彰大会，曹野将许镜平请上主席台，讲道："许镜平同志到印染厂几个月时间，就为厂里作出了巨大贡献。实践证明，发展经济必须依靠技术人才。全市各部委各厂矿都要想方设法，引进像许镜平工程师这样的专业技术人才。"许镜平随后被提拔为襄樊市纺织工业局副局长、总工程师。在他任职期间，通过人才引进和购置设备，扩建生产线，襄樊的纺织工业总量超过武汉，排名湖北省第一。

1975年6月，经过进京人员一个多月的紧张工作，符合调动要求的科技干部已有40多名。这40多人都要求解决各种问题，而这些问题又涉及组织、人事、户籍、粮食、商业、住房等方面，需要报告市委提出明确的政策和意见。曹野专门召集公安、人事、工业等单位负责人听取情况汇报。经过研究，与会者当场划出一个"框框"：凡来樊的技术人员随迁家属，是农村户口的迁入郊区吃商品粮；家属随其爱人所在单位居住，不参加郊区劳动和分配，粮、油、煤、肉、副食及工业品等均与城市居民同等供应；35岁以下的家属在集体单位安排工作；16岁以上的子女不下乡，安排到集体企业或国营企业就业。为了方便办理商调函和户口迁移等手续，市里迅速协调组织部、劳动局、公安局等部门，一次开出空白"干部商调函"300张，"工人商调函"100张，农村户口"准迁证"250张，科委介绍信100张，由人才招揽专班人员携带进京。在当时，虚开干部调令、户口、粮油关系，不仅违纪违规，而且也违背干部管理政策，需要承担极大的政治风险——这是1975年一个县级市的党委书记敢作敢为的一种政治智慧。

据统计，1975年4月至1976年12月，襄樊市先后从北京、天津、上海、兰州、西安、武汉等地，引进科研和工程技术人员590人，随迁家属505户计1883人，安排工作的家属和子女593人。

3.人才引进取得的巨大成效

掌握着先进科技知识的人才源源不断地会聚，给襄阳的经济发展注入了强大的活力。通过与生产实践相结合，这些科技人才有了大显身手的战场，先后涌现出计算机专家潘云鹤、发明大王李培巩等一大批高科技人才和张子强等一批高层管理人才。经过他们智慧的点化，原来名不见经传的襄樊经济突然发力并导致数年后井喷，电子、建材、机械、轻纺、化学等行业成果累累，一批"国内首创"或具有国内外先进水平的新技术、新工艺、新设备、新产品不断涌现，短短几年时间，襄樊在全国领先的产品和工艺多达80余项。1974年后，全市初步建立起一支包含机械、电子、仪表等175种专业，600名工程师在内的约2000人的工程技术干部队伍。科技人才的作用不断发挥，给襄樊市经济建设带来了巨大变化：促使一批濒临关闭的小厂获得新生，促进了一批老企业技术改造，试制出一批水平较高、市场前景广阔的新产品，开拓了新的工业门类。

（二）率先提出科学技术是生产力

1975年夏，襄樊市委在组织落实"整顿"精神中，根据《关于加快工业发展的若干问题》草稿（简称《工业二十条》），在工业系统开展了整顿。其中，为了促进"双革四新"会战项目见成效，建立正常的生产指挥程序，需要任命一批工程师。此前，襄阳没有可任命的科技人员，在引进大批知识分子和科技人员后，襄阳具备了这个条件。经过市委、市革委会讨论，由市科委和各工厂分别上报了一批工程师名单，绝大部分是引进的科技人才。考虑到当时的政治形势，这100名工程师被称为"工人工程师"。

8月下旬，经中国科学院人事局干部调配处处长田麟介绍，胡耀邦同志的秘书吴明喻安排鄂万友与胡耀邦见面。鄂万友向胡耀邦介绍了襄樊工厂极端缺乏工程技术人才，任命了一批技术人员为工程师，调动了技术人员的积极性，保障了生产健康发展。但有人认为他们这样做是错误的，是

"修正主义回潮"，是阶级立场问题。胡耀邦肯定地说："任命工程师，那很好啊。军队打仗要有司令员、政委，工厂生产管理也要有厂长、工程师，你们做得对！小平同志让我到科学院来抓整顿已经几个月了，最近要向中央汇报，我们准备了一个稿子，是个汇报提纲，讲的是中国科学院，但也是面向全国的。你讲的发挥技术人员作用和科学技术促进生产发展，这点我们已经注意到了。"胡耀邦将桌子上一叠文稿递给鄂万友，让他带回去一份，宣传宣传、讨论讨论。

在此期间，国家计委副主任、周恩来总理办公室副主任段云来襄樊考察，对襄樊依靠科技人员开展挖潜、革新、改造，使企业焕发生机的做法，以及建设机械、电子、化工、轻纺、建材等现代产业体系所取得的成效给予高度肯定，称赞襄樊市引进人才推动"双革四新"、促进经济发展的做法是一大创举。

襄樊的实践探索，得到了周恩来总理的肯定，这给襄樊市委带来极大鼓舞。10月8日，市委下发《关于加强对科学技术工作领导的决定》。文件第一部分明确指出："各级党组织要进一步加强对科技工作的领导。科学技术是生产力，不打这一仗，生产力就无法提高。"

二、抓住契机助推经济发展

（一）利用国家"三线"建设助推襄阳工业和交通发展

"三线"建设是党中央于20世纪60年代中期作出的一项重大战略决策，它是在当时国际局势日趋紧张的情况下，为加强战备、逐步改变我国生产力布局的一次由东向西的战略转移。作为"三线"建设重要布点地区之一，襄阳建立了独具特色的工业体系，襄渝、焦枝等铁路交通干线相继通车，一批前所未有的工业项目落地生根，有力地促进了襄阳经济社会发展。

1. 襄阳"三线"建设的实施

1964年12月，为积极配合"三线"企业的内迁、建设工作，襄阳地区成立了支援"三线"建设办公室（1969年更名为国防工业办公室），受襄阳地区革委会和军分区双重领导。1971年10月16日，襄阳地区国防工业领导小组成立，襄阳党政军主要负责人赵清奎任组长，1975年后其改由地方直接领导，由襄阳专署副专员秦志维牵头，具体负责"三线"建设选点、土地征用、基础设施配套、人力物力调配等协调工作。全地区干部群众以高度的政治觉悟，克服种种困难支援国家"三线"建设。几乎"三线"建设的每个工程，都相应成立有地方领导参加的"三线"指挥部，统筹协调工程建设问题。各地民兵参加"三线"建设，按团、营、连、排编制，自带口粮上工地。1971年，襄阳地区参加"三线"施工的民兵达4万余人，农闲时超过10万人。

襄阳"三线"建设的战略部署与有效落实，得到了中央和省委的关注与支持。1971年1月19日，毛主席签发至各大军区的电报，对设于襄阳的610研究所建设问题明确指示，要求"所需施工力量，请有关军区进行研究安排"。1972年3月17日下午，周恩来、叶剑英、李先念、纪登奎、李德生等党和国家领导人，在人民大会堂新疆厅听取襄阳等"三线"军工单位工作汇报。中央和有关部门领导不仅多次听取襄阳"三线"建设汇报，作出明确指示，还从人力、物力、财力等方面给予了大力支持。

1966年10月，湖北省委在批复一份由时任省基本建设委员会副主任李桂庭同志提交的《关于在襄阳地区"三线"建设中解决施工力量不足问题的报告》中指出，"由省建设公司进行规划，分期分批纳入省计划统一安排解决"。1974年11月5日，湖北省委领导同志来襄阳指导"三线"建设。在听取有关汇报后，赵修同志指出，"三线"建设中，"三西"（豫西、鄂西、湘西）重点是鄂西，"三线"建设的观点一定要强。同年11月7日，在地直和襄樊市局以上干部会议上，赵辛初同志指出，襄阳地区，包括整个鄂西北地区，具有重要的战略意义，是全国大"三线"之一，对于执行毛主席的战略方针，从根本上改变全国的工业布局，消灭城乡、工农差别具有深远的意义。中央、省委领导同志的具体指导，极大地鼓舞了斗志，促进了襄阳"三线"建设。

2. 襄阳"三线"建设的重大成就

（1）焦枝铁路与襄渝铁路建设

从1966年到1976年，全国新修铁路干线10条，而襄阳境内就有襄渝、焦枝两条铁路，均属于"三线"建设重大项目。1970年7月，贯穿襄阳境内的焦枝铁路建成通车，全长753.3公里。襄渝线是穿越襄阳的又一条国家一级干线。1964年，湖北境内的莫家营至胡家营段开工。1973年10月，襄渝铁路全线贯通。二期于1975年9月动工，1980年8月实现电气化。至此，汉丹、焦枝、襄渝3条铁路在襄阳交会，襄阳成为全国重要的铁路枢纽。

（2）汉江六一二大桥与襄阳汉江一桥建设

襄渝铁路仙人渡汉江铁路大桥是襄阳境内最关键的工程之一，于1969年4月1日实现试通车。这座大桥全长1600多米，东起老河口的仙人渡镇，与汉丹铁路相接，西到谷城县的格垒嘴，当时为保密工程，称作汉江六一二大桥。它的建成通车，使得襄渝铁路由此首跨汉水，打开了蜀道的第一道关口。

代号为四〇二〇工程的襄阳汉江一桥，是焦枝线上的特大型铁路、公路两用桥梁之一。1970年4月26日，原计划三年建设工期、实际仅用二百多天就建成竣工的襄阳汉江大桥铁路桥通车。同年5月20日，襄阳汉江大桥公路桥通车并举行了通车典礼。

3."三线"建设对襄阳经济社会发展的促进作用

（1）军工企业建设

从1962年到1970年7月，国家先后在襄阳市区兴建了江汉机械厂、宏伟机械厂、卫东机械厂、汉丹电器厂和两个高规格的研究所，还修建了为"三线"配套的战备物资储备仓库；在宜城兴建了东方化工厂、华光器材厂、鄂西化工厂；在南漳兴建了江华机械厂等；在谷城兴建了红星化工厂（航天42所）、红山化工厂、为空军配套的飞机发动机大修厂；在光化（现老河口市）兴建了江山机械厂等一批军工厂。另外，还建设了六〇三印刷厂、襄阳棉纺织印染厂及供水、供电等一批为"三线"建设服务的民用企业。这些企业有各类设备1.6万台（套），其中具有国际国内先进水平的高精尖设备和现代检测仪器486台（套），它们在航空模拟、环境控制、无线电遥测、自动控制、计量检测和高分子解剖、合成技术等方面都居国内领先水平。《襄阳地区"三线"建设基本情况报告》中提到，1970年襄阳地区"三线"单位共有53个，总投资10.11亿元，职工总人数达6.04万人。

1970年1月20—29日，国家建委在襄阳召开全国基本建设现场会，推广"三线"建设重点项目第二汽车制造厂和焦枝铁路等单位的建设经验，进一步推动加速了襄阳的"三线"建设。据档案资料记载，截至1972年9月，在襄阳境内已建成和正在兴建、计划筹建的"三线"单位主要包括轻重武器、航空装备救生、航空附件、航天、电子、仪表、通信、汽车配件、光学玻璃、军工轴承、有色金属、火药、战备物资储备、纺织、印刷、供水、供电及军工医院等门类比较齐全的行业，是全国"三线"建设的三大密集区之一。特别是航空救生研究所和火箭撬滑轨试验场建设，在选址、用地等方面得到了襄阳地方党委和政府的积极配合与大力支持，最终建成了被誉为"亚洲第一轨"的火箭撬试验滑轨。

（2）"三线"铁路为襄阳腾飞插上了翅膀

铁路的发展，从根本上改变了襄阳的交通格局，真正实现了铁路交通四通八达，大大提高了物资运输效率。当时，襄阳市的工业生产及生活用煤主要来自豫西，之前靠汽车运输，成本高、运量小。铁路开通后，襄阳煤炭运输难的状况不复存在，襄阳市工业需要的各种原料、材料、机器设备及运往外地的各种工业产品等物资，一半以上实现了铁路运输，大型设备几乎全由铁路承担。同时，"三纵""三横"的铁路运输网络使人们出行更加方便快捷。

（3）"三线"企业有力支援了当地农业生产

"三线"企业全面贯彻毛主席"备战、备荒、为人民"的伟大战略思想，一方面自觉参与支援当地农业发展，另一方面不等不靠、自力更生改善后勤保障，促进了周边地区农业发展。很多军工企事业单位还为社队培养了一大批农机技术骨干，所辖医院不但为当地农民看病，还经常派出医疗队到附近社队巡回医疗，帮助社队培训"赤脚医生"，为改变农村缺医少

1966年襄阳罗岗农场使用联合收割机进行麦收（襄阳融媒体记者释贵明供图）

药的状况作出了重要贡献。工农相互支援，密切了工农关系，为"三线"建设营造了较好的周边环境。

（4）"三线"建设带动了地方工业突飞猛进

军工企事业单位从技术设备、人才培养、生产经营管理等方面对襄阳工业发展的大力支持，使襄阳彻底摆脱了传统单一手工业生产方式，尤其是填补了南漳、谷城等山区县的工业空白，为襄阳的工业经济发展作出了重要贡献。几乎所有的军工单位都参加过襄阳"双革四新"大会战，完成了100多项技改项目，对各县小化肥厂、水泥厂的兴建和水利工程的建设也给予了大力支援。

襄阳充分利用"三线"军工企业技术力量，研制关键设备，推进轻纺工业技术进步。利用军工技术改造传统产业，充分开展军民合作，襄阳轻纺工业先后诞生了41种优质名牌产品，为军转民、军民结合产业打下了坚实基础。襄阳地委抓住国家"三线"建设项目的技术优势，发挥交通运输有利条件，大力发展与"三线"建设配套的企业和以轻纺、支农工业为重点的地方工业，形成了以襄阳市区为中心、向县域延伸、沿汉丹铁路东西两翼展开的工业带，推动了襄阳经济社会的发展。

（二）引丹渠的修建助推襄阳农业发展

"北有红旗渠，南有引丹渠。"引丹渠以丹江口水库为源头，一路由西向东，流经今老河口市、襄州区、樊城区、高新区，贯穿襄阳北部丘陵地区，是20世纪六七十年代襄阳市最大的引水灌溉工程。

1.引丹渠修建的背景

襄阳地区丘陵多，特别是光化、襄阳两县北部，多丘陵岗地，水源奇缺，农业生产常年受旱减产，甚至绝收。新中国成立后，两县人民在共产党和各级政府领导下，自力更生修建了一些水库、堰塘，对抵御干旱起到了一定作用。但是，由于水源不足，仍然抗不住大旱。早在1958年兴修丹江水库时，群众就渴望修建一条渠道，引大水灌"两北"（光化、襄阳两县北部）的枯岗薄地。多少年来，广大群众像盼星星、盼月亮那样，盼望共产党领导人民赶走"旱魔"，牵来"龙王"，实现旱涝保收。

2.战天斗地的修渠历程

（1）开凿清泉沟隧洞

为了把千年的梦想变成现实，1969年5月1日，湖北省、地区党组织和革委会决定修建丹江渠道，并由国家投资近1亿元，襄阳地区农民投入3亿元，地委组织光化、襄阳两县和其他部分县市区4万～12万名劳力大打"人民战争"，开始修建引丹大渠。

修建丹江渠道的战斗，从1969年11月开凿清泉沟隧洞打响。清泉沟隧洞位于丹江水库东南侧、河南与湖北两省三县交界的珠连山下，是引丹渠的渠首。

襄阳地委组织全地区1万多名水利建设大军浩浩荡荡开到珠连山下，向大自然宣战。用毛泽东思想武装起来的工人、贫下中农、共产党员信心百倍，"洋奴哲学要批判，爬行主义靠边站，土里土气庄稼汉，一定能把洞打穿"！他们只花3年时间，于1972年12月就把这条高、宽各7米，全长6775米，输水能力为100个流量的"地下长龙"给制服了。

（2）建设排子河渡槽

排子河渡槽是丹江渠道的重点工程之一，全长4320米，被称为"八里半渡槽"。183个槽墩，平均墩高24.2米，最高的达49米。

浇筑槽墩是渡槽建设的重要环节。工地党委成立了由工农群众、技术人员和领导干部参加的三结合技术革新小组，经反复研究，一个不同于圆体和圆锥体的滑动模板，终于用集体的智慧创造出来了。采用滑动模板浇筑渡槽槽墩，7天就能浇筑一个，提高工效5倍，使整个渡槽建成比预期提前了一年，节约3500多立方米木材和200多吨抓钉和圆钉。

（3）会战百里长渠

在大战"地下长龙"、飞架"天上银河"的同时，光化、襄阳两县连续几个冬春，出动10多万劳动大军，在百里战线上，开展了一场开挖总干渠和支渠的"人民战争"。

3. 顺利完成大渠工程

1968年，水电部批准修建引丹工程。1969年10月，引丹工程正式动工修建。1974年7月，工程建成通水。5年间，18万人民大军发扬自力更生、艰苦奋斗、不怕牺牲的革命精神，利用原始的技术手段，发挥传统的人海战术，完成了总石方量50万立方米、土方量6730万立方米的巨大工程。

英雄的襄阳人民筑起了造福千秋的引丹大渠和引丹灌区。灌区总干渠长68公里，6条干渠总长254.2公里，716条支渠总长1570公里；有险峻的"地下长龙"——长6775米、过水流量100米³/秒的清泉沟隧洞，这是一条距山岗表面直线距离150—400米的地下人工河；有壮观的"天上银河"——长4320米、过水流量40米³/秒的排子河渡槽，是当时国内乃至亚洲最长、最大的渡槽；有"结瓜"水库176座、堰塘9800余口，年均蓄水

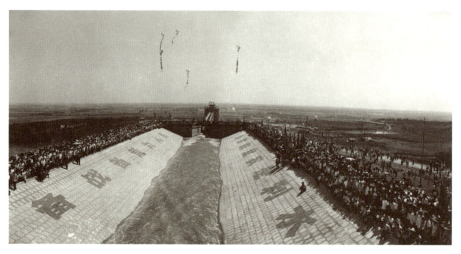

1974年丹渠通水（襄阳融媒体记者释贵明供图）

6.89亿立方米，以及桥、涵、闸、小型泵站等建筑物2800余处。

引丹渠建成运行40多年来，累计供水340多亿立方米，灌溉农田5000余万亩次，实现粮食总产870余亿斤，累计社会效益达960多亿元，从根本上改善和增强了鄂北地区服务"三农"的基础条件，使襄阳成为国家重要的商品粮生产基地之一，被灌区群众称颂为"生命渠""幸福渠"。

如今，引丹灌区已是国家大型灌区，全国排第21位，湖北省排第2位，也是粮食生产区，粮食产量占襄阳的1/3。灌区设计灌溉面积210万亩，实际灌溉面积约180万亩，担负着老河口、樊城、襄州、高新区及襄北农场132万人、180万头大牲畜饮水安全任务，成为引、提、蓄相结合的综合功能完善的灌区。

4.丹渠精神永驻人间

引丹渠建设是襄阳地区人民战天斗地、改造山河的一个缩影，充分反映出襄阳地区党和人民群众的共同愿望，彰显出广大人民群众的精神风貌。5年间，18万建设大军付出了65人的生命代价，引丹渠不仅是生命来源之渠，更是英雄颂歌之渠、精神不朽之渠。"艰苦奋斗、敢打硬仗、苦干实干加巧干"是人们对20世纪六七十年代丹渠精神的基本概括。

回首那段尘封的历史，那一幕幕战天斗地、劈山凿洞、围堰造渠，定教岗地换新颜的英雄壮举，已经成为凝固的史诗。"挥泪继承英雄志，敢教山河换新天。"引丹会战的壮阔历程扑面而来、激荡人心，薪火相传的渠首精神给人启示、催人奋进。

本编执笔人：司光勤　襄阳市第六中学高级教师

欧阳丽　襄阳市第三十八中学高级教师

吴襄华　襄阳市教育科学研究院高级教师

叶承伟　老河口市高级中学正高级教师

吕凤萍　襄阳市第六中学中级教师

第三编

改革开放和社会主义现代化建设新时期襄阳的发展成就

伟大的转折与社会主义现代化建设新局面的开创

改革开放的全面展开与建设有中国特色的社会主义

初步建立社会主义市场经济体制与带领人民群众奔小康

全面建设小康社会与逐步完善社会主义市场经济体制

第一章 伟大的转折与社会主义现代化建设新局面的开创

1978年12月，党的十一届三中全会在北京召开。这是新中国成立以来党和国家历史上具有深远意义的伟大转折。它开创了建设中国特色社会主义的新道路。中国从此进入改革开放的新时期。

党的十一届三中全会召开之后的三年多时间（1978年12月至1982年8月），是襄阳地区拨乱反正和改革开放的起步阶段。中共襄阳地委和襄樊市委在湖北省委的直接领导下，带领全地区人民认真学习贯彻三中全会精神，在社会主义民主法治建设方面，在国民经济调整和城乡经济体制改革方面，在文化教育卫生和社会发展方面作了大量的工作，推动了各项事业的发展，使襄樊市发生了天翻地覆的变化，一跃成为全国十大工业明星城市。这为襄阳地区改革开放的全面展开和社会主义现代化建设新局面的出现奠定了坚实的基础。

一、政治领域拨乱反正和民主法治建设的推进

党的十一届三中全会召开之后，襄阳地委和襄樊市委带领全地区人民广泛深入地宣传贯彻三中全会精神，果断地把工作重心转移到经济建设上来。在拨乱反正和平反冤假错案、落实各项政策的基础上积极加强党的建设，改善党的领导，积极推进社会主义民主法治建设。

（一）拨乱反正和平反冤假错案、落实各项政策

1.拨乱反正

党的十一届三中全会胜利闭幕的喜讯传到襄阳后，襄阳地委召开常委会，一致认为三中全会的决策和决定反映了历史的要求和人民的愿望，具有重大意义。常委会后，襄阳全地区掀起了学习宣传、贯彻落实三中全会公报精神的热潮，使公报精神真正深入人心。

在襄阳地委和襄樊市委的号召和宣传部门的领导下，全地区各级党组织动员全体党员，集中全力开展各种宣传教育活动，使党的十一届三中全会精神传遍襄阳各地。同时襄阳市各级领导把工作重点转移到社会主义现代化建设上来，使襄阳发生了深刻的变化。

党的十一届六中全会通过了《关于建国以来党的若干历史问题的决议》（以下简称《决议》）。襄阳地区各级党委成员、各部门干部职工对《决议》认真学习，热烈讨论。广大党员干部和群众认识提高了，方向明确了。大家一致认为这次会议对于统一全党思想，推进四个现代化建设有着深远的历史意义。《决议》为维护全党、全地区人民的团结，为改革开放和社会主义现代化建设事业的健康发展提供了根本保证。

2.平反冤假错案、落实各项政策

党的十一届三中全会后，襄阳地委按照实事求是、有错必纠的原则，加快了平反冤假错案、落实各项政策的步伐。根据中共湖北省委的部署，襄阳地委采取了三项措施：一是全党办"信访"。襄阳地委要求从各级党委到各基层党支部及政法机关，都抽调干部进行冤假错案的平反工作。全地区共抽调数千名干部，参与处理信访的人数之多、时间之久、规模之大，都是前所未有的，因此被人们称为"大信访"。二是解放思想，实事求是，有错必纠。三是严格执行上级制定的政策规定。

在平反冤假错案的同时，襄阳地委还采取多项措施，调整各种社会关

系，落实各项政策。具体有：落实干部政策；改正错划右派；落实知识分子政策；落实台胞台属、宗教和少数民族政策；落实原国民党起义投诚人员政策，还开展了为四类分子摘帽和地富子女定成分的工作；落实科技教育政策和文学艺术政策；等等。

经过三年多的努力，全地区绝大部分案件基本上处理完毕。受到不公正对待的各级党政军机关干部都陆续得到平反，受到打击、诬陷或迫害的知识分子也恢复了名誉。他们重新走上工作岗位或担任职务，全身心地投入社会主义现代化建设事业之中。被迫害致死的人也得到平反昭雪。党的实事求是的优良传统得到恢复和发扬。

（二）加强党的建设与改善党的领导

党的十一届三中全会作出了关于健全党规党法、端正党风的决定。中共襄阳地委召开了地委全会，从坚持集体领导、加强班子建设、加强思想政治教育、严肃党纪等方面作了全方位的安排。全会重点研究部署了如何坚持和改善党的领导，提高党的战斗力问题。会后作出了以下具体安排：各级党委要坚持集体领导，贯彻民主集中制原则，搞好内部团结；改善和加强各级领导班子建设，大胆提拔重用中青年干部，逐步建立一支又红又专的适应四个现代化建设需要的干部队伍；加强全地区党员的思想政治教育，在党内进行政治路线和思想路线教育，加强党的基本知识教育，加强党的团结和统一教育，加强党的组织性和纪律性教育；增强党性，恢复和发扬党的优良传统和作风；严肃党纪，端正党风。凡事皆要从领导做起，从我做起，从现在做起，从一点一滴做起，纠正党风，领导干部要带头遵守党规党法。

1980年，党的十一届五中全会通过了《关于党内政治生活的若干准则》（以下简称《准则》）。襄阳地委立即对《准则》的学习作了具体安排。地委领导联系实际，切实转变作风，扎扎实实地搞好调查研究，努力做到从实际出发，实事求是地研究和解决问题。

地委领导带头遵守《准则》，接受群众监督，不搞特殊化。在党组织内部，地委领导以党员的身份参加党的组织生活会，在会上开展批评与自我批评。在生活上严格要求自己，不要特殊优待，带头执行私人用车缴费制度。

在学习《准则》的过程中，地委领导采取各种措施，克服党不管党的不良倾向。对党的基层组织采取办党训班的形式轮训党员，评比先进党支部和优秀党员。在组织建设上，积极培养选拔中青年干部和有业务专长的同志充实到各级领导班子，努力提高在职干部的业务水平。

（三）积极推进社会主义民主法治建设

1976年10月至1982年9月党的十二大召开的这段时间，襄阳地区成立了襄阳地区行政公署。襄樊市升为省辖市后，设立了襄樊市人民代表大会常务委员会。1982年湖北省人民代表大会常务委员会在襄阳地区设立了人大联络组。襄阳的民主法治建设得到不断加强。

党的十一届三中全会后，襄阳地区各级政府加快了社会主义民主法治建设。1981年1月，襄阳行署所辖各县、市先后召开人民代表大会，选举了县、市人民代表大会常务委员会。1979年6月襄樊市升为省辖市后，政权法治建设得到加强。1981年1月襄樊市召开了第九届人民代表大会第一次会议，选举产生了襄樊市人民代表大会常务委员会，成立襄樊市人民政府。

襄阳地区所辖各县也加快了社会主义民主法治建设。实行县级直接选举，建立县级人大常委会和人民政府。这次选举，由于措施得力，各县市都顺利完成了选举任务。通过选举，广大群众受到了一次深刻的民主与法治教育，提高了当家作主的思想觉悟，保障了社会主义现代化建设的顺利进行。

"文化大革命"结束之后,襄樊市(襄阳地区)的统一战线组织——中国人民政治协商会议湖北省襄樊市委员会和各县(市、区)委员会得以恢复和逐步完善。特别是党的十一届三中全会以后,政协工作日益活跃,充分行使了政治协商、民主监督、参政议政的职能,为发展壮大爱国统一战线,发扬社会主义民主,促进改革发展作出了重要贡献。1979年6月,襄樊市由地辖市改为省辖市,政协襄樊市委员会升级为地级机构。1981年1月,襄樊市政协六届一次会议选举产生了政协襄樊市第六届委员会。在中共襄樊市委的坚强领导下,襄樊市政协引导全市各级政协逐步恢复重建组织,调整完善自身组织机构,紧紧围绕社会主义现代化建设这个中心,发挥积极作用。襄阳地区所辖各县(市)的政协组织也得到了恢复和发展。

襄阳地区在积极推进社会主义民主建设的同时,还不断推进社会主义法治建设。1979年8月全地区政法工作会议召开。会议决定把政法工作的重点转移到保卫社会主义现代化建设上来,坚决打击反革命分子和各种刑事犯罪分子,维护社会秩序。加强各级公安、检察、法院的队伍建设和组织建设,提升执法能力,巩固安定团结的政治局面。各级政法组织还开展了打击经济领域中严重违法犯罪活动的工作,重点是打击走私贩私、投机倒把、贪污受贿等严重违法犯罪活动。这些工作为新时期社会主义现代化建设的顺利进行提供了根本保障。

二、国民经济的调整和改革开放的起步

1979年4月,中共中央提出了对国民经济实行"调整、改革、整顿、提高"的八字方针。在这一方针的指导下,襄阳地委和襄樊市委从本地实际出发,逐步对国民经济进行调整,着手进行城乡经济体制改革。这些调整和改革为改革开放的全面展开拉开了序幕。襄阳迎来了改革开放和社会主义现代化建设的新时期。

（一）襄阳国民经济的调整

1977年和1978年，襄阳对全地区国民经济进行了初步调整，经济停滞倒退的局面得到了初步扭转。根据湖北省委常委扩大会议的精神，1979年6月19—23日，襄阳地委召开了有县委书记和地委、行署部办委负责人参加的地委常委扩大会议，决定开展以协调主要比例关系、理顺经济为重点的国民经济调整工作，要求使农业和轻纺工业在现有基础上有一个大的提高。同时要继续整顿好现有企业，建立健全良好的生产秩序和工作秩序。积极而稳妥地改革工业管理和经济体制，充分发挥各个方面的积极性。通过调整、整顿和改革，大大提高企业的管理水平和技术水平，更好地按客观经济规律办事，使全地区的现代化事业真正能够稳步地高速发展。

会后，襄阳地委结合实际，首先集中力量抓农业生产，开展农业内部调整。地委决定，集中力量把农业搞上去，加快农业发展，为农业现代化奠定基础。要求按照农林牧相互依存、相互促进的经济规律，尽快把全地区农业部门调整到农林牧副渔全面发展上来。在加速粮棉油种植业发展的同时，林业、畜牧业和其他各业也迎来一个大发展。襄阳地委根据襄阳地区"六山一水三分田"的情况和宜农则农、宜林则林、宜牧则牧、宜渔则渔的原则，正确处理粮食生产和多种经营的关系。在保证粮食增产的基础上，积极把剩余劳动力从耕地上转移出来，争取一两年内使襄阳地区的多种经营和工副业生产有新的发展。

工业战线的调整采取计划与市场双向调节。襄阳地委要求各级党委要加强对工业生产的领导，大胆解放思想，采取具体措施，搞活工业生产：一是根据市场需要，截长线补短线，协调产销关系，大力发展轻纺工业和消费品生产，合理调整工业结构。二是适应市场需要，改革产品结构，狠抓产品质量，争取工业生产的主动权。三是在调整中坚持革新和挖潜，认真抓好企业的技术改造，推行各种经济责任制，推进经济联合，带活一批企业。这些措施带来1981年的工业生产大发展，超额完成了工业生产计划，创造出历史上的最好水平。

（二）襄阳改革开放的起步

1.农村经济体制改革取得突破性进展

党的十一届三中全会以来，襄阳全地区各级党组织带领广大干部群众认真落实党在农村的各项政策，贯彻按劳分配、多劳多得的原则，农业生产责任制逐步建立健全起来。在农村先后实行了定额计酬、联产计酬责任制、包干到户，最后实行被称为"大包干"的农业生产责任制。这种"大包干"是在坚持生产资料集体所有的前提下，把土地、耕牛、农具承包到户，上交国家的，保证集体的，余下都是自己的。它的优点概括起来主要有以下六个方面。

一是把集体劳动成果同个人的物质利益紧密结合起来，较好地调动了群众的生产积极性。联产到劳充分挖掘了劳动潜力，劳动效率显著提高。二是大大提高了农活质量。实行联产到劳责任制，从评定劳力底分、定产定工、划分责任田，到签订合同、兑现奖惩，都有社员参与讨论，与他们的利益息息相关。三是促进了科学种田。联产到劳后，为了获得更好的经济效益，干部群众学习采用新技术的积极性高了，农业技术人员吃香了。很多社员自费订阅科技书刊，主动参加农业技术学习班。四是有利于集体多种经营和社员家庭副业的发展。联产到劳后，农民劳动效率大大提高，节约了大量劳动力，社员有了更多的自主权，为发展家庭副业创造了有利条件。五是促进干部作风的转变，密切了干群关系。六是有利于巩固集体经济，增加社员收入。

2.城市工业和交通运输业改革的起步

城市经济体制改革从扩大企业自主权开始。襄樊市升格为省直辖市后，对国营骨干企业实行扩大企业自主权的改革。襄阳市委、市政府主要从四个方面对工业进行了调整和改革。

一是对工业体制和管理进行改革。在推行经济责任制、贯彻按劳分配原则及国家计划指导下，积极发挥市场调节和辅助作用，这就使得工业生产以较快的速度持续增长，经济效益明显提高。二是立足现有企业，继续狠抓挖潜、革新、改造和改组联合，大力发展轻纺工业和日用消费品的生产。三是为了充分挖掘企业潜力，市政府继续对部分企业进行初步整顿，使企业的领导班子有所加强。四是工业企业针对市场的新变化，在经营管理上进行了一系列的改革：改单纯搞生产的企业为生产、经营型企业；改单纯依靠商业收购为企业自找销路；改盲目生产为面向市场按需生产；改注重城市忽视农村为面向农村生产；改单一的流通渠道为多条渠道；改轻视个体商贩为依靠个体商贩。

在改革中，强调质量第一，坚持挖、革、改的道路，制定产品质量升级规划，推行全面质量管理，狠抓技术标准，开展夺牌创优活动，组织新花型设计会战，带动产品产量、质量的全面提高。推行多种形式的经济责任制，把责、权、利三项要求和国家、企业、个人三者利益更紧密地结合起来，调动了企业和职工的积极性，极大地促进了生产的发展。

3. 城市商业体制改革的开始

商业部门经济体制改革是以国营商业为主体，运用多种经济形式，采取多种经营方式，疏通多种流通渠道，尽量减少流通环节，逐步使商业走上健康发展道路。

一是在所有制结构上，肯定现阶段集体经济、私营经济和个体经济有存在的必然性和必要性。在继续发挥国营商业主渠道作用的同时，大力发展集体和个体商业；重新开放集贸市场，恢复供销社集体和民办性质，逐步形成国营商业领导的多种经济成分并存的新格局，促进市场繁荣。二是在经营方式上，减少计划管理，扩大市场调节范围，实行多种方式大力发展工商、农商、商商之间和区域之间的联合，促进物资交流。三是在企业管理体制上，扩大企业经营自主权，使企业逐步成为自主经营和自负盈亏的经营实体。

通过改革，初步形成了多渠道、少环节、多种经济成分并存的流通体制，进一步扩大了商品流通渠道。在计划调节指导下，积极开展市场调节。这些措施搞活了市场，促进了计划完成，襄阳地区出现了购销两旺、财源茂盛、市场繁荣的大好局面。

4.襄阳对外开放的起步

党的十一届三中全会以后，中共中央把对外开放作为基本国策，制定了一系列对外经贸工作的方针、政策和措施，使中国的对外贸易进入大发展的新时期。

对外开放，大力发展对外贸易，首先要走出国门，到国外去考察，开阔眼界，解放思想，转变观念。襄阳党政领导人把目光瞄在就近发达的资本主义国家——日本。1982年3月23—31日，以市长王根长为团长的襄樊市经济考察团一行6人到日本犬山市进行友好访问。同年6月，以吉田和光议长为团长的日本犬山市议会代表团一行10人，应邀到襄樊市进行友好访问。双方就两岸正式缔结友好城市关系事宜进行商谈，并就经济、技术合作等交换意见。同年9月29日至10月8日，以欧阳文海为团长的襄樊市艺术团应邀赴犬山市参加文化公馆落成典礼，并在该市举行了5场文艺演出。1983年3月，经国务院批准，王根长市长率襄樊市友好代表团一行7人赴犬山市签订建立友好城市协议书，正式建立友好城市关系，双方根据平等互利原则，在经济、科学、技术、文化、教育、体育等方面开展交流合作。

1979年，襄樊市被列为开放城市，相继建立了外事管理和服务机构。自1978年起，外宾来访逐年增多，或观光旅游或洽谈贸易或探亲访友，至1982年，共接待外宾231批1089人，分属28个国家和地区。从1982年起，襄樊市不断派员外出参观、考察、洽谈贸易，至1985年，共组团（组）97个229人，出访日本、法国、德国、美国等10多个国家和前往中国港澳地区考察。

三、文化教育和医疗卫生事业的发展

党的十一届三中全会以后，随着真理标准问题大讨论的开展，襄阳地区（市）各级党组织和广大干部群众进一步解放了思想，特别是政治上拨乱反正的开展，党的政策的落实和各种社会关系的调整，极大地调动了人们的积极性，使社会主义文化、教育、卫生等各项事业，迈上了健康发展的轨道，社会生活初步呈现丰富多彩的面貌，人民群众提高了对改革开放的认识，增强了社会主义现代化建设的信心和决心。

（一）文化艺术呈现一派繁荣景象

1.群众文化活动与专业艺术团体发生新变化

自1979年开始，襄阳地区的文化活动有了新的变化。在服务方式上改无偿服务为有偿服务，用"以文养文"的办法自筹资金，发展文化事业。1980年，根据中共中央宣传部《关于加强群众文化工作的几点意见》中"把全国小城镇建设成文化中心"的指示精神，襄樊在全区范围内开展了建设农村集镇文化中心的活动。农村集镇文化中心是以集镇为核心的群众文化组织，是群众进行文化活动的中心园地。1982年，全地区出现农民自发兴办家庭文化室的热潮，1984年设区建乡后，根据"六五"计划中提出的"乡乡建文化站"的要求，全市本着"国家、集体、个人一齐上"的指导思想，在乡镇均建立了文化站。

在办集镇文化中心和产业文化站的同时，农村群众文化活动更具活力。一批老文化典型焕发了青春，新的文化典型不断涌现。1978年，党的十一届三中全会以后，和群众文化活动一样，由于党的文艺政策的贯彻落实，以专业文艺团体为主的表演艺术也发生变化，再次进入繁荣时期。

2.电影事业的新发展

1980年，原襄樊市电影管理站改称襄樊市电影发行放映公司，由省电影公司直接发行影片。1982年，光化县袁冲区纪洪岗退休教师周发颢购置一部8.76毫米电影机，南漳县九集区染坊村邵仲发购置16毫米放映设备一套，分别成为光化县和南漳县第一个电影专业户。1984年春节，襄樊市电影公司在市区范围内举行春节电影晚会，襄樊二城各影剧院均满场。自此，每逢节假日都举行通宵电影晚会，既增强了节日气氛，又起到了安定社会秩序的作用。

3.广播电视事业由"收音站"发展到"广播电视网"

1980年7月，襄樊人民广播电台恢复播音，自办"襄樊新闻"等节目。1984年，襄阳地区电视转播台与襄樊市电视台合并为襄樊电视台，主要转播中央电视台第一套节目和湖北电视台节目，并不定期自办新闻、广告和文艺等节目。

4.图书事业的发展和书店发行工作的改进

1977年7月，襄阳地区文博馆分为襄阳地区文博馆、群众艺术馆和图书馆三个单位。襄阳地区图书馆服务对象是地区干部职工，并对所辖县（市）及基层图书馆进行业务辅导。党的十一届三中全会以后，图书馆的一项重要任务是为生产科技服务，以取得更好的社会效益和经济效益。1979年以来，以襄樊市图书馆为主的全市图书馆，采取增设科技阅览室，为科技人员学习和查找资料提供方便；深入工矿企业和科研单位，调查生产、革新及科研项目，定题服务，送书上门；开展咨询服务，当科技人员的参谋；开展馆际互借，互相支援，互相补充，以最大限度地满足社会需要和发挥科技图书作用；编制书目、索引、文摘，主动介绍馆藏情况；延长开放时间，开展夜馆借阅活动；调整藏书结构，扩大科技书刊品种等措施，收到了显著的服务效果。

1979年以后的几年中，全市图书馆为编史修志和进行历史剧的创作提供了大量的图书资料。根据上级指示精神，全襄阳地区的书店一律由湖北省新华书店统一管理。1984年10月，襄阳地区书店与原襄樊市书店合并为襄樊市新华书店。

（二）教育事业出现新局面

1. 贯彻党的知识分子政策，稳定教师队伍

1979年，教育战线平反冤假错案、落实党的知识分子政策取得了重大成绩。这一工作在教师中引起极大反响，提高了教师的工作积极性。这一年，不少教师被评为省、地（市）、县先进教育工作者，还有不少教师被选为省、地（市）、县人大代表或政协委员。教育工作者的政治地位得到极大提高，居住条件也逐步改善。襄阳还采取各种措施稳定民办教师队伍，提高民办教师的素质。

2. 贯彻党的教育方针，培养"四有"新人

1978年以来，为了全面提高教育质量，培养有理想、有道德、有知识、有纪律的新人，在襄阳全区建立了3个体系：建立"小宝塔体系"，实行多种形式，多种规格办学；建立师训体系，提高广大教师的业务素质；建立教研体系，开展学科教改实验和专题研究。同时开展勤工俭学，要求各级各类学校开展勤工俭学活动，做到校校有项目、班班有收入、人人参加勤工俭学劳动。

总之，党的教育方针在新时期不断得到正确、全面的贯彻，使全市的教育教学质量不断提升。

3. 开展多种形式的思想教育活动，培养一代新人

1979年以来，襄阳注重对学生开展热爱祖国、热爱社会主义、热爱党的教育活动，增强了坚持四项基本原则的自觉性。1981—1983年，为配合全国的"五讲"（讲文明、讲道德、讲卫生、讲秩序、讲礼貌）、"四美"

（心灵美、行为美、环境美、语言美）活动，在学生中开展了形式多样的活动——读书会、文艺会演、歌咏比赛，创"文明班级""文明寝室"，建立学雷锋小组、红领巾卫生街（巷），设立交通监督岗，举办科技作品展览和书法、绘画展览。这些活动，丰富了学生的课外生活，开阔了学生的视野，陶冶了学生的情操。

4.探索教学改革，努力提高教育教学质量

1979年，为了搞好"双基"教学，健全了备课、听课、教学检查等制度。教师讲授知识要准确，搞实验要成功，提倡"启发式"教学，废止"填鸭式"教学。许多理科教师为了体现最佳教学效果，自己动手制作教具，以解决做实验之难。

1980年，为克服满堂灌，提倡讲练结合的教学方法，要求当堂理解、知识到手、解决问题、不留后遗症，努力提高每一堂课的教学质量。同时，强调单元过关，通过单元测验、评讲，把知识系统化。在教学中正确处理备课与讲课、教师主导作用与学生主体地位、教法与学法、教材与资料、文与道5个关系，使学生每堂课都有所得。

1982年，为了面向全体学生，培养学生的能力，发展学生的智力，大面积提高教育质量，各科教师狠抓了"五基"（学生的基本起点、大纲的基本要求、学校的基础年级、各科的基础知识、运用知识的基本能力）教学。同时，在学生中开展了三个活动，即科技活动、智力竞赛活动、学科竞赛活动，极大地激发了学生学习知识的热情。在有条件的学校，还运用了电化教学手段，使教学效果更佳。

（三）医疗卫生事业在改革中发展

1.平反冤假错案，落实知识分子政策

按照上级统一部署，经过近三年的工作，襄阳全区医疗卫生系统共复查历史遗留案件多件，对冤假错案进行了纠正，平反昭雪；对错划右派的

知识分子，全都改正；对原来错误处理的，有的妥善安置了工作，有的恢复了职务。

为落实知识分子政策，全区十分注重对知识分子在政治上信任重用，在生活上关心照顾，在业务上支持依靠，重视和发挥他们在发展医疗卫生事业上的骨干作用。一是注意在知识分子中发展党员的工作。二是注意从业务技术骨干中选拔人才进入各级领导班子。三是重视业务技术职称的晋升。四是注意解决知识分子住房、子女就业、夫妻两地分居等问题，为知识分子消除后顾之忧。这些措施极大地提高了医疗卫生系统知识分子的社会地位，调动了他们的工作积极性。

2. 采取措施，推动医药卫生的现代化建设

1978年12月，党的十一届三中全会彻底摒弃了"左"的路线，实现了党的工作重心的转移。继而，党中央提出了"调整、整顿、改革、提高"的八字方针，为卫生工作重点转移指明了方向。卫生部明确指出，卫生系统要把工作重点转移到医药卫生现代化建设上来，提高防病治病能力，为"四化"建设服务，制定了1985年前"普遍整顿，全面提高，重点建设"的具体要求。据此，地、县（市）卫生行政部门联系襄阳地区卫生系统的实际，部署并开展了工作。

3. 积极推进医疗卫生改革

随着农村改革的全面推行和深化，在医疗卫生单位也试行责任承包，工资浮动，实行责、权、利相结合。从1981年到1982年，襄阳全区各级医疗卫生单位都按照改革开放要求，发扬搞活的精神，摸索改革的路子，尝试改革的方法。有的改革领导体制，有的改革管理体制，有的改革经济体制。医疗卫生系统焕发了前所未有的活力。

1982年，首次与联合国卫生组织进行合作，在襄阳进行计划免疫——冷链试点，当年完成了150万人的生物制品接种任务，还接待了世界卫生

组织的两个考察团。考察团对襄阳的卫生防疫工作进行了充分的肯定，扩大了襄阳在国际上的影响。

四、人民生活水平逐步改善

曾几何时，粮票、布票、油票、肉票、煤票等一系列票证，成为保障市民柴米油盐酱醋茶的必需品。城市居民购买一张床板，争取一个液化气"户口"，都得托关系、走后门、出高价。农村居民办红白喜事，能否买到称心如意的酒、肉等物品，得看乡镇食品所、供销社工作人员心情如何。无论在城市还是乡村，食品短缺、基本生活品短缺……一切都短缺。

"忽如一夜春风来，千树万树梨花开。"当改革开放的号角吹响，时代发展的脉搏开始震颤，千年古城襄阳的脚步也走向腾飞的起点。"门"打开了，商机来了。各级党委、政府紧跟发展潮流，连续出台鼓励农村"万元户"、鼓励发展城乡个体工商户、鼓励能人办企业等政策措施，生产力发展的桎梏彻底解除。

党的十一届三中全会以后，农村推行了以家庭承包为主的农业生产责任制，使农民的生产积极性、主动性和创造性空前高涨，粮食生产和多种经营有很大的发展，各类型企业的专业户、重点户及联合体大量涌现，并且合股经营和独资经营了商业、运输业、建筑业、加工业、饮食服务业等。

财源来了，钱袋子也就鼓了。襄阳居民收入也实现了质的飞跃，城镇和农村居民的年人均可支配收入年年增长。1981年，全市城镇居民人均可支配收入达到421元，农村居民人均纯收入达206元。居民告别短缺经济时代，衣、食、住、行、用都有了翻天覆地的变化。

曾几何时，人们为生计愁，只求"吃得饱"，逢年节、遇喜事才会割点猪肉"打牙祭"，都在考虑养儿防老、攒钱养老，怕生病、不敢病，有病拖着不就医，一桩桩、一件件物质文化硬需求，都不敢奢望短期内得到解决。

1978年12月，襄樊市恢复了10个集市贸易点和3个粮油交易所，次年春天全面开放集贸市场。遍布城乡的农贸市场如雨后春笋般发展起来，琳琅满目的小商品市场成为城乡集市中的亮丽风景，各类乡镇企业、私营企业星罗棋布，短缺经济时代与市民渐行渐远，一切必需的票证逐渐成了收藏品，最终成为一种历史记忆。从手表、自行车、缝纫机，到电视、冰箱、洗衣机；从银手镯、金项链，到白金钻戒，城乡居民娶媳嫁女的"要件"更迭见证着这一变化。

改革开放后，人们开始关注生态环保；讲究膳食营养，猪牛羊、鸡鸭鱼、果蔬鲜均衡搭配；关注"五险一金"提标；关注如何进行健康养生；对公平正义等关系全面发展的软需求越来越关注。以前，只有逢年过节，家里当家人才会想法儿带着孩子进城购物看热闹，许多家庭主妇大半辈子都没走出过所在县城，而今全家随时可来一次自驾乡村游、都市亲子行。

襄阳的水更清了、山更绿了。从"三北防护林"建设到"绿满襄阳"行动，从"植树增绿""精准灭荒"到"退建还园""退房还林"，森林覆盖率达到43.84%，城区人均公园绿地面积提高到12平方米，向"国家森林城市"迈进，呈现一幅"推窗见绿、出门进园、抬头望山、举足亲水"的美丽画卷。

第二章 改革开放的全面展开与建设有中国特色的社会主义

1982年9月到1991年12月，襄樊市改革开放全面展开。特别是从1984年10月中共中央作出《关于经济体制改革的决定》，到1988年9月中共中央作出关于治理经济环境、整顿经济秩序、全面深化改革的决策期间，襄樊改革的重点从农村转移到城市，从经济领域扩展到政治领域、科技教育及其他社会生活领域，改革的深度和广度较之以往都有很大进展，党的建设全面加强。襄樊市市委领导和各级党组织带领广大人民群众贯彻执行党在社会主义初级阶段"一个中心、两个基本点"的基本路线，即以经济建设为中心，坚持四项基本原则，坚持改革开放，为全面深化改革创造了一个良好的社会经济环境，从而保证襄樊的改革开放和建设有中国特色的社会主义事业更健康、更稳妥、更顺利地向前推进。

一、襄樊行政区划新调整和党建开拓新局面

（一）地市行政体制改革

在党的十二大精神指引下，全国逐步实行市管县体制。1983年9月，上级决定撤销襄阳地区，所辖行政区域并入襄樊市。新组建的襄樊市为地级市，实行市管县新体制。此后以城市为重点的经济体制改革逐步深入，襄樊城乡经济生活和社会生活出现了前所未有的活跃局面。

1. 襄阳地区与襄樊市合并成立新的襄樊市

1982年，中共中央通过《关于改革地区体制，实行市管县的通知》。

1983年2月15日，中共中央、国务院又下发《关于地市州党政机关机构改革若干问题的通知》，要求"积极试行地、市合并"。

1982年，襄阳地区辖8县2市。1983年8月，国务院批准湖北省、地、市行政体制改革方案。同意撤销襄阳地区，将原襄阳地区的襄阳、枣阳、宜城、南漳、保康、谷城6县划归襄樊市管辖；随州、老河口两市仍为省辖县级市，由襄樊市代管；撤销随县，并入随州市；撤销光化县，并入老河口市。10月，中共湖北省委讨论通过了地市合并后的襄樊市委、市人大、市政府领导班子调整配备方案。同月，省委、省政府批复同意襄樊市市级党政机构改革方案。新组建的襄樊市为地级市，实行市带县新体制。1984年，省政府批准襄樊市城区分设襄城、樊东、樊西、郊区4个县级区。至此，襄樊市辖6县4区，代管随州、老河口2市。1987年，襄樊市撤区并乡，全市设置184个乡级人民政府。其中，乡53个、镇117个、办事处9个、农林场5个。1988年1月8日，根据国务院文件精神，撤销枣阳县，设立枣阳市。

2.中共襄樊市第六次代表大会作出新部署

1984年12月，中共襄樊市第六次代表大会胜利召开，这是地市合并后的第一次党代会。大会确定了襄樊市社会主义现代化建设的奋斗目标和指导思想：以城市为中心、集镇为纽带、农村为腹地，优先发展轻纺、机械、电子、食品四大工业和第三产业；继续抓好粮棉油、多种经营、乡镇企业三大支柱产业建设；积极开发鄂北岗地、西南山区两大基地；充分发挥城乡结合、军工民用结合的优势；以1980年工农业总产值32亿元为基数，力争1985年翻一番，1990年翻一番半，1995年翻两番，到20世纪末达到170亿元；物质文化生活达到小康水平，使襄樊成为开放式、网络型的商品经济区。大会选举产生了中共襄樊市第六届委员会、市纪律检查委员会，全市县级领导班子平均年龄42.4岁，具有大专以上文化水平的占63.6%，各级领导班子建设进一步加强。

大会要求各级党组织必须把握工作重心，采取得力措施：合理调整产业结构，进一步繁荣农村经济；把工业重点放在本地区既有基础又有前途的优势工业上；搞好智力开发，加强应用技术研究和新技术的开发研究，加强全市教育事业；坚持对外开放，积极抓好人才、资金、技术、设备的引进；加强社会主义精神文明建设，健全社会主义民主法制；抓好计划生育工作，做到人口增长与经济社会发展相适应。

（二）党建开拓新局面

党的十二大和十三大先后对加强党的建设提出要求。党的十二大提出："把党建设成为领导社会主义现代化事业的坚强核心。"同时部署健全党的民主集中制、改革领导机构和干部制度、密切党同人民群众的联系、有计划有步骤地进行整党四大任务。党的十三大鲜明地提出新时期党的建设的指导思想："新时期党的一切工作，都必须保证党的基本路线的贯彻执行。党的自身建设也必须进行改革，以适应改革开放的新形势。"同时提出加强党的建设的任务和一系列方针措施。襄樊市委按照上级要求，把加强党的建设作为重要任务，根据各阶段的形势、任务和党建工作的实际作出具体安排，以改革的精神全面加强党的建设，保证了襄樊市五年计划制定的第六个和第七个目标得以顺利实现。

1.全面整党、反对资产阶级自由化

1982年9月召开的党的十二大要求有计划有步骤地进行全面整党，促进党风根本好转。根据上级要求，1985年3月至1987年1月，襄樊市各县（市）按照要求分3批进行整党，参加整党的党组织7852个，党员242920人。

1989年6月5日中共中央、国务院发表《告全体共产党员和全国人民书》，号召全党和全国人民团结起来，旗帜鲜明地反对资产阶级自由化。襄樊市委在开展坚持四项基本原则、反对资产阶级自由化的教育活动中，认

真宣传贯彻党的十三届四中、五中全会及中央领导同志重要讲话精神，澄清各种模糊认识，坚持四项基本原则，反对资产阶级自由化，维护安定团结的政治局面，坚定改革开放的决心和信心。同时，市委要求全市各级党组织认真细致地做好党员、机关干部和青年学生、教师、工人及农村群众的思想政治工作，把全市党员、干部、群众的思想统一到中央精神上来，在思想上、政治上、行动上同中央保持高度一致，维护了全市社会安定团结的政治局面。全市没有出现混乱现象，各项工作顺利进行。

2.党的组织与各级领导班子建设

1984年，襄樊市委制定《农村党支部考评条例》《企业基层党组织考评条例》《党员考评条例》，推广宜城县党建工作"四联"（从县至村一级联一级）责任制。1985年，对4690个农村党支部进行调整，一大批有文化、有技能的年轻党员走上基层领导岗位。1983—1987年，在"坚持标准，保证质量，改善结构，慎重发展"的方针指导下，吸收了一批优秀的工人、农民、知识分子、妇女入党，逐步改善了党员队伍的年龄、文化结构和行业分布，新党员质量有所提高。1989年11月11—14日，中国共产党襄樊市第七次代表大会召开。大会选举产生中共襄樊市第七届委员会，委员36名，候补委员5名。在市委七届一次全会上选出常务委员10名。

1990年，在换届工作中，按照干部"四化"方针和德才兼备原则坚持走群众路线，广泛征求群众意见，以无记名投票方式，对各县（市）区新一届党委、纪委、人大、政府、政协领导班子及法院院长、检察院检察长进行全额民主推荐。1991年，根据市委统一部署，各县（市）区领导班子完成换届选举工作，新一届县（市）区委常委平均年龄44.6岁，高中以上文化程度的占92.9%，干部占6.3%；政府领导班子平均年龄41.6岁，高中以上文化程度的占98.9%，女干部由上届的3人增加到5人；有6个县（市）配备了非党副县（市）长；人大、政协领导职数比上届明显减少，非党干部比例达到省委规定的要求。

3.党风廉政建设

1984年10月襄樊市委印发《关于建立党委抓党风责任制的通知》。要求层层落实端正党风责任制，一级抓一级，一直抓到党支部、党小组。党的十二大之后，在全市党性党风党纪教育中，各级党委采取党校培训、训练班轮训等方法，组织党员学习《关于建国以来党的若干历史问题的决议》、《关于党内政治生活的若干准则》、邓小平及陈云同志有关搞好党风的论述和党的十二大文件，进一步端正思想，增强按照党的十二大制定的纲领、方针、政策办事的自觉性。在党风廉政建设中，襄樊市各级纪检监察机关通过接收群众来信、接待群众来访、接听举报电话等渠道，受理对党员、党组织及行政监察对象的检举控告及党员、干部的申诉，按照纪检监察机关的职能和规定的程序处理解决信访举报问题，做到件件有着落事事有回音。在1982—1985年的"严打"中，全市有1054人受到党纪、政纪和法纪处理。1986年处分308人。

二、推进经济体制改革和对外开放发展新格局

地市合并后，襄樊市大力推进经济体制改革，在农村普遍实行家庭联产承包责任制和撤社建乡，实现了农村管理体制、双层经营体制和经济收益分配体制的重大变革。在城市经济体制改革中，从扩大企业自主权实行企业承包制入手，积极推进经济体制综合改革，大力支持驻樊军工企业由"军"转"民"，调迁进城，增强了襄樊经济实力，促进襄樊经济发展。

（一）农村经济体制改革

1982—1986年，党中央连续五年发布"一号文件"，对农村改革和农业发展作出具体部署。襄樊市委结合实际情况作出安排，顺利推进农村经济体制改革，在农村普遍实行家庭联产承包责任制和撤社建乡，实现了农

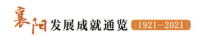

村管理体制、双层经营体制和经济收益分配体制的重大变革。

1. 农村基层行政组织变更

1982年，新宪法作出改变农村人民公社政社合一体制，设立乡政府作为基层政权，普遍成立村民委员会作为群众性自治组织等规定。1984年1月10日，襄樊市统一进行撤社建区、乡的改革工作，将原来的人民公社改为区，行政管理区改为乡，生产大队改为村民委员会，生产小队改为村民小组。1987年9月，襄樊市统一进行撤区并乡工作，全市共设有52个乡、118个镇、9个办事处和5个农林场。

2. 农村经营体制改革

1982年，党中央发布"一号文件"，明确指出包括包产到户、包干到户在内的各种责任制，都是社会主义集体经济的生产责任制。在党中央的支持下，以包产到户、包干到户为主要形式的家庭联产承包责任制迅速推广。襄樊市积极推行家庭联产承包责任制，1982年下半年，有25668个生产队、54万公顷耕地实行包干到户，占97.2%。1983年，承包范围由大田生产向林、牧、副、渔等各业扩展。1985年，全市86.67万公顷山林，4.66万公顷可养殖水面，10万公顷果、茶、烟、麻多种经营基地普遍实行专业联产承包。在襄樊农村经营体制改革进程中，枣阳实施"工农一担挑"发展模式，建设具有地方特色的区域经济，得到湖北省委的肯定，并在全省范围内推广。

3. 农村分配体制改革

随着农村家庭联产承包责任制的全面推行和双层经营体制的逐步完善，农村经济收益分配体制也发生重大变革。实行双层经营体制后，农村经济收益分配实际上包含了两个层次，一个是集体统一经营收益分配，一个是农户家庭经营收益分配。根据襄樊市1990年农村经济统计年报资料，在农村经济收益分配的两个层次中，在收入构成、农民所得总额、收益分配构成中，农户家庭经营收益在分配中占主导地位，农户经营的自主性、积极性明显增强。

4.一代粮王刘文豹

刘文豹出生于1946年2月，湖北省襄阳市南漳县农民。1978年前后，在湖北省襄北国营农场当农机员。1984年，"大包干"如火如荼地展开，刘文豹承包了襄阳市襄州区古驿镇的1070亩荒地，率先办起了机械化家庭农场，只用了两三年时间就将茅草丛生的乱坟岗地改造成了"流金淌银"的庄稼地。1989年，刘文豹向国家交售粮食超20万斤，被原商业部授予"全国售粮模范"，并作为湖北省的优秀代表与全国百名种粮大户一道赴北京开会，走进了中南海，受到了党和国家领导人的接见，他们那群种粮大户共同获得了中国"一代粮王"的美称。1990年，刘文豹带着他的家人在鱼梁洲又一次开始了艰苦的创业，在承包地种粮的同时，他还在沙洲上投资兴林2500多亩，栽种成活十几万株防风树，发展果园100多亩。那些年，刘文豹一直是湖北最大的种粮户，每年向国家交售粮食超200万斤，收获着"中国粮王"的幸福与快乐。

（二）城市经济体制改革

在农村改革的推动下，城市经济体制改革试点也逐步展开。1984年，襄樊市被确定为湖北省经济体制综合改革试点城市和国家科技改革试点城市。1990年，又被国家计委确定为全国第二个"军转民"试点城市。市委、市政府贯彻中央《关于经济体制改革的决定》精神，将经济体制改革的重点由农村转向城市，在推进经济体制综合改革、工业改革与军工进城等方面，取得了显著成效。

1.经济体制综合改革见成效

党的十二大以后，经济体制改革全面展开。1984年，襄樊市被确定为湖北省经济体制综合改革试点城市和国家科技改革试点城市。同年6月，中共襄樊市委、襄樊市人民政府下发《关于经济体制改革若干问题的暂行规定》。内容包括：下放经济管理权限；全面推行经济责任制；改革企业人事制度；扩大企业经营管理自主权；改革商品流通体制；改革科技、教育体制等。同年10月，湖北省委、省政府批准襄樊市经济体制综合改革实施方案，扩大了襄樊市在八个方面的管理权限。1984—1990年，襄樊市经济稳步增长，经济体制综合改革初见成效。根据中共襄樊市第六次代表大会精神，在城市工业方面，一手抓扩大生产规模，一手抓企业改革。针对薄弱的城市工业情况，襄樊市积极引进外资，扩大生产规模，发展轻纺工业。1985年12月，襄樊电视机厂年产15万台彩电生产线投入批量生产。同时，还发挥各县（市）的资源优势，陆续开办一批地方国营企业和街道企业。1986年以后，按照中央经济体制改革的要求，襄樊市广泛开展以承包经营责任制为重点的企业改革和技术联合与交流。加上兵器工业部二九五工厂转迁到市区，省属湖北制药厂、鄂北六六厂下放到襄樊市，工业规模迅速壮大，效益也明显好转。1988年，全市预算内工业企业实现利税为61364万元，其中利润24226万元，分别比1983年增长116%和118%。襄樊市也被评为全省综合经济效益先进城市。

2.军工进城助推经济振兴

1984年后，按照中央"平战结合、军民结合、军品优先、保军转民"的方针，驻樊"三线"军工企业开始转产民品，并进行调整迁建。为此，襄樊市委、市政府出台了一系列优惠政策，支持驻樊军工企业由"军"转"民"，调整迁驻襄樊市区。"七五"期间，市委、市政府和驻市军工企事业单位，紧紧抓住国家对"三线"军工单位调整改造的机遇，打破条块分割的格局，坚持"全市一盘棋，军民一体化"，发挥军地两方面的优势和积极性，探索出了一条军工企业和地方经济共同发展的成功之路。从襄樊市辖区内驻有军工企事业单位24家，职工3.54万人，固定资产原值6.84亿元，发展到1990年底，全市已建成军民经济技术联合体35个，参加联合的军民企业100多家，开发民品100多种，其中有20多种产品荣获国家、部、省优质产品称号。工业总产值达3.67亿元，利税4500万元，出口创汇3135万元，分别比"六五"末期增长91.15%、1.5倍和3.5倍，其中民品生产创产值增长2.25倍。军工企业已成为振兴襄樊的一支重要的生力军。

（三）商贸体制改革与对外开放

伴随城市经济体制综合改革全面推开，襄樊商贸体制改革等也迈出了新的步伐。1984年中国三环尼龙拉链有限公司正式成立，开启了襄樊利用外资及港澳台资的先河。自此，襄樊市对外经贸和港澳台贸易的规模、范围、水平逐步发展壮大起来。

1.商贸体制改革

改革开放以来，襄樊市从市情和行业实际出发，不断深化商贸体制改革，大力推进商业管理体制改革、商业企业所有制改革、商品批发体制改革，并取得一定成效。

一是改革商业管理体制。首先，实行政企分开，简政放权，改革商业企业行政管理体制。1984年以后逐步扩大企业的经营、计划、财务、物价、人事、工资、奖罚等权力，到1991年推广"四放开"（经营、价格、用工、分配放开）经验。其次，取消了统购、派购，改革农副产品购销政策。1985年4月，襄樊市取消了实行近30年的粮油统购制度，实行合同定购和市场收购并行的"双轨制"。最后，改革商品管理体制，扩大市场调节范围。到1991年，商业部计划管理的商品由1978年的274种减少为12种，1991年底，国家统一分配的生产资料由256种减少到30种，由分配物资的政府管理部门转为物资经营企业，并出现了经销、代销、联销、经济协作等多种经营形式。

二是改革商业企业所有制。继续在大中型企业全面推行经营承包责任制。在小型商业企业实行"改、转、租、卖"。到1989年，小型企业实行"改、转、租、卖"的已超过85%。还对商业企业进行了股份制改革试点。

三是改革多层次的批发体制。改革日用工业品一、二、三级批发层次。经过1986年以后的治理整顿和深化改革，打破了国营批发企业延续30多年的"三固定"批发模式和"一、二、三、零"封闭式经营，取消了日用工业品流通领域的指令性计划管理的商品，形成"三多一少"的开放式经营的运行机制。新建立贸易中心，探索发展批发市场，1991年，国（营）合（作）商业部门组建的大中型蔬菜、水果批发市场已达600多个。

2. 对外经贸和"三资企业"发展

1984年8月27日，襄樊市首家中外合资企业——中国三环尼龙拉链有限公司正式成立。1985年10月，全市第一家正式投产的中外合资企业——亚太磁带企业有限公司建成投产。到1985年底，全市共批准设立4家外商及港澳台商投资企业，合同外资及港澳台资金额71万美元。1987年，经湖北省人民政府办公厅批准，在全省第一批出口商品基地、专厂（专车间）名单中，襄樊市被批准的有9个基地、17个专厂、7个专车间，占全省批准总数的15.14%。1988年3月，襄樊市获准可以对外直接经营进出口业务；6月，第一家拥有进出口经营权的外贸公司——襄樊市国际贸易公司正式成立。1988年是襄樊市开展自营进出口业务的第一年，这些基地、专厂（专车间）共提供出口货源18092万元，占全市外贸收购总额的32.88%，出口总额为362万美元。出口商品结构也有了新变化，外贸出口商品总额中，农副产品出口占总额的比重上升到21.1%；机电产品出口占总额的比重上升到14.2%。1990年11月13—22日，襄樊市首次派经贸考察团访问日本犬山市。1991年，新批"三资"企业11家，协议投资总额1352万美元，其中外方投资985.8万美元，相当于过去历年兴办"三资"企业的总和。

三、科技教育和精神文明建设欣欣向荣

1985年3月，中共中央作出《关于科学技术体制改革的决定》，5月出台《关于教育体制改革的决定》，为科技体制和教育体制改革明确了任务和方向。襄樊市委、市政府抓住机遇，大力推进科学技术事业和教育事业的改革与发展。面对改革开放和发展商品经济的新形势，我们党在抓物质文明建设的同时，也很注重社会主义精神文明建设，在80年代大力推进"五讲四美三热爱"活动，提升公民思想道德素质和科学文化素质，以适应社会主义现代化建设的需要。

（一）科学技术事业改革与发展

1983年，地市合并后，襄樊市着重抓城乡科技能力建设，建立健全科技工作体系，形成市区以开发研究为主、县（市）以生产应用为主、城镇以服务为主和社（乡）队以示范推广为主的科技网络。

1985年12月，全市科技战线开始进行科技体制改革。主要采用经济办法管理科技工作，对科技三项经费实行切块包干、分层管理，各级政府把科技三项经费列入财政预算，切块专用，并建立科技发展基金，经费实行有偿拨款制度，将地方财政拨款、科技经费回收捆绑在一起，提高科技经费的使用效益。

1988年，全市开展以"双放"为核心的科研机构运行机制方面的改革，市直独立开发科研机构在事业费全部削减到位的基础上，全面实行"三包一挂"，即包科研课题、数量和水平，包科研所发展后劲和技术储备，包效益指标。三包指标与工资、奖金挂钩。同年，市属20多家独立科研机构领办了一批乡镇企业，创收1528.9万元。

1989年8月，襄樊市召开科技兴市大会。市、县（市）区两级先后成立以党委、政府主要领导牵头，科技、教育、计划、经济、农业、组织、财

政、金融等综合职能部门主要负责人参加的科教兴市、兴县（市）区领导小组，并相应成立了由科委牵头的科教兴市、兴县（市）区办公室。全市8个县（市）由省委统一任命了第一批科技副县（市）长，180个乡镇配备了科技副乡（镇）长，部分村、组和办事处配备了科技副村长、组长和主任，形成市、县（市）区、乡（镇）村组四位一体的科技管理体系。

1986—1990年，全市承担省级以上星火计划项目67项，资金总投入3745万元；国家、省级火炬计划项目9项，资金总投入2986万元；国家、省级科技成果重点推广计划项目7项，资金总投入965万元。

（二）教育事业改革与发展

党的十一届三中全会以来，襄樊教育事业有了长足进步，各级各类学校的面貌发生根本性变化，教育教学质量不断提高，为地方经济和社会发展作出了重要贡献。

在1979—1986年期间，襄樊恢复和重建了全市中小学学制，开始使用全国通用教材。学校教育迅速走上健康发展的快车道。自1981年起，各地开始兴办农（职）业中学，中等专业学校和技术学校稳步发展，同时注重发展民办教育、成人教育和其他各类教育，建立自学考试制度，开办电大、函大、夜大、职大和多种形式的岗位培训，开展扫除青壮年文盲工作。1983年，襄樊职业大学成立，标志着襄樊市的高等职业教育起步。1984年，全市开展普及初等教育工作，宜城县、随州市和四个市辖区开展普及初等教育工作。

1986—1991年是襄樊教育事业改革发展阶段。1986年9月1日，全市开始实行"分级办学、分级管理、分工负责"的体制，逐步形成"村办小学、乡办初中、县办高中"的格局。1986年9月，襄樊市政府颁布《襄樊市实施九年义务制教育规划》，提出到20世纪末在全市普及九年义务教育。同年秋，宜城县被评为"全国基础教育先进县"，并代表全国100个先进县在表彰大会上发言。同年12月，省教委批准枣阳县为普及初等教育单位。到1989年，全市各县（市）区均达到"基本无盲县（市）区"，襄樊市教育办学质量和教育水平不断提高。

（三）以"五讲四美三热爱"活动为载体的精神文明建设

"五讲四美三热爱"（五讲：讲文明、讲礼貌、讲卫生、讲秩序、讲道德；四美：心灵美、语言美、行为美、环境美；三热爱：热爱祖国、热爱社会主义、热爱中国共产党）活动是中国共青团在中国共产党的指引下首创的群众性活动，也是新时期社会主义精神文明建设的一项重要工作。1983年3月中共中央成立了"五讲四美三热爱"委员会，提出要把建设文明单位作为今后"五讲四美三热爱"活动的基本形式和基本内容。

1984年5月，襄樊市委、市政府印发了《关于认真贯彻省委、省政府〈关于进一步开展建设文明单位活动的决定〉的意见》，指出，文明单位建设是广大人民群众的一个伟大创造，是把"五讲四美三热爱"活动落实到基层使之经常化、制度化的根本途径；各级党委、政府要坚持两个文明一起抓，要制定文明单位建设的发展规划，并在工作上、组织上、制度上狠抓落实。此后，全市广泛开展文明单位创建活动，并逐步发展到经常化、制度化，从改造环境面貌发展到提高人的精神境界，从创建单个文明单位发展到创建文明城市、文明行业、文明村镇等文明群体，在深度和广度上取得进展。

进入90年代以后，学雷锋活动与搞好本职工作紧密结合，倡导"岗位学雷锋，行业树新风"，向经常化、制度化发展。1990年2月，市文明委印发《关于开展学雷锋活动的意见》，要求进一步宣传雷锋精神，建立新型的人际关系，树立社会主义文明风尚。许多单位把学雷锋与学本地先进典型结合起来。1991年6月，市文明委颁发《十要十不市民守则》，在主要街道竖立大型市民守则宣传牌，通过各种形式的宣传，使市民守则内容家喻户晓。

四、基础设施建设和文化名城风貌逐渐彰显

改革开放后，如何保护和开发襄樊本土历史文化资源，塑造城市特色，实现社会、经济、环境和城市的可持续发展被提上议事日程。在襄樊市委、市政府的领导和全市人民的共同努力下，襄樊城市建设日新月异，城市功能不断增强，其历史文化名城的古城魅力逐渐彰显。

（一）城市规划与道路交通建设

1981年湖北省政府批准襄樊市第3个城市总体规划，进一步明确其城市性质是全国重要的铁路交通枢纽之一，以发展轻纺工业为重点，相应发展电子、建材、机械工业。在城市人口发展规模方面，1985年城区发展到31万人，2000年控制在45万人左右。工业布局按照"分区集中、成组配套、成块发展"的要求，将性质相同、协作关系密切的工厂分区布置。在市政公用设施方面，规划要求完善交通干道体系，建设过境快速公路和步行道系统，做到快、慢、人、车分流。城市主要干道采用三个环的结构方式，即樊城一环、襄城一环与联系两城的中间环。1983年10月，襄阳地区并入襄樊市后，湖北省城市规划设计研究院和襄樊市城市规划管理处联合修编《1988—2010年襄樊市城市总体规划》，把城市性质定位为国家历史文化名城和全国重要的铁路交通枢纽，工业以机械制造、轻纺为主的鄂西北地区中心城市。

改革开放后，襄樊城市建设和基础设施发展日新月异，人民居住、出行环境不断改善。1981年开始先后将前进路、大庆东路、人民路、长征路部分路段、樊城中原路南段、襄城西街和襄城环城东路改建机动车道与非机动车道用绿化带隔开，两侧为人行道的"三块板"式道路。1985年，将襄城原仅7米宽的南街改建成宽39米、长132.2米的"三块板"式道路。到1985年底，先后新建、改建主次干道30条，使市区道路总长达70公里，总

面积达90万平方米，分别比1949年增长83.6%和417.2%，形成四通八达的交通网络。1986—1987年，先后新建或改建了长达5.12公里的道路，面积达96616平方米；新建了市民关心的20项街巷工程、硬化大小泥土路24101平方米。这些成就大大缓解了市区交通拥挤的状况。1988年襄樊市先后完成了50米宽的檀溪路和春园西路拓宽工程，长虹北路拓宽工程4.94公里，面积71020平方米，完成了解放路、陈营一路、建锦路和建昌路等13项民心工程。

1989年10月，襄樊刘集机场试飞成功，结束了襄樊市区无机场的历史。正式通航的刘集机场可起降波音757等大中型客机，先后开通了北京、上海、广州、深圳等10余条航线。襄樊刘集民用机场通航，使襄樊形成了空中、陆地、水上的立体交通网络。

（二）国家历史文化名城建设

襄樊有2800多年建城历史，是楚文化、汉文化、三国文化的主要发源地，具有丰富的历史文化资源。1986年，襄樊市入选第二批国家历史文化名城。建设历史文化名城，凸显古城魅力成为襄樊城市发展的重要内容。在襄樊古城古迹保护开放方面，重点建设襄阳环城公园；扩建米公祠为文化、书法交流中心；整修抚州会馆，修缮山陕会馆、县学宫大成殿；修复广德寺，开辟为旅游景点和佛教活动中心，并纳入隆中风景区范畴。重点保护古城墙、护城河、汉江组成的古襄阳城防御体系，疏浚、挖通护城河，修复西南城墙，重建北大门、东门、西门和南门城楼，恢复江城古堡风貌；扩大隆中风景区范围，突出"幽""青""秀"的特色，力求恢复原有意境；重点保护邓城遗址，建立遗址公园。开辟磁器街特色商业街区和北街仿古传统商业（旅游）文化街区，修复庞公祠、黄承彦故里及水淹七军、凤林关等名胜。

第三章 初步建立社会主义市场经济体制与带领人民群众奔小康

20世纪80年代末90年代初，东欧剧变、苏联解体、冷战结束，世界格局发生重大变化。这种变动，对中国影响巨大。1992年，邓小平发表南方谈话。同年党的十四大召开，明确提出经济体制改革的目标是建立社会主义市场经济体制，要求全党抓住机遇，加快发展，集中精力把经济建设搞上去。中国改革开放和现代化建设进入了新阶段。

襄樊市委、市政府认真学习贯彻邓小平南方谈话和党的十四大、湖北省第六次党代会精神，有序推进社会主义民主法治建设，坚持依法治市，为改革开放和现代化建设营造一个良好的环境。制定襄樊市改革发展的战略部署，带领全市人民逐步把襄樊由湖北的经济大市向经济强市和现代化大城市迈进，初步建立社会主义市场经济体制，人民生活实现整体小康目标。这一时期，襄樊市在民主法治、科教文卫、精神文明和社会民生等方面均获得较快发展，取得长足进步。

一、社会主义民主法治建设和党的建设再上新台阶

1992年，党的十四大提出要积极推进政治体制改革，使社会主义民主法治建设有一个较大的发展。1997年，党的十五大把依法治国提到了党领导人民治理国家的基本方略的高度，提出要在党的领导下，在人民当家作主的基础上，依法治国，发展中国特色社会主义民主法治，建设社会主义法治国家。围绕贯彻党的十四大、十五大会议精神，襄樊市不断加强民主

政治建设，坚持依法治市，为改革开放和社会主义现代化建设营造一个良好的民主法治环境。

（一）加强社会主义民主政治建设

1. 坚持和完善人民代表大会制度

1992年以来，襄樊市人大常委会在中共襄阳市委的领导下，认真履行宪法和法律赋予的职责，各项工作取得显著成效。监督"一府两院"，促进依法行政。市人大常委会加强经常性执法监督，听取并审议法律法规的执行情况，针对执法中的突出问题，或作出决议，或形成意见，督促"一府两院"整改。制定实施《对市"一府两院"实行执法责任制和违法追究制的监督办法（试行）》，形成"执法两制"监督制度化。实行正确监督、有效监督、依法监督。听取并审议市政府关于改革开放和经济建设方面的工作报告124个，检查50余部法律的实施情况，开展32次专题询问和48项专题调研。

推进市人大代表工作制度化、规范化、常态化。认真办理代表议案和建议；密切常委会同人大代表、人大代表同人民群众的联系；做实做细人大代表培训工作。1998年连续4年组织人大代表进行调查、视察，检查组多次分赴有关县市进行重点抽查，听取群众的意见和建议，并提出建议。2002年，市人大常委会组织8个组，重点视察了襄城区、樊城区、谷城县和市直26个部门、单位"创优"进展情况，提出35条建议，转市政府和有关部门研究办理。

2. 坚持和完善政治协商制度

围绕着襄樊市改革发展的重大问题、基层群众关心的热点问题，人民政协很好地发挥了政治协商、民主监督等作用。襄樊市政协拍摄的《人民政协大有可为》电视专题片，在全国和湖北省政协会议上多次播放。1998年8月起，市政协开办《政协论坛》节目，就群众普遍关心的问题发表评论意见建议，加强舆论监督，促成相关问题的解决。2001年，襄樊市政协常委会关于创新政协工作的经验得到全国政协常委会和湖北省政协常委会的肯定。同年，襄樊市政协常委会作为全省唯一一家地方政协代表，在省政协常委工作会上作典型发言。2002年，新华社记者采访襄樊市加强民主政治建设的做法，以《襄樊市民主政治制度创新调查》为题，分上下两篇编发新华社国内动态，并报送中央政治局领导参阅。

3. 扩大基层民主

基层民主直接关系到广大人民群众的切身政治权利，是国家民主政治的基础。襄樊市各基层组织就丰富基层民主形式、拓宽民主渠道进行了大量的探索。南漳县在实践中摸索出一套村民"说事"、民主议事、干部办事、群众评事的新方法，真正让群众当家作主，使村民自治趋于规范化。2002年，中共中央政治局候补委员、中组部部长曾庆红在湖北视察农村"三个代表"重要思想学习教育活动时指出："南漳县界碑头村实行的'请有想法、有困难、有矛盾纠纷的群众到村委会说心里话'的办法很管用，深受群众欢迎。"保康县探索总结出"干部问事、群众说事、集中议事、及时办事、定期评事"的村级"五事"制度，使全县村务管理、决策、监督逐步步入制度化、法治化、规范化轨道，被省民政厅在全省民政工作会议上进行肯定和推广。此外，在全市范围内推行厂务公开并逐步实现全覆盖，使厂务民主管理工作进入制度化、规范化轨道。

（二）加强社会主义民主法治建设

1. 实施"依法治市"

1994年，在襄樊市委、市人大的领导下，市政府下发《关于依法治市实施方案》，提出今后依法治市的目标是：为建立活而有序的市场经济运行机制创造良好的法制环境，保证国民经济持续、快速、健康发展；进一步促进城市文明建设，提高全市公民的法律素质和文明程度，创造良好的社会秩序；进一步促进政府机关自身建设，按照改革开放的总体目标提高政府各部门依法行政、依法办事的能力和水平。实施步骤：1994年为准备和起步阶段，各地、各部门、各单位制定依法治理方案，侧重打基础、造舆论，搞好发动，有重点地推进；1995—1997年为全面实施阶段，全面推进依法治理工作；1998年为提高阶段，总结经验、扬优纠偏，把依法治理工作推向新阶段。这些措施得到国务院法制办的高度评价。

2.依法制定地方政府规章

1992—2002年，襄樊市政府先后出台办法、规定、决定、通知等地方政府规章182个。1991年1月至2001年10月，为了适应改革开放和建立社会主义市场经济体制的需要，以及适应我国加入世界贸易组织的需要，襄樊市政府对本政府发布的文件及其他政策措施进行了清理，废止不适应的文件、宣布失效或修改文件多份。

3.推进全民普法教育

1992年以来，根据中央、省委的统一部署，襄樊市委、市政府组织开展了"二五"（1991—1995年）、"三五"（1996—2000年）和"四五"（2001—2005年）普法宣传教育工作。通过普法教育，向全市人民宣传了宪法、国家基本法律和与工作、生产、生活密切相关的法律法规知识，配合依法治市、依法治县（区）、依法治乡（镇、街道）、依法治村（居委会）、依法治企（校）等工作，促进了襄樊市政治、经济、文化事业和社会事务管理的法治化。

（三）积极推进新时期党的建设

党的十四届四中全会通过《关于加强党的建设几个重大问题的决定》，把党的建设提到"新的伟大工程"的高度，明确提出了党的建设总目标和总任务。党的十五大对党的建设的总目标和总任务提出的要求是"要把党建设成为用邓小平理论武装起来、全心全意为人民服务、思想上政治上组织上完全巩固、能够经受住各种风险、始终走在时代前列、领导全国人民建设有中国特色社会主义的马克思主义政党"。按此要求，襄樊市委不断加强党的思想建设、组织建设和党风廉政建设，扎实开展"三讲"教育，使党的各级组织和全体党员永葆青春与活力。

1.加强党的思想建设

一是学习邓小平理论、"三个代表"重要思想。为了更好地贯彻落实中央、省委精神，深入学习邓小平理论，1993—1996年，市委采取领导干部学习班、"特色理论"培训班、轮训党员干部、专题辅导讲课、发放学习资料等多种形式，深入学习《邓小平文选》和党的十四届三中、四中、五中全会精神，进一步统一思想，提高广大党员干部的理论水平和政治素养。1996年，市委中心组荣获全省干部理论学习"先进中心组"称号，市委宣传部获全省"优秀组织辅导单位"称号，襄阳县获全省"学习先进单位"称号。为了学习"三个代表"重要思想，襄樊市委通过举办领导干部培训班、撰写刊播专题文章等形式，在全市掀起学习、宣传和贯彻落实"三个代表"重要思想的热潮。全市各级党组织和党员开展了"三个代表"重要思想学习教育活动，通过学习培训、对照检查和整改提高，促进党员干部转变工作作风和工作方式，密切了党群、干群关系。

二是开展以"讲学习、讲政治、讲正气"为主要内容的党性党风教育。1998年，中共中央要求在县级以上党政领导班子和领导干部中用整风精神深入开展以"三讲"为主要内容的党性党风教育。2000年5月下旬至8月上旬，襄樊市在县（市）、区级领导干部中开展以"三讲"为主要内容的党性党风教育。全市县（市）、区县级领导干部349名全部集中时间开展"三讲"教育学习。"三讲"教育分"思想发动、学习提高，自我剖析、听取意见，交流思想、开展批评，认真整改、巩固成果"四个阶段。通过开展"三讲"学习教育活动，全市各级干部切实转变作风，解决了群众关心的热点、难点问题，为群众办实事的意识明显增强，取得了"干部受教育、群众得实惠"的良好效果。在这一活动中，还开展了"回头看"活动。2000年3月20日至4月6日，襄樊市认真组织开展了市级领导班子和领导干部"三讲"教育"回头看"活动，收到了预期成效。2000年，中央检查组对襄樊市县（市、区）"三讲"教育工作给予了高度评价。

2.加强党的组织建设

一是建设高素质干部队伍。制定高素质干部队伍建设五年规划，开展干部队伍教育培训，在农村以中国农函大、中央农业广播学校为主体，对基层干部进行短期专业知识培训，在城市开办党政干部外语、微机培训班、中型二档以上的国有企业领导干部和后备干部工商管理知识培训班。建立有利于高素质干部队伍的人才机制，着力构建公开、平等、竞争、择优的干部选人机制。从1995年开始，市委率先在全省以"双推双考"方式选拔县级领导干部。从1996年开始，党政机构中层干部实行竞争上岗，并逐步扩大到事业单位。同时，严把入口关，实行任前公示制度。

二是加强基层党组织建设。重视党的基层组织建设是我们党区别于其他政党的显著优势，1992—2002年，襄樊市党的基层组织从少到多、从弱到强，不断发展壮大，成长为拥有14283个基层党组织，基层委员会763个、总支委员会932个、支部委员会12587个的强大组织力量。襄樊市党的基层组织建设取得了重大进展和显著成就，基层党组织的创造力、凝聚力、战斗力不断增强。襄阳县太平店镇、老河口市仙人渡镇被评为"中国乡镇之星"，老河口市光化办事处被评为"中国街道之星"，襄阳县双沟镇双北村民委员会被评为"全国模范村民委员会"，市郊区王寨乔营村民委员会主任黄志付被评为"全国优秀村民委员会主任"。

3.加强党风廉政建设

一是加强党风廉政教育。市委把党风廉政宣传教育纳入党的宣传教育工作总体部署，形成党委统一领导、纪委组织协调、部门各负其责、群众积极参与的宣传教育工作格局。通过抓党纪政纪条规知识教育、竞赛，抓示范教育，抓导向教育的形式，对全市党员干部进行党风廉政教育。1998年，市纪委选取多位事迹突出、具有教育意义的典型，组成"廉政勤政先进事迹报告团"，在全市巡回报告。组织收看《以共产党员的名义》《痛悔与反思》《局长请客》《为人民服务树行业新风》等优秀剧目和宣传党规党纪的电视片，教育和引导广大党员干部争做党风建设的模范。

二是落实廉洁自律"五项规定"。1993年8月和1994年2月，中纪委连续发布两个领导干部廉洁自律"五条规定"。为落实"五条规定"，市纪委组织开展以个人自查、单位审查、全市检查为主的"三查"活动，对全市党政机关县级以上干部廉洁自律情况进行了拉网式检查。至1994年，全市共有139个党政机关和具有行政管理职能的事业单位开展自查自纠工作，参加人数为1604人，包括各级领导干部。1995年，全市5370个党政机关、基层站所和国有企事业单位，全部召开领导班子廉洁自律专题民主生活会，纠正领导干部不廉洁行为。

二、湖北经济强市建设步伐日益加快

1992年春天，邓小平到南方视察并发表重要谈话。襄阳市委、市政府认真学习邓小平南方谈话、党的十四大、湖北省第六次党代会精神，制定襄樊市加快改革发展的战略部署：按照建立社会主义市场经济体制的要求，初步建立社会主义市场经济体制；带领全市人民逐步从湖北经济大市向湖北经济强市和现代化大城市迈进；解放思想，抓住机遇，大胆提出"再造一个襄樊"的奋斗目标。

（一）国有企业改革提升企业竞争力

党的十四届三中全会审议通过的《中共中央关于建立社会主义市场经

济体制若干问题的决定》(以下简称《决定》)指出:建立社会主义市场经济体制,就要使市场在国家宏观调控下对资源配置起基础性作用。围绕贯彻《决定》,市委、市政府领导襄樊着力推进国有企业改革,深化农村改革,加快宏观管理体制改革,全面建立现代市场体系,奋力向湖北经济强市迈进。襄樊市先后实行了破"三铁"、股份制改革和建立现代企业制度来推进襄樊的国有企业改革。

1. 破"三铁"

所谓"三铁",是指"铁饭碗"、"铁工资"和"铁交椅",是一场针对我国国营企业劳动、工资和人事制度的改革。1992年开始,襄樊市掀起了"破三铁"的改革浪潮。按照先行试点、推广经验、出台政策、全面部署的工作思路和方法,市钢铁厂首先开展搬掉"铁交椅",打破"终身制"的改革试点,取得了很好的效果。市委、市政府进一步提出1992年全市"破三铁"工作目标。与此同时,有关职能部门相继出台多项政策、法规,支持企业"破三铁",转换企业经营机制。至1992年底,全市54%的工业企业进行了人事制度改革,全市62%的工业企业进行了劳动制度改革;1993年,实行计件工资、岗位技能工资、超定额计件工资、效益工资、承包工资,收入与经济效益挂钩考核的职工面达到90%以上。

2. 股份制改革

市委、市政府为了使改革向纵深推进,决定实行股份制改革。1988年11月,襄南医药化工厂采取募集职工、村民入股方式,成为襄樊首家试行股份制的企业,效果显著,该厂开创的"襄南模式"点燃了襄樊大地上股份制改革的星星之火。

1992—1994年,乔营股份有限公司、市钢铁公司、卧龙饭店、工交战线有关企业等纷纷进行股份制改革,转换企业经营机制。至1994年底,全市已累计改建股份制企业149家,总股本达11.57亿元。

1996—1998年，股份有限公司组建和改制进展较快，股份制企业运行逐步规范，在健全法人治理结构、完善决策程序和规章制度等方面，取得一定成效。截至1998年，全市股份有限公司达73家，股本总额达21.15亿股；全市有限责任公司达1300多家；金鹏、车桥、鼓楼、万众、万宝、拓新等股份公司上市工作取得长足进展。

1999—2000年，股份制企业增资扩股和上市取得重大进展。股份制企业增资扩股5088.8万股；襄阳轴承、湖北化纤2家上市公司成功配股，募集资金5亿元；东风汽车公司成功上市，股本总额100000万股。新华光公司、中国航空救生公司、回天胶业公司、拓新公司4家股份制公司已经进入上市辅导阶段。股份制企业的发展，缓解了企业资金压力，拓展了企业发展空间，增强了企业发展后劲。

3.建立现代企业制度

由计划经济体制转向市场经济体制，必然要求建立现代企业制度，而公司制是现代企业制度的主要形式。1993年11月召开的党的十四届三中全会，明确提出现代企业制度的基本特征是"产权清晰、权责明确、政企分开、管理科学"，并指出国有企业实行公司制，是建立现代企业制度的有益探索。按照党的十四大、中共十四届三中全会的会议精神和要求，襄樊市工业企业也迈出了建立现代企业制度的步伐。1994年2月，市委、市政府决定推荐湖北化纤总公司参加全国百户现代企业制度试点，推荐金鹏、车桥、襄钢、襄重等企业参加全省40户现代企业制度试点，全市选择20户企业进行市现代企业制度试点。为进一步推进国有企业改革，建立产权清晰、权责明确、政企分开、管理科学的现代企业制度，襄樊市委、市政府根据本地企业实际情况，将具备条件的国有大中型企业，单一投资主体的依法改组为独资公司；将多个投资主体依法改组为有限责任公司或股份有限公司；将一般小型国有企业采用承包经营、租赁经营、股份合作制、出售等多种形式。截至2000年，湖北化纤集团有限公司和东力工业公司等企业，明确了股东会、董事会、监事会和经营管理层的职责，建立了现代企业制度，36家国有大中型企业初步建立现代企业制度。

襄樊市采取的这些措施，增强了企业活力，有力地推进了工业强市建设和社会主义市场经济建设。截至2002年，襄樊市工业总产值达到313.3亿元，是1992年的2.7倍，其中大型企业工业产值达到174.2亿元，占55.6%。

（二）二汽襄樊基地建设促进城市发展

20世纪80年代初期，第二汽车制造厂（现东风汽车集团有限公司）抓住国家汽车工业发展战略机遇，实施十堰—襄樊—武汉的"三级跳"发展战略，在襄樊市开辟生产基地，揭开了襄樊市汽车工业发展的序幕。

襄樊市汽车工业因东汽而生，因东汽而兴。建设二汽襄樊基地，大力发展汽车整车及零部件制造业，使襄樊汽车产业实现了从零部件到整车、从低端到中高端、从传统动力汽车到新能源汽车、从单一的汽车制造业向汽车产业化发展的历史性迈进，并跻身全国知名汽车城市行列，带动了襄樊经济社会的快速发展和城市建设的突飞猛进。

1.汽车及零部件产业成为全市龙头支柱产业

1983—1991年，二汽襄樊基地建设经过8年的发展，已经奠定了较好的发展基础。自1991年后，襄樊市汽车产业伴随着二汽襄樊基地的发展步入快速成长时期，经过十年的培育和发展，以整车为龙头、以汽车总成为骨干、以零部件为依托的汽车制造业格局逐步形成，汽车产业迅速成长为全市的支柱和龙头产业。

1993年，全市汽车工业实现产值36.8亿元，首次超过纺织工业，成为襄樊市工业第一支柱产业。2000年，全市汽车工业产值首次突破百亿元大关，占全市工业总产值的39.5%，其中东风公司襄樊基地完成70亿元产值。

进入21世纪后，襄樊市汽车产业步入高速发展阶段，汽车产业链延长，市场配套扩大，辐射面拓宽，对全市经济的拉动力持续增强。到2002年，全市汽车工业实现产值占全市工业总产值的1/3以上，汽车"板块"税收成为全市第一大税源，汽车产业吸纳的就业人数占全市在岗职工人数约1/3，汽车产业成为拉动全市社会经济发展的第一引擎。

2.襄樊成为名副其实的中国内陆汽车城

改革开放以来，东风汽车公司襄樊基地已投资百亿元，全市汽车及配套工业应运而生，并逐渐发展成为全市支柱产业，汽车及零件产业在全国的地位逐年提高，襄樊已经成为名副其实的中国内陆汽车城。

一是规模不断发展扩大。东风汽车公司襄樊基地拥有以东风汽车股份有限公司为龙头的国有大型企业群，以神龙公司襄樊总厂、康明斯加工有限公司为骨干的中外合资、外资独资企业群，组成总资产超过100亿元的"汽车工业群体部落"，实现汽车工业产值超过100亿元，利税超过10亿元。截至2002年，全市汽车工业企业已发展到130家，汽车工业产值达到217.3亿元。

二是企业发展水平不断提升。东风汽车公司拥有亚洲一流的汽车试车场；拥有国内一流的发动机厂、车桥厂、铸造厂和轻型车总装厂，东风柴油发动机和康明斯发动机成为中国柴油发动机行业领跑者；轻轿开发中心的科研设施处于国内领先水平；东风车桥有限公司成为国内最大的商用车桥企业；东风重型车桥公司成为全国汽车工业50强。

三是国内外市场占有率不断提升。康明斯发动机、轻型车销售量稳居全国市场第一位和第二位；东风小霸王系列轻卡在满足国内市场需求的同时远销东南亚；神龙公司襄樊总厂的4种产品，从1999年起连续4年返销法国。

3.二汽襄樊汽车产业开发区提升襄樊的产业层次

一是优化调整了三大产业结构。汽车及其配套工业的快速发展，不仅提升了全市工业规模水平，而且带动了汽车商贸、物流、维修、研发、旅游及商业地产等产业的发展，加速了襄樊三大产业结构的优化调整。1992年，一、二、三产业增加值占GDP的比重分别为37.3%、40.5%、22.2%，其中工业增加值占GDP的比重为36.3%，而汽车工业增加值对工业增加值的贡献率为17.8%。2002年，一、二、三产业增加值占GDP的比重分别为22.7%、45.5%、31.8%，其中工业增加值占GDP的比重为41.2%，而汽车工业增加值对工业增加值的贡献率为84.23%。

二是促进轻纺工业为主向重工业为主转变。随着襄樊市汽车工业及其配套产业的发展，全市轻重工业结构发生了明显变化，逐步从轻工业为主转变为以重工业为主。2000年以前，襄樊是以轻纺工业为主的城市，2000年开始襄樊发展为以重工业为主的城市。1992年，襄樊市轻工业产值为28.72亿元，重工业产值为86.17亿元，轻、重工业产值比为25：75。1995年，轻工业产值为150.5亿元，重工业产值为129.7亿元，轻、重工业产值比为53.7：46.3。2000年，轻工业产值为123.9亿元，重工业产值为134.5亿元，轻、重工业产值比为48：52。2002年，轻工业产值为100.65亿元，重工业产值为219.43亿元，轻、重工业产值比为31.4：68.6。

（三）支持民营经济发展增强经济活力

党的十五大召开后，在党的"允许和鼓励民营经济发展"的政策指引下，市委、市政府高度重视民营企业的发展，提出"县域经济应坚持以民营经济为主"的发展战略，并出台了一系列支持和鼓励民营经济发展的举措。

一是学习借鉴闽浙民营经济发展经验。1998年襄樊市委领导带领各县（市、区）有关部门负责人，赴浙江、福建等地考察，学习发展民营经济经验，《襄樊日报》连续发文，介绍厦门、温州、泉州、石狮、义乌发展民营经济经验，以此推动襄阳民营经济的发展。后来，市政协又组织多人赴闽浙考察个体私营经济，随后召开了赴闽浙考察个体私营经济报告会，分享交流发展经验，促进襄樊市民营经济发展。

二是出台支持民营经济发展政策。1998年2月，市委、市政府出台《关于加快发展民营经济的意见》，提出"十个放宽"政策。1998年3月10日，市委、市政府根据党的方针政策和国家有关法律法规，印发《关于发展个体私营经济若干政策的暂行规定》，出台了15条鼓励个体工商业和私营企业发展的优惠政策，促进我市个体私营经济快速健康发展。2002年7月31日，市委、市政府下发《关于进一步加快民营经济发展的意见》，进一步放宽经营范围和经营条件；加大政策扶持力度，促进规模型、农副产品加工型和科技型、外向型民营经济发展；拓宽民营经济融资渠道；进一步优化民营经济发展环境，切实维护民营经济合法权益。

在市委、市政府大力扶持下，襄樊市民营经济得到迅猛、健康的发展，民营企业迅速向工业和农林牧渔发展，向运输、房地产、物业管理、科技、咨询等领域延伸，呈现企业数量增加、经济规模扩大、经营质量提高的良好发展势头。至2002年，全市民营经济经营户达到14.6万家，从业人员46.34万人，民营经济增加值达256.84亿元，占全市国内生产总值的56.2%，实现了市委、市政府提出的民营经济占全市经济"半壁河山"的目标；上缴税金9.65亿元，占全市财政收入的63.9%。

三、科教文卫和精神文明蓬勃发展

（一）科技教育文化卫生事业的发展

1.科技兴市

1990年，襄樊市十一届人大二次全体会议作出了"科教兴市"决议。

随后，市政府制定了《1991—2000年襄樊市科教兴市战略实施纲要》，全面落实"科学技术是第一生产力"的思想，认真贯彻"经济建设必须依靠科技进步，科学技术工作必须面向经济建设"和"面向、依靠、攀高峰"的基本方针，推动"科教兴市"不断发展，取得了显著成效。

一是激发科研机构和科技人员的活力。允许科研单位主动走向市场，这样，科技开发能力和生产经营能力明显增强。"八五"计划实施期间，全市科研机构54家，各类专业技术人员近14万名，综合科技实力居全省第二位；共取得各类科技成果600多项，其中获国家、省、市科技进步奖250多项，有516项发明获得申请专利，实施专利180多项，累计创产值8亿元，新增利税9000多万元，节约资金3500多万元。"八五"期间，每年都有450多名科技人员下厂下乡，开展技术服务，传授科学技术，解决了一大批技术难题，有力地促进了襄阳的经济发展。

二是实施科技兴工和科技兴农战略。科技兴工方面，"八五"期间，首先是安排改造、引进项目816个，培植了一大批拳头产品和支柱产业，增强了经济发展的整体实力。其次是抓新产品开发，提高产品档次。新产品产值率由"七五"的10%提高到"八五"的16.2%，贯通车桥等160个产品达到国际国内先进水平，山地车等600多种新产品填补了省内空白或达到省内先进水平。再次是有计划、有重点地推广应用新技术、新工艺，取得了节电节煤、节油等综合经济效益。最后是建立健全企业技术开发机构，增强企业技术开发能力。科技在工业经济中的增长份额由39%提高到44%。科技兴农方面，首先是建立完善了农村科技推广服务体系。各县（市）都建立了农技推广中心，95%的村有农业技术员，建有10万个科技示范户。其次是加快推广农业先进技术。"八五"期间共推广农业新品种120项、新技术200项，共增产粮食1亿公斤、棉花18万担、油菜籽5300万担。最后是狠抓农业科技攻关。"八五"期间共安排农业科技攻关项目200多个，先后培育出了小麦6090、水稻D优10等一大批农业技术成果。

三是抢占经济发展和科技进步制高点。按照省政府办公厅关于襄樊高新技术产业开发区"大力发展军工、高新技术等先导性产业，将开发区建成具有国内外先进水平的高新技术产品基地和襄樊市对外经济合作的窗口"的要求，大力培育和发展高新技术产业。"八五"末有33家骨干企业从事高新技术产品开发，18家企业被省科委认定为高新技术企业，全市形成了以微电子技术、机电一体化、新材料、精细化工为主的高新技术产业，产值51.7亿元，利税4.61亿元，创汇1167万美元。引进和嫁接高新技术。"八五"期间共引进国内外先进技术项目113个，开发7个领域的200多项系列产品，其中39项达到国际80年代中后期水平、52项处于国内领先水平。加强自主开发与研究。先后组织"星火""火炬""军转民"等项目500多个，取得科技成果158个，属于高新技术领域的有91个，其中相当一部分达到国际一流水平，85%以上填补了国内空白，形成了特种光学玻璃、高电压复合绝缘子装置等一大批上规模的高新技术产品。

2. 教育兴市

1993年，市委、市政府下发相关文件，在教育体制、教育结构等方面进行重大改革，形成了国家办学为主、社会办学为辅的新体制；基础教育、职业教育、高等教育、成人教育等适应经济发展、适应多层次人才需求的合理教育结构日臻完善；教学设施、办学条件不断改善，电化教育走进各类学校；"两基"教育成效显著。1998年，全市提前两年完成20世纪内扫除青壮年文盲的任务，全市青壮年非文盲率达到99.1%；1999年，全市提前一年全部通过省政府"普九"验收，全市"普九"人口覆盖率达到100%。谷城县被评为国家"两基"工作先进单位，襄樊市被授予湖北省推进"两基"工作成就奖，宜城市、枣阳市、保康县被评为湖北省"两基"工作先进县（市）。

一是职业教育拓开新路。襄阳农校、襄阳卫校和襄樊体校优化专业结构、改革办学模式，为全市经济发展培养了大量实用人才，为国家输送了大批优秀运动员、体育骨干，被国家教委授予"全国重点中等职业学校"称号。谷城县黄畈乡职业初级中学坚持为当地经济服务的办学方向，把学校办成了集教学、生产、科技服务于一体的实体。时任省委书记关广富批示："这种既有扎实的文化素质，又能直接为本地经济服务的办学形式是职中发展的方向。"1994年，该校被国家教委授予"全国农村教育综合改革先进单位"称号。同年6月，时任国务院副总理李岚清视察襄樊市，对襄樊市大力发展职业技术教育、服务当地经济的做法给予较高评价。1998年，市政府根据全市急需专业技术人才的实际，制定下发《关于加快职业教育改革与发展的决定》，进一步促进和加快了全市职业教育发展，全市各级各类职业学校在校生达到5.94万人，比上年增加7900人。

二是高等教育取得重大突破。针对襄樊无本科院校，与科教兴市要求不配、与大城市地位不配的问题，1998年国家教委同意将襄阳师范专科学校、襄樊职业大学、襄樊教育学院合并组建襄樊学院。2000年8月，省政府批准同意在襄樊师范学校、襄樊农业学校、襄樊卫生学校、襄樊财税贸易学校的基础上，建立襄樊职业技术学院。

三是教师素质和教学质量不断提高。通过开展向优秀教师童淑英同志学习活动、大力表彰优秀教育工作者、创建"十星级学校"活动、实行"民转公"为教师办实事等，教师爱岗敬业、社会尊师重教的氛围日益浓厚。襄樊四中、襄樊五中、襄樊铁路第一中学成为"省级示范学校"；高考上省线人数逐年攀升，1995年起一直处于全省前列，2001年首次突破万人大关，达到11460人，占全省1/10；老河口市洪山嘴办事处杨家湾小学五年级学生王小嫣获全国"十佳春蕾女童"称号，并受到江泽民同志接见。

2002年末，全市有各级各类学校2326所，其中：高校3所，在校生2.57万人；普通中等学校326所，在校生44.32万人；小学1922所，在校生50.99万人；幼儿园75所，在校生4.67万人；教师5.39万人。

3. 文化事业

1993年，全市开展文化事业管理体制和运行机制的改革，激发了文化机构和文化工作者创作创新的积极性，并取得了较好的经济效益和社会效益，推动了襄樊文化事业的大发展。

一是新闻出版业繁荣发展。《襄樊日报》围绕市委、市政府的中心工作开展新闻宣传，突出中心宣传报道，办出了特色，且硕果累累。其中《农民赶信息潮》《我市党政机关放手让民营企业调"良驹"》《这就是陈鼎益》《工地深处有人家》等获得湖北新闻一等奖；《鄂北岗地成为襄樊米粮仓》等获全国地市州报一等奖；《单桨难行船》等获中国地市报一等奖。2000年9月，《襄樊日报》被第八届全国地市州盟报新闻摄影年会评为"贯彻图文并重最佳报纸"。1993年9月，长达160万字的《襄樊市志》出版问世，忠实地记述了襄樊几千年绚丽的历史，详尽地反映了襄樊近百年来的沧桑巨变，尤其展现了襄樊人民在中国共产党的领导下推翻帝国主义、封建主义和官僚资本主义三座大山，把一个贫穷落后的旧襄樊建设成为初步繁荣昌盛的新襄樊的巨大成就。另外，还编辑出版了《襄樊年鉴》《襄樊当年今日》《襄樊之最》《襄樊改革开放大事记》《襄樊行政区划沿革》《襄樊劳模名录》等，真实再现了襄樊历史。

二是"五个一工程"成果显著。1996年《刘秀还乡》荣获中宣部五个一工程奖等多项大奖。其中编剧孟兆田、胡应明获得文化部文华编剧奖，演员宋千进（饰刘秀）荣获文华表演奖。1996年，襄樊籍军旅作家陈怀国的报告文学《洞天风雪》获全国五个一工程奖。襄樊作家王伟举的长篇报告文学《汾清河的儿女们》获湖北省五个一工程提名奖。1998年，襄樊市举办精神文明建设首届五个一工程奖评奖活动，市实验豫剧团创作演出的话剧《好人童淑英》，市歌舞剧团创作的歌曲《民以食为天》《长江第一坝》和市京剧团创作的京剧《水调歌头·仲秋》分别获戏曲、歌曲类五个一工程奖。2000年，湖北省宣传部授予襄樊市广播电视局录制的广播剧《离情人》湖北省第三届精神文明建设五个一工程奖优秀作品奖。

4.卫生事业

襄樊先后建成一批医疗基础设施，并引进一大批先进医疗检测设备，医疗技术装备水平不断提升。市中心医院、市中医院、市第一人民医院建成"三级甲等"医院，医疗质量不断提高。农村三级保健网、合作医疗、乡村医生队伍"三大支柱"建设成效显著，农村卫生工作不断加强。卫生防病治病取得实效，1995年襄樊市基本消灭麻风病。

（二）精神文明建设的发展

党的十四届六中全会通过的《中共中央关于加强社会主义精神文明建设若干重要问题的决议》，对今后一个时期我国加强精神文明建设提供了指引。为了贯彻落实这个决议，市委印发《关于贯彻落实党的十四届六中全会精神加强社会主义精神文明建设的实施意见》，组织和发起了以塑造"四个形象工程"，创建文明城市、文明村镇、文明行业为主要内容的群众性活动，及时树立了一大批文明单位和以实干局长陈鼎益、公仆书记陈炜波、优秀村党支部书记孙开林、优秀教师童淑英、贴心民警崔德新、抗洪英雄付文明为代表的先进典型，号召全市上下向他们学习。

为贯彻落实省委六届四次全体（扩大）会议提出"团结拼搏、求实创新、抢前争先、实干快上"的"湖北精神"，市委在八届三次全体（扩大）会议上，明确提出了要大力弘扬"团结拼搏、争先创优、艰苦奋斗、实干兴市"的"襄樊精神"。凝聚和激励全市上下以高昂的士气和饱满的热情，奋力实现"九五"宏伟蓝图，以崭新的精神风貌、较强的经济实力，胜利

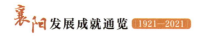

跨入21世纪。

四、推进民生工程谱写现代化大城市新篇章

1993年，市委、市政府发出了向现代化大城市迈进的战略部署，积极推进襄樊名城建设、重点工程建设，实施科技兴市战略，鼓励民营经济等多种所有制经济发展，使襄樊现代化大城市建设取得积极进展。

1996年，建设部公布襄樊市为大城市。2000年，国务院正式批准了襄樊市跨入大城市后的第一个城市总体规划。这也是襄樊市首部被国务院批准的《襄樊市城市总体规划》，开创了襄樊城市总体规划的先例。2001年，国务院同意撤销襄阳县，设立襄樊市襄阳区，调整襄樊市市辖区部分行政区划。至此，襄樊大城市规模进一步扩大，实力进一步增强，为建成现代化城市奠定了基础。

（一）挖掘历史底蕴以加快名城建设

1991年9月，市委、市政府根据改革开放、经济发展的需要和全市人民的共同意愿，决定以迎接全国历史文化名城会议在襄樊市召开为契机，开展大规模的名城工程建设。1992年，市委、市政府召开加快名城建设动员大会，市委成立以市委书记任总指挥长的襄樊历史文化名城建设总指挥部，负责领导指挥全市名城工程建设。其间，完成了古城墙恢复、北街修复改造、园林绿化、文物修复、长虹大桥后期修复及配套工程、市场建设、市政配套及环保工程、县（市）配套工程等十大工程、50个项目，总建筑面积654002平方米，总投资51731.11万元。修复和兴建了仿古一条街、多宝佛塔、古城墙、昭明台、绿影壁、仲宣楼、米公祠、文渊阁等一大批文物古迹，大大丰富了历史文化名城的内涵，一举改变了襄樊"有历史无文化"的状况。发掘了一大批有价值的历史文物，其中王树岗遗址的发现，打开了襄樊市发现夏文化的先河，填补了襄樊此时期考古学文化的空白；

宜城顾家坡新石器遗址的发现，对研究南北人类文化的交汇具有一定的意义；襄阳四中东汉墓群的发现，为襄阳城的历史沿革研究提供了重要线索。同时，市委通过硬件、软件建设，不断提升襄樊名城建设水平，促使襄阳走向全国并进而走向世界。

（二）通过重点工程建设以完善城市基础设施

1. 襄樊火电厂等一大批电力工程增强了电力保障

20世纪90年代初，电力短缺严重制约襄樊发展，随着经济的发展，电力缺口更大。为了解决电力短缺制约发展的瓶颈问题，市委、市政府实施水电与火电开发并举战略，先后建设并建成了襄樊火电厂、王甫洲水电站、白水峪水电站、过渡湾水电站、寺坪水电站、庙子头水电站和杨家峡水电站等一大批火电厂或水电站。同时完成了农网改造工程。电力基础设施居全省第二，大大改变了电力短缺的局面。

2. 汉江长虹大桥等改变了"交通肠梗阻"

改革开放后，襄樊经济快速发展，城市化进程加快，对市内交通提出了更高的要求。但此时汉

1992年5月1日，汉江长虹大桥正式通车（融媒体记者王虎供图）

江上只有一座公路、铁路两用的襄樊大桥。为了缓解城市交通紧张状况，1984年市委、市政府决定建设第二座汉江大桥——汉江长虹大桥。1986年初，国家计委正式批准兴建襄樊汉江长虹大桥，并把它列为国家"七五"期间湖北省重点项目。襄樊汉江长虹大桥历时六年，于1992年正式通车。襄樊汉江长虹大桥的通车，不仅解决了过江车辆堵车的"肠梗阻"难题，更主要的是打通了连接南北的大通道，提升了襄樊内外的交通能力，改善了襄樊的投资环境，为襄樊经济发展插上了腾飞的翅膀。

第四章 全面建设小康社会与逐步完善社会主义市场经济体制

2002年，党的十六大召开。大会明确了全面建设小康社会的奋斗目标，强调21世纪头20年是一个必须紧紧抓住并且大有作为的重要战略机遇期。党的十六大以后，我国积极推动经济社会全面、协调、可持续发展，完善社会主义市场经济体制，发挥市场在资源配置中的基础性作用，加强和改善宏观调控，推动经济又好又快发展。2007年，党的十七大阐述了中国特色社会主义道路的基本内涵，提出实现全面建设小康社会目标的新要求。我国不断深化改革、扩大开放，加快推进以改善民生为重点的社会建设，成功应对各种风险挑战，为全面建成小康社会打下坚实基础。党的十六大、十七大为襄阳市深化改革，全面建设小康社会明确了目标，指明了方向。

2010年，中华人民共和国国务院和湖北省人民政府同意襄樊市更名为襄阳市。从此，古城襄阳焕发了生机，各方面的建设蒸蒸日上，迈入了发展的快车道。

一、民主法制建设和体制创新成效显著

（一）中国共产党襄樊市第十次代表大会召开

2004年12月28—31日，中国共产党襄樊市第十次代表大会在南湖宾馆召开。大会听取、审议、通过田承忠同志代表九届市委所作的题为《求真务实，加快发展，为把襄樊建设成为名副其实的省域副中心城市而努力

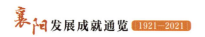
奋斗》的工作报告。

（二）中共中央总书记胡锦涛到襄樊调研

2005年8月21—23日，胡锦涛同志来到襄樊，就"十一五"时期中国经济社会发展和落实科学发展观进行调查研究。在襄樊期间，胡锦涛先后到风神襄阳汽车有限公司、东风康明斯公司、襄阳正大农业开发有限公司等企业进行实地调研，进车间、到班组，与企业领导和员工共商改革和发展方略。在襄十高速公路襄阳互通立交桥，胡锦涛同志听取了省高速公路建设情况的汇报，为襄樊市的进一步发展作了重要指示。

（三）中共襄樊市委号召向聂海胜同志学习

2005年10月12日上午，中国航天载人飞船"神舟"六号成功发射，聂海胜执行了此次航天飞行任务。聂海胜作为承担这一光荣飞行任务的航天员之一，已经成为中华民族的骄傲、家乡人民的自豪。

聂海胜是枣阳人，1964年10月出生，1983年6月入伍，1986年12月入党。1987年毕业于空军第七飞行学院，曾任空军航空兵某师某团司令部领航主任，安全飞行1480小时，被评为空军一级飞行员。1998年1月正式成为我国首批航天员，2003年9月成为中国载人航天首飞梯队航天员，2005年10月执行了神舟六号飞行任务。2005年10月，中共襄樊市委、襄樊市人民政府、襄樊军分区作出关于开展向聂海胜同志学习活动的决定。

（四）积极推进法制宣传教育工作

1978年12月，党的十一届三中全会明确提出发扬社会主义民主、健全社会主义法制，法制宣传教育工作重新得到各级党委和政府的重视。根据中央统一部署，襄樊市从2001年到2010年，顺利实施了"四五""五五"全民法制宣传教育工作。

1.开展"四五"普法工作

2001年初，市委召开专题会议对"四五"普法工作进行安排部署，市人大及时作出了《关于进一步加强法制宣传教育的决议》。市政府组织市普法依法治市领导小组的部分成员单位面向全市开展了广泛的调查研究，科学制定了全市第四个五年普法依法治理规划。同时，在编制全市经济和社会事业发展"十五"规划时，也将普法依法治理工作纳入了规划内容，并把年度普法依法治理工作纳入对各县（市）区和市直部门的目标考核内容。为保证普法依法治理工作落到实处，市委、市政府每年坚持研究普法依法治理工作，先后9次听取工作情况汇报，4次就经费保障、队伍建设、领导干部培训、重大活动的组织等作出决定，及时研究解决工作中的困难和问题。

2. 开展"五五"普法工作

从2006年开始，全市进入第五个五年法制宣传教育规划时期。2006年下半年，市政府召开了全市第十四次普法依法治理工作会议，全面总结了"四五"普法依法治理工作的经验，对全市"五五"普法依法治理工作进行了动员部署。至2007年上半年，全市"五五"普法依法治理工作实现了全面开展，进入实施阶段。

在"五五"普法期间，全市注重形式创新，不断增强普法效果。市、县两级普法办与有关媒体协作开设普法栏目，制作法制类节目，开展了丰富多彩的法制宣传活动。市电视台开办的《法庭内外》、市广播电台开办的《法律专线》、保康电视台开办的《法治保康》等市、县级媒体栏目，在法制宣传教育工作中发挥了积极作用。2008年，开通"襄阳普法网"，设置15个各有特色的法制栏目，并实现与"中国普法网""中国法制网""湖北法治网"的链接。各级法制宣传教育部门先后与妇联、团委、工商、公安、税务、计生、卫生和食品药品监督管理等部门密切协作，开展"送法下基层"活动120余场次。全市还以"12·4"法制宣传日、"3·15"消费者权益保护日、"6·5"环境保护日、"6·25"土地日、"6·26"禁毒日、

"税法宣传月"、"水法宣传月"等为载体，开展丰富多彩的主题宣传活动。2009年5—6月，市人大常委会组织全市各级行政机关、司法机关参加省人大开展的监督法知识竞赛活动，参与者达4万多人。普法和文艺工作者创作出上百部人民群众喜闻乐见的法制文艺作品，深入基层演出近400场次，放映法制类电影97场次，并组织了一批优秀节目参加上级组织的文艺会演和竞赛，获得了较好的成绩。

（五）党政机构改革与时俱进

政府机构改革是深化行政管理体制改革的核心内容。改革开放以来，围绕解决行政管理体制与经济社会发展不相适应的突出问题，市委、市政府按照党中央、国务院和省委、省政府安排部署，先后组织实施了2004—2005年机构改革和2009—2010年大部制机构改革，通过改革，政府职能定位更加明确，组织结构不断优化，行政效能逐步提高，为促进全市经济社会发展提供了体制保障。

1.政府职能向经济调节、市场监管、社会管理和公共服务转变

2003年3月，国务院启动了改革开放以来第五次大规模机构改革，提出改革的目的是进一步转变政府职能，改进管理方式，推进电子政务，提高行政效率，降低行政成本。改革目标是逐步形成行为规范、运转协调、公正透明、廉洁高效的行政管理体制，并特别提出了"决策、执行、监督"三权相协调的要求。这次改革回应了当时社会经济发展中的突出问题，进一步转变了政府职能。

根据党的十六大、十六届二中全会关于深化行政管理体制改革的精神和《省委办公厅、省政府办公厅关于市州县政府机构改革的意见》的要求，市委、市政府于2004年11月印发了《市级人民政府机构改革实施意见》。这次改革按照完善社会主义市场经济和推进政府体制改革的要求，围绕转变政府职能，调整和完善政府机构设置，科学规范政府部门职能，改革管

理方式，提高行政效率，着力建设行为规范、运转协调、公正透明、廉洁高效的行政管理体制。

经改革调整，市政府共设置工作部门30个、特设机构1个、部门管理机构3个、议事协调机构的常设办事机构2个。其中监察局与纪律监察委员会机关合署办公，列入政府工作部门序列，不计入政府机构个数。

按照完善社会主义市场经济和适应加入世贸组织的要求，此次改革重点十分突出，即按照精简统一效能的原则，调整、优化政府组织机构，深化国有资产管理体制改革，完善地区经济宏观调控体系，健全金融监管体制，推进流通体制改革，统一内外贸职能，加强食品安全和安全生产监管体制建设；按照权责一致的原则，合理划分事权，理顺条块及行政层级之间的关系界定部门之间的职能分工，克服多头管理、政出多门的弊端，实现权利、义务和责任的统一；把政府职能切实转变到经济调节、市场监管、社会管理和公共服务上来，把生产经营权和投资决策权真正交给企业，把可由社会自我调节与管理的职能交给社会。

2. 突出转变政府职能，推进政府职能有机统一

2008年，我国处于全面建设小康社会新的历史起点，改革开放进入关键时期。为贯彻落实党的十七大精神，中共中央第二次全体会议研究了深化行政管理体制改革问题。2008年3月，中共中央、国务院印发了《关于深化行政管理体制改革的意见》，指出了面对新形势新任务，行政管理体制方面存在的政府职能转变不到位、对微观经济运行干预过多、社会管理和公共服务比较薄弱等问题。这些问题直接影响政府全面正确履行职能，在一定程度上制约经济社会发展。

2009年6月，湖北省委、省政府印发《关于市、县政府机构改革的意见》，省委机构编制委员会办公室印发《湖北省市、县政府机构改革若干具体问题的意见》，对全省、市、县政府机构改革作出安排部署。2009年12

月，市政府机构改革方案、市政府直属事业单位设置方案获省批复，市级政府新一轮机构改革启动。这次改革是按照转变职能、理顺关系、优化结构、提高效能的要求，以政府职能转变为核心，强调通过整合规范政府机构设置，合理界定政府部门职责，突出服务和管理重点，努力形成权责一致、分工合理、决策科学、执行顺畅、监督有力的行政管理体制。

二、综合经济实力和产业发展势头显著增强

"十五""十一五"期间，全市人民在市委的正确领导下深入贯彻落实科学发展观，有效应对国际金融危机冲击，努力化解自然灾害等不利影响，奋力推进省域副中心城市建设，全市经济社会持续快速健康发展。

（一）综合经济实力显著增强

"十五"期间，生产总值由2000年的374亿元增加到2005年的602亿元，年均增长10%，实现了人均生产总值超万元的预期目标。三次产业结构调整为19.8：43：37.2。农业和农村经济全面发展。农业结构调整成效明显，畜牧业、林果业的比重明显提高；年销售收入5000万元以上的产业化龙头企业达到30家。农民生产生活条件得到改善，全市基本实现了公路、电网、电视、电信的村级全覆盖。工业经济实力增强。工业结构趋向合理，逐步形成了以汽车产业为龙头，电力、纺织和高新技术产业为骨干的工业经济体系。"十五"期间，全市工业增加值年均增长10.4%，占生产总值的比重由40%提高到42.2%。涌现出金兰首饰等一批国家级、省级名牌产品。第三产业快速发展，汽车、住房、教育、通信、医疗保健等成为新的消费热点，社会消费品零售总额由2000年的142亿元增加到235亿元，年均增长10.4%；连锁经营、物流配送等现代商业营销方式发展势头强劲。旅游产业健康发展，荣获"中国优秀旅游城市""中国魅力城市"称号。金融、保险、信息传媒、餐饮、娱乐等服务业呈加速发展之势。财政实力进一步

增强，财政收入规模和支出水平有明显提高。2005年实现全地域财政收入81.3亿元，年均增长24.7%；实现地方一般预算收入18.39亿元，年均增长11%。固定资产投资快速增长。5年间，全社会固定资产投资累计达到576亿元，年均增长13.8%。相继建成襄荆、襄十、孝襄、魏樊四条高速公路，一二级公路1880公里及一批重点工业项目，襄樊火电厂二期工程、崔家营航电枢纽等重大项目顺利开工。5年间，综合经济实力继续在全省保持比较靠前的位置，被湖北省委、省政府明确为省域副中心城市。

2010年12月，汉江崔家营航电枢纽工程竣工交付（襄阳市港航局供图）

"十一五"期间，固定资产投资两年翻番、规模以上工业总产值三年翻番、县域经济三年翻番目标全面实现。2011年全市实现生产总值2132.2亿元，是2007年的2.7倍，占全省的比重由8.4%提高到10%以上；规模以上工业产值3276.5亿元，是2007年的4.1倍；四年累计完成固定资产投资2919亿元，是前四年的3.9倍；完成地方一般预算收入97.4亿元，是2007年的3.3倍。经济结构明显优化。三次产业比例由2007年的

17.8∶43.6∶38.6调整为13.7∶57.1∶29.2。工业主导地位进一步突出。汽车及零部件和农产品加工业成为千亿级产业，新能源新材料、装备制造、电子信息、医药化工等产业呈现良好发展势头，规模以上工业增加值占生产总值的比重达到48.5%，比2007年提高15.5个百分点，我市成为国家节能与新能源汽车示范推广试点城市、国家新型工业化（新能源汽车）示范基地和军民结合产业示范基地。农业大市地位显著提升。综合生产能力不断增强，粮食生产实现"八连增"，农产品加工业产值和农业增加值均居全省第2位。服务业发展加快。商贸、物流市场主体快速成长，文化旅游业突破性发展，社会消费品零售总额增幅连续四年高于全省平均水平。县域经济实力快速提升，在全省考核中连续三年大幅进位，襄州区和枣阳市跻身全省二十强。

（二）快速发展的襄阳农业

襄阳市位于湖北省西北部，汉江中游。现有耕地面积40.54万公顷，占全省耕地总面积的12.8%，位居全省第二。

"十五"期间，襄阳市农业获得长足发展，农业综合生产能力不断增强。优质专用弱筋小麦、优质"双低"油菜、中短纤维棉花、优质油桃和优质水稻、猪、牛、羊、禽、芝麻等都被列入全国或全省优势农产品区域规划。全市已形成粮食、油料、棉花、水果、畜牧、蔬菜、林特、烟叶八大主要产业。枣阳优质桃、老河口优质梨、宜城优质油料、南漳食用菌、襄州优质畜禽、谷城花椒、保康有机茶、襄城奶业、樊城蔬菜等特色产业初具规模。襄阳既是全国十大夏粮主产区和20个商品粮基地之一，又是全国第二个地级"吨粮市"和国家确定的粮棉油生产基地。

2011年襄阳农业取得巨大成就。一是主要农作物喜获丰收。全市粮食种植面积694.6千公顷，比上年增加26.9千公顷，粮食总产量475.05万吨，比上年增产15.62万吨，同比增长3.4%，粮食产量实现八连增。棉花产量

成立于2002年1月的湖北三杰农业产业化有限公司（襄阳市委党校杜莲波供图）

4.81万吨，同比增长10.9%；油料产量29.73万吨，同比下降7.5%；蔬菜产量289.22万吨，同比增长3.9%；茶叶、水果产量分别达到1.03万吨和54.72万吨，同比分别增长28.3%和6.3%。二是主要畜禽产品产量全面增长。全市生猪出栏突破574.35万头，比上年净增18.86万头，同比增长3.4%；羊出栏150.57万只，同比增长10.61%；牛出栏60.33万头，同比增长23.8%；家禽出笼8083.13万只，比上年增长1.1%；禽蛋产量35.15万吨，同比增长6.0%。三是水产品产量17.92万吨，同比增长3.2%。

（三）提质提速的襄阳工业

襄阳市地处中国南北之要冲，区位优势明显，矿产资源丰富，自然环境优美，为襄阳工业生产的发展创造了得天独厚的优越条件。改革开放以来襄阳工业飞速发展，在世纪之交和国企改革进入攻坚阶段的关键时刻，襄阳对市直138家企业进行国有产权退出、国有职工身份退出的改制。通过改制，企业经营机制基本实现了民营化、现代化，襄阳工业发展进入提质增速的发展阶段。

工业门类齐全。"十五""十一五"期间，襄阳形成以汽车工业为龙头，高新技术产业为先导，纺织、电力、食品工业为支柱，化工医药、建材冶金等为基础的，特色鲜明、具有较强竞争力的工业体系。襄阳工业结构不断优化，2011年又新增一个千亿元产业，目前全市千亿元产业达到2个，百亿元产业达到3个。汽车产业和农产品加工业产值分别达到1338.8亿元和1034.5亿元，同比分别增长31.1%和65.1%；医药化工产业、装备制造业和电子信息产业分别实现产值270.3亿元、306.3亿元和177.5亿元，同比分别增长82.8%、36.9%和42.2%；新能源、新材料产业实现产值98.9亿元，同比增长62.9%；新能源汽车产业实现产值7.6亿元，同比增长46%。

汽车工业做大做强。改革开放以来，襄阳抓住"三线"厂出迁的机会，引进"东风"，支持"东风"在襄阳发展。如今，汽车工业已成为襄阳的龙头产业，现有汽车配套企业200家，建成了神龙公司襄阳总厂、东风电

东风公司英菲尼迪高级轿车生产线（襄阳融媒体记者王虎供图）

气仪表公司、东风汽车电机公司、江山变速箱厂、襄阳轴承股份有限公司、湖北灯具厂、江华汽车公司、铁道部襄阳内燃机车厂、枣阳厢式改装车厂、骆驼蓄电池股份有限公司、东风重型车桥公司、东风康明斯柴油发动机有限公司等汽车零部件企业。全市汽车产品结构趋于合理，零部件竞争力增强，开发能力普遍加强，出口创汇成绩斐然。出口的主要产品有神龙公司襄阳总厂生产的富康轿车发动机、缸体、曲轴和摇臂支座等，远销法国、泰国等地。2008年产值突破500亿元。目前，襄阳已成为中国三大汽车制造公司之一的东风公司轻型商用车、中高档乘用车等整车和发动机、车桥、电气、仪表等关键总成的主要生产基地，是亚洲最大的中重型车桥生产基地，是全国最大的汽车动力生产基地，建有亚洲最大、功能最完备的汽车试验场。

纺织工业优势显著。襄阳市积极推进纺织行业振兴计划，促进重点企业加快发展，推进了纺织行业重点项目建设。襄阳纺织业发展速度非常快，紧紧围绕"抓龙头、上规模、提档次、创名牌"的清晰思路，重点提升纺织、化纤两大优势，突破服装、印染两大瓶颈，培育产业用纺织品、家用纺织品两大新的增长点，重点建设棉纺织、化纤、印染布、服装加工四大生产基地。着力延伸纺织工业产业链，大力开发生产高支高密高档服装面料、高档家用纺织面料和差别化、功能化、高仿真、绿色环保化纤产品，全面推进纺织工业提档升级。襄阳纺织工业已成为仅次于汽车的四大支柱产业之一，共拥有棉纺锭138万枚，纺织工业总产值占全市工业经济总量的13%左右，出口创汇占全市的35%。

电力工业迅速发展。坚持走"水火并举"的路子，加速发展电力产业。该时期火电重点抓好襄阳火电厂二期工程、热电厂三期工程及续建工程；水电重点抓好崔家营水利枢纽工程、寺坪水电站、新集、雅口等汉江梯级开发枢纽工程，促进全市电力工业的发展。2006年上半年，全市统、地调电厂发电量为441911万千瓦·时，同比增长16%。其中，统调电厂发电量为388898万千瓦·时；地调电厂发电量为53013万千瓦·时。2011年全市用电量105.6亿千瓦·时，同比增长8.4%。其中工业用电量77.1亿千瓦·时，同比增长6.3%，全市发电量增势强劲，用电效益明显改善。

2003年11月28日成立的湖北华电襄阳发电有限公司

高新技术产业异军突起。襄阳市按照"占据高端、扩展领域、延伸配套、集群发展"的思路，以航空航天、新材料、机电一体化、新医药、汽车及电力电子等产业为重点，着力推进襄阳高新技术产业开发区"二次创业"，逐步形成具有襄阳特色和优势的高新技术产业体系。襄阳高新区形成了"一大产业、三大集群"的产业格局，即"汽车大产业"和"航空航天、机电一体化、新材料"三大高新技术产业集群。2010年4月，襄阳汽车工业园升级为国家级经济技术开发区，定名为襄阳经济技术开发区，执行国家级经济技术开发区的政策，标志着襄阳汽车工业园区建设水平跃上了一个新台阶。

工业园区和县域经济方兴未艾。襄阳市积极推进工业园区建设，支持发展产业集群。著名的有湖北（襄阳）深圳工业园、襄阳航空航天工业园、光彩襄阳工业园。按照"主攻工业经济、放活民营经济、壮大园区经济、发展配套经济、提升劳务经济"的思路，加强对县域经济发展的指导。实施对宜城雷河水晶工艺品产业集群、谷城县汽车零部件产业集群进入省重点产业集群扶持计划，县域经济发展壮大。2011年，全市7个县（市）区地区生产总值、规模以上工业增加值、全社会固定资产投资、社会消费品零售总额、地方一般预算收入分别增长17.4%、34.2%、47.7%、20.9%、69%，分别高于全市平均增幅1.4个、7.4个、6.4个、1.9个、8.2个百分点。

（四）襄阳国企改革深入推进

2003年开始，襄阳（时名襄樊，下同）推进了以"双退"（企业退出国有序列，职工退出国有身份）为目标和内容的国有企业改革。新世纪之初的襄阳国企改革是襄阳改革史上改革力度最大、涉及范围最广、支付成本最多、社会影响最强的改革，在襄阳改革和经济社会发展史上留下了浓墨重彩的一笔。

1.襄阳国企改革的历程

2002年11月，中国共产党第十六次全国代表大会召开。党的十六大站在新世纪推进建设中国特色社会主义的高度，对新世纪中国改革开放进行了全面部署，提出了在21世纪的20年里全面建设小康社会的新目标。

襄阳市委、市政府认真贯彻落实党的十六大精神，按照党中央、国务院和省委、省政府关于深化国有企业改革的重要战略部署，把推进市属国企改革作为2003年全市中心工作的重中之重，全面启动了以"企业产权多元化、职工身份社会化"为主要内容和目标的国企改革。

2003年4月16日，襄阳市委、市政府召开高规格、大规模的市直国有企业改革动员大会，明确提出：力争用两年左右的时间，基本完成国有经

181

济布局和结构的战略性调整；在抓好少数关系国计民生的大型国有企业主辅分离、建立现代企业制度的同时，集中主要精力抓好国有企业的"双退"改革。此次改革将206户、职工14.24万人、资产总额81.03亿元的市属国有（集体）企业纳入改革范围。

2.襄阳国企改革的成效与影响

通过不遗余力的探索实践，通过不断积极稳妥、扎实有效的纵深推进，襄阳国企改革走过了难忘而又极为特殊的克难攻坚时期，取得了突破性进展和明显成效。到2003年底，全市138家企业共有128家的改制方案或破产预案经过审核获得批准（其中改制75家，破产53家），占年内需完成改制任务的93%，已批复的几家企业中，有近50%基本操作到位。改革中，在全市共引进外资6亿多元，一批国内外知名企业参与重组，近10万人退出了国企职工身份，一大批国有企业转换了体制、机制，走上了民营化道路，迎来了产量、产值、销售、税金、利润、员工收入的普遍增长，改制企业呈现出活力增强、效益好转、职工收入增加、技改步伐加快、经济外向度提高和产品竞争力提升的可喜局面，全市工业经济的市场化程度得到极大提高。广大干部群众的思想经历了一场磨炼和洗礼，为进一步推动全市经济社会持续快速健康发展奠定了坚实的基础。

企业管理体制和经营机制全面转换，市场竞争力不断增强。通过国有产权退出和职工身份转换，使几十年来形成的计划经济色彩浓厚的国有企业摆脱了对政府的依附和依赖，产权关系进一步明晰，企业真正实现了自主经营、自我积累和自我发展，重构了符合社会主义市场经济发展要求的微观市场主体；职工割断了长期以来与企业形成的千丝万缕的联系，历史沉积的各种矛盾得到化解，就业实现了市场化，管理实现了社会化。通过改制，市场机制逐步向改制企业移植和导入，一批过去停产、半停产企业重新焕发了生机与活力。

企业经济效益明显好转，国家税收、职工收入全面增长。改革使企业长期大面积亏损的情况不复存在，一批绩优企业则呈现出更为强劲的发展势头。襄阳汽车轴承股份有限公司2003年实施了以"双退"为主要内容的改革改制工作，8000多名职工一次性全面完成了身份转换。2004年主营业务盈利1200余万元，告别了连续4年主营业务亏损的历史。职工人均月工资由改制前的700元左右猛增到1600元，有的高达2500元，2000多名下岗职工重返工作岗位。2007年，襄轴产品成功进入世界500强企业美国麦格纳、辉门等公司配套行列。企业改制还加快了全市新型工业化进程，拉动了工业经济在更高层面的快速发展。

企业技改步伐逐渐加快，发展后劲不断增强。国企改革中，一大批实力雄厚的国内知名公司被引进，他们带来了先进的技术、成熟的管理、质量过硬的产品和稳定的市场，不少公司进入企业后立即投入大量资金启动生产和进行技改。企业技术改造步伐逐渐加快，新产品开发力度不断加大，企业竞争力和发展后劲明显增强。湖北金源化工股份有限公司是由湖北省鄂西化工厂于2003年改制组建，改制后的三年内，新公司加大投入力度，不断进行改扩建，先后完成了三万吨稀硝酸扩建项目、吹风气回收改造项目、煤棒改造项目及其他革新改造项目，年平均投资在3000万元以上。通过改造，企业整体实力明显增强，2007年产值达到5.3亿元，较改制前增长4倍。

企业经济的外向度全面提高，产品销售网络不断扩张。企业改制不仅引进了大量的外资和民间资本，还使产品档次得到提升，拓宽了外贸销售的渠道。改制后，襄轴股份公司把提升产品档次作为企业快速发展的重大战略措施，通过严格的质量管理制度和措施，使企业的入库产品一次交验合格率由改制前的95%上升到99%以上；在扩展重型车市场领域的同时，还启动轿车和大客车轴承项目、低噪声轴承加工中心建设项目等，主机配套客户由改制前的 75 户发展到 2007 年的 131 户。

县域经济全面激活，工业经济发展活力显著增强。全市各地采取多种形式，与市属国企改革同步推进，实现了襄阳全域国企体制和机制转变，增强了工业经济发展活力。2007 年上半年，襄阳 9 个县（市、区）完成工业增加值 36.14 亿元，同比增长 38.8%。通过实施国企改革，不仅使一大批国有企业脱胎换骨，焕发出新的生机，更重要的是有效破除了长期制约经济发展的体制机制障碍，加快了全市经济的市场化进程，促进了市场主体多元化、多种所有制经济共同发展新格局的形成，为全市经济社会发展注入了强大动力，有力拉动了社会就业、城镇居民收入的持续增长及投资和消费，整个经济呈现结构改善、速度提升、效益提高、市场主体健康较快成长的良好态势。2007 年与 2002 年相比，全市生产总值增长了 70.1%，规模以上工业增加值增长了 130.9%，地方一般预算收入增长了 59.1%，城镇居民人均可支配收入增长了 67%，全市规模以上工业企业净增 317 户。

波澜壮阔的襄阳国企改革工作得到了湖北省委、省政府的充分肯定。2007 年 7 月，在省委、省政府召开的国企改革总结表彰大会上，襄阳市作为全省市州唯一代表作了典型发言，襄阳市被授予"全省国企改革先进单位"称号。襄阳国企改革的做法还得到时任中央政治局委员、湖北省委书记俞正声的充分肯定和认可。

三、科教文卫事业繁荣昌盛

襄阳市委、市政府坚持以科学发展观为指导，狠抓科技兴市、教育强市，加快推进科技、教育、文化、卫生工作稳健向前发展，市民的科学文化素质和思想、道德水平得到普遍提高。

（一）科技事业成效显著

襄阳市科技工作以"创新、产业化"为指导，积极贯彻落实"以人为本"的科学发展观，以提高科技自主创新能力为主线，科技兴农、科技兴工及高新技术产业发展取得新成效，科技公共基础条件能力建设取得新突破，区域科技创新能力得到进一步增强，科技事业全面发展，为全市经济社会的快速发展提供了有力支撑。

2011年，全市新认定高新技术企业17家，全市共有135个项目被列入国家或省级科技计划项目，全市共申请专利4470件，实用新型专利1451件，外观设计专利1912件，发明专利1107件。全市高新技术产业实现增加值377.7亿元，同比增长29.1%，占规模以上工业增加值的比重达36.5%。

（二）襄阳教育成绩突出

2011年，全市共有各级各类学校1527所，在校生88.53万人。其中，普通高校5所，在校生5.66万人；中等职业学校37所，在校生6.47万人；普通中学244所，在校学生28.35万人；小学741所，在校生35.31万人。全市现有专任教师5.18万人。小学和初中专任教师学历合格率分别达到98.7%、95.5%。

1.义务教育普及水平不断巩固提高

小学适龄儿童入学率、巩固率分别达99.8%、99.21%，初中生入学率、三年巩固率分别达97.8%、90.2%。学前教育和特殊教育健康发展。城市幼儿入园率已达到100%。农村90%的地区基本普及了学前一年教育。高中阶段教育总体规模逐步扩大，教育教学质量稳步提高。5年间，新增普通高中21所，高中阶段学校年招生能力达到6.6万人以上（含技校），比2000年增加了77.8%，涌现出了一批示范学校。2007—2008年，全市开展了以"书香校园""艺术校园""平安校园""科技校园""快乐校园"等为主要内容的"五园"建设活动。历时两年的"五园"创建工作成效初显，初步形成了校园环境人文化、学校管理人性化、学生培养个性化、学校发展特色化的"五园"创建特点。

2.襄阳高中教育名片进一步擦亮

高中教育是连接九年义务教育和高等教育的纽带，担负着进一步提高国民素质和为高等学校输送优秀后备人才的双重任务，也是衡量一个地方经济综合实力和智力资源的重要标志。襄阳市在夯实普及九年义务教育的基础上，及时把高中教育的发展摆上了重要位置。襄阳高中教育整体办学实力不断增强，优质高中作用进一步凸显。在高考成绩上，襄阳市高考连续取得好成绩，成为湖北省高考强市。2012年，襄阳市高考考生40627人，本、专科上线人数36859人，上线率为91.54%，其中，本科上线人数20528人，上线率50.98%。高考成绩在结构上进一步优化，核心竞争力进一步增强，教育强市的地位进一步彰显。

3.高等教育发展取得了新进展

襄樊学院和襄樊职业技术学院在学校建设、学科设置、教学质量、毕业生就业等方面都取得了显著成效。襄樊广播电视大学形成本科、专科、岗位培训"三位一体"的办学格局。职业教育结构和专业设置更趋合理。初步形成了32个骨干专业，有5所学校达到省"512工程"合格学校标准。

（三）不断壮大的文化体育卫生事业

1.文化事业日益繁荣

2011年末，全市专业艺术表演团体10个，文化馆10个，博物馆7个，公共图书馆9个，藏书量达1400千册。广播综合人口覆盖率为97.52%；电视综合人口覆盖率为98.58%。全市有线电视用户36.98万户。全年新建10个乡镇综合文化站，32个城市社区流动图书站，并为90个村和20个城市社区兴建了体育设施。全年策划和主办各项演出活动2549场，送戏下乡1847场次，有效丰富了襄阳人民的文化生活。2005年，京剧《襄阳米癫》应文化部和解放军总政治部邀请进京演出，中央电视台艺术表演戏曲频道现场直播演出盛况。

2. 体育事业蓬勃发展

60多年来，特别是《中华人民共和国体育法》和《全民健身计划纲要》颁布、实施以来，社会经济的全面发展使得襄阳全民健身事业得到了长足的发展，健身意识也逐渐深入人心。生活逐渐富裕的人们开始将目光更多地投向健身活动。全市目前建有一个国家级全民健身中心、一个国家级全民健身俱乐部、9个全国（全省）城市体育先进社区、5个全国亿万农民体育先进乡镇、3个湖北省特色体育先进乡镇、1所国家级体育传统项目学校，42所省市级传统项目学校，襄阳市群众体育工作连续14年荣获全国和全省"全民健身周活动先进单位"称号，80多个单位140余名个人分别受到国家体育总局和湖北省体育局表彰，群众体育得到稳步发展。2011年，襄阳籍运动健儿在国际比赛中获得3枚金牌、4枚银牌和2枚铜牌；在全国比赛中获得6枚金牌；全年共举办全民健身活动近百场，参与人数3万多人次；完成农民健身体育工程110个。

3. 卫生健康事业稳健前行

襄阳市卫生工作坚持以人为本，认真落实科学发展观，以加强公共卫生、社区卫生、农村卫生为重点，加快城市社区卫生、惠民医院建设进度，努力构建新型城市医疗卫生服务体系；加大新型农村合作医疗和乡村卫生室整建工作力度，完善县乡村三级医疗卫生服务网络，深入开展医德医风建设各项工作得到健康快速发展。2011年末，全市共有卫生机构3229个，其中医院、卫生院192个，疾病控制中心（防疫站）8个，卫生监督局8家，妇幼保健院10个；卫生机构床位数19791张；卫生机构人员33162人，其中卫生技术人员28606人，执业惠民医院惠及千万百姓医师9652人，注册护师（士）9106人。

四、优化环境以增进民生福祉

（一）交通路网四通八达

襄阳因扼南北交通之要冲，自古就有"南船北马""七省通衢"之美誉。"十五""十一五"期间，全市人民经过不懈努力，打造出一条条"康庄大道路""幸福小康路""平安放心路""特色致富路"，襄阳交通建设日新月异，为本地经济的发展插上了腾飞的翅膀。

1.公路交通建设

（1）普通公路建设

2003年，全市抢抓国家投资政策向基础设施领域倾斜的机遇，由对单条线路改扩建步入构筑现代化城市交通网络阶段。同时，启动以通达、通畅、通村公路为主要形式的农村公路建设。2008年，有史以来建设投资规模最大，影响范围最广的城市基础设施——内外环线工程相继开工，建成后将形成"一线环绕，各城贯通"的城市交通主骨架。至2010年，全市公

2005年9月30日，襄阳高速公路通车仪式（融媒体记者安富斌供图）

路通车里程达2.5万公里，是1990年的50.9倍。全市17条国省干线均达到二级公路标准，城市出口路和主要高速连接线达到一级公路标准，105个乡镇、2593个行政村全部通水泥（油）路。

（2）高速公路建设

2001年3月20日，全长107.61公里的襄（阳）武（当山）段作为一个整体开工建设。2003年12月26日试运营。襄武段项目的建成通车，对于改善鄂西北的交通条件，完善襄阳路网布局，推动襄阳经济社会发展，加快武汉—襄阳—十堰汽车工业走廊建设，促进山区脱贫致富，具有十分重要的意义。2000年10月至2005年9月，先后建成襄十、孝襄、襄荆、樊魏4条全长270.3公里高速公路，缩短了与周边城市的距离，经济发展驶入"快车道"。

2.铁路交通建设

襄阳是我国铁路运输八纵八横网络中的枢纽之一，汉（武汉）丹（丹江口）、焦（焦作）柳（柳州）、襄（襄阳）渝（重庆）3条铁路在这里交会，襄北铁路编组站是全国13个特大型编组站之一。近年来，伴随着焦柳铁路电气化改造等工程的建设，襄阳铁路运行能力得到大幅度提高。2009年7月，武康（武汉到陕西安康）铁路二线工程完工，途经枣阳、襄阳、老河口、谷城等地。

2008年8月1日，随着京津城际铁路开通运营，中国从此进入高铁快速发展时代。为实现襄阳人的高铁梦想，襄阳市委、市政府积极谋划，多方对接争取。在国家规划并修建郑（州）万（州）高铁、武（汉）西（安）高铁武汉至十堰段、呼（和浩特）南（宁）高铁襄阳至荆门段3条高铁线路以及货运重载铁路浩（勒报吉）吉（安）铁路正式开通运营后，襄阳更是主动服务，全力以赴推进项目落地，以满腔热忱迎来襄阳铁路建设新一轮大发展。

3. 水路交通建设

襄阳是鄂西北水运中心，穿境而过的汉江是长江最大支流，是一条不可多得的黄金水道。经过多年疏浚整治，汉江襄阳段全年可通航1000吨级驳船，市区内的港口年吞吐量在1500万吨以上，并建有汽车滚装专用码头，汉江余家湖港口是国家北煤南运的重要中转站。2009年，崔家营航电枢纽工程完成蓄水，襄阳航道水位大大抬高，航运能力显著提升。

4. 航空交通运输

襄阳有刘集和老河口两座机场，已开通北京、上海、深圳等十多个航班，2008年，刘集机场航站楼（今T1航站楼）二期改造工程完成，到达厅面积增加至1350平方米。

5. 管道运输

重庆忠县—武汉输气管道工程，是继西气东输工程后，我国兴建的又一条长距离输送天然气的能源大动脉。2004年11月19日，川气抵达襄阳，襄阳人开始使用清洁能源——天然气，襄阳的能源结构得到改善。根据规划，西气东输二线东段在襄阳市境内的枣阳至十堰支干线及联络线全长190多公里，途经枣阳、襄州、老河口、谷城、襄城、樊城6个县（市、区）。2010年12月8日上午10时，来自中亚的天然气通过西气东输二线管道送达襄阳市区；晚上10时左右，天然气经樊城至襄城的联络线，将气源经忠武线送达武汉市，为湖北、湖南地区提供安全可靠的气源保障。

总之，襄阳交通运输业稳步发展，至2011年，全市公路里程25683.24公里，其中，等级公路通车里程23975.3公里。全年完成县乡公路改建1772.94公里、通村公路12475.04公里，基本实现村村通。设置乡镇五级站63个、简易站及招呼站1906个。新发展农村客运班线381条，村村通客车率达到100%。交通运输安全服务保障能力进一步提高。全市公路货物周转量149.76亿吨公里，同比增长27.7%；公路旅客周转量61.97亿人公里，同比增长20.3%。襄阳机场通达能力逐步增强，现已开通襄阳—北京、襄阳—上海、襄阳—广州、襄阳—深圳、襄阳—武汉、西安—襄阳—武汉、襄阳—武汉—海口7条航线。2011年，机场旅客进出港人数突破20万人次，达到20.37万人次，同比增长26%；货运量611吨，同比增长29.1%。

（二）城乡建设日新月异

2003年11月，湖北省人民政府将襄樊、宜昌确定为省域副中心城市，要求尽快与大都市武汉形成湖北经济"三足鼎立"之势，以带动全省城镇总体发展，使城镇建设走在中西部前列，在全市人民的共同努力下，襄阳城乡建设日新月异，取得显著成就。

"十五"期间，完成了46个区域控制性详细规划和城市设计，城市路网、宽带光纤网、天然气管网逐步配套，邓城大道、诸葛亮广场等一批重大城建项目相继竣工，其中邓城大道项目由双向八条车道、四条辅道组成，设计时速70公里，是当时襄阳市乃至鄂豫陕渝毗邻地区最大的交通工程。该项目的建成，有效带动了城市北拓，对高新区产城融合、樊西新城（襄

2004年9月28日，邓城大道建成通车（融媒体记者安富斌供图）

阳航空航天工业园）发展、襄州区城市化建设产生积极影响，有力支撑襄阳区域性商业中心、现代服务业中心建设，为襄阳建设国家物流枢纽和市场枢纽提供重要动能。城市管理水平进一步提高，市容市貌明显改观，荣获"国家园林城市"称号和规划建设管理"楚天杯"。社区建设取得新的成效。以重点镇、口子镇为重点的小城镇建设快速推进，城镇化率达43%。

"十一五"期间，襄阳城镇化进程不断加快，城市功能日益增强。城镇化率由2007年的44.9%提高到50.9%。市、县两级累计投入300多亿元，大力推进城市基础设施建设；主城区建成区面积扩大20平方公里，城市功能不断增强；新建、扩建15个开发区（工业园区）100平方公里，高新区成为千亿级开发区，经开区晋升为国家级开发区，鱼梁洲成为长江流域首家获准开发利用的洲岛型开发区；改革城管体制，实施"城管革命"，强力查处违法建设，狠抓拆墙透绿等"八项集中整治"，城市面貌明显改观，顺利通过湖北省卫生城市复查验收，我市被评为全国无障碍建设示范城市。农村水利、电力、交通等基础设施全面升级，所有行政村基本通达水泥路，10.5万贫困人口的温饱问题和162.4万人的饮水安全问题得以解决，25.2万农户用上沼气，37个村成为省级宜居村庄，9个乡镇成为全省新农村建设试点，南水北调移民安置任务全面完成，新农村建设"三年明显变化"目标全面实现。

（三）城乡居民生活改善

"十五"期间，城乡居民生活总体上达到小康水平。城镇居民人均可支配收入和农民人均纯收入分别由2000年的5663元和2386元，增加到2005年的8150元和3191元，年均分别增长7.6%和6%。提高了基本养老保险金、城市最低工资、失业救济金、医疗补助金及城市居民最低生活保障金标准，困难群众的基本生活得到保障。全市参加基本养老保险、基本医疗保险、失业保险、工伤保险和生育保险的人数分别达到52万人、48万人、39万人、29万人和28万人。扶贫济困力度加大，5年解决了45万贫困人口的温饱问题。

"十一五"期间，城乡人民生活进一步改善。具体表现为：城乡居民收入都有较快增长。2010年全市城镇居民人均可支配收入13333元，年均增长13.2%。农民人均纯收入6365元，年均增长14.9%，农民收入增长速度连续三年高于城镇居民收入增长速度。2011年，全市城镇居民人均可支配收入15352元，同比增长15.1%。其中，市区城镇居民可支配收入16845元，同比增长14.2%。全市农村人均纯收入7549元，同比增长18.6%。

1.就业和社会保障水平不断提高

全市新增转移农村劳动力50万人，城镇新增就业和下岗失业人员再就业68.4万人，城镇登记失业率控制在4.16%以内。社会保障体系建设力度加大，城乡基本医保和城镇低保制度更加完善，农村低保制度、被征地农民和残疾人社会保障制度初步建立，新型农村养老保险试点工作扎实推进，企业离退休人员养老金、城乡低保标准、城镇职工最低工资标准和部分优抚对象待遇大幅度提高。城镇住房公积金制度建设加强，廉租房建设和棚户区改造力度加大，困难户住房租赁补贴制度深入落实，10万低收入居民直接受益。

2.公共服务能力不断增强

义务教育均衡发展力度加大，城镇学校学杂费和农村学校学杂费、书费、住宿费全部免除，进城务工人员子女义务教育权利得到保障，农村"普九"债务全部化解；高中阶段教育基本普及；高等教育发展加快，襄樊学院医学院和襄阳汽车职业技术学院获准设立。医药卫生体制改革稳步推进，城乡卫生服务功能进一步增强，卫生事业发展水平居全省前列，被评为"全国无偿献血先进城市"。湖北省政府下达的计划生育责任目标全面完成。妇女儿童和老年人合法权益得到维护。应急管理、安全生产和消防、食品、药品安全监管全面加强。第六次人口普查取得阶段性成果。

3.新农村建设取得积极成效

累计投资 15.67 亿元，大力推进新农村建设，13.38 万贫困人口的温饱问题和 175 万人饮水安全问题得到解决，19 万农户用上沼气，所有乡镇和行政村全部通达油（水泥）路和客车，襄南示范区和保康脱贫奔小康试点县建设经验得到湖北省委、省政府充分肯定。

本编执笔人：张利宝　襄阳市第一中学正高级教师

李厚刚　襄阳市第四中学中级教师

毕启军　襄阳市教育考试院高级教师

张相江　襄阳市第一中学中级教师

陈金虎　襄阳市第一中学高级教师

孙祖学　襄阳市第三十九中学高级教师

第四编

新时代十年襄阳的发展成就和变革（2013—2022年）

第一章 民主政治建设和党的建设成就

党的十八大以来，中国特色社会主义进入新时代。襄阳市坚持以习近平新时代中国特色社会主义思想为指导，坚持以人民为中心，深入贯彻落实中央、省委的决策部署，加强对人大、政协、统战工作的领导，深入推进人民民主，全面推进基层民主，建设法治政府和服务型政府，民主政治建设取得积极成效，人民民主政治得到发展和巩固。同时加强襄阳党组织的自身建设，不断提高襄阳党组织的领导能力。

一、民主政治建设迈出重大步伐

（一）深入推进人民当家作主

党的十八大以来，襄阳市委市政府持续深入推进民主政治建设，人民当家作主的体制机制进一步完善，基层民主建设稳步推进，以人民民主推进经济社会发展的作用有效发挥，为襄阳经济社会高质量发展提供了重要的政治保障。

人民民主得到深入践行。一是有效保障人民当家作主。这期间，圆满完成2次市县乡人大换届选举，积极扩大人民有序参与政治，加强立法联系点、代表联络站等平台建设，推动立法项目向人民征集、监督重点向民生倾斜、履职活动请人民参与，保证人民的知情权、参与权、表达权、监督权落实到人大工作的各方面各环节全过程。二是始终坚持人民至上理念。全力推动打赢脱贫攻坚战，组织全市五级人大代表开展精准扶贫专题询问整改"回头看",巩固拓展脱贫攻坚成果与乡村振兴有效衔接,湖北省人大系统"聚力脱贫攻坚、人大代表在行动"现场会在襄阳召开。三是着力提升民生福祉水平。扎实开展民生实事办理情况专项监督,紧盯教育、文化、医疗等人民群众急难愁盼问题,用心用情推动化解信访积案,助力解决了一批学位紧缺、征迁安置难、高速公路出口堵等难题,推动人民群众获得感、幸福感、安全感持续增强。

(二)发挥社会主义民主协商的重要作用

新时代,在市委的坚强领导下,市政协认真贯彻落实中央和省委、市委政协工作会议精神,聚焦统筹推进"五位一体"总体布局、协调推进"四个全面"战略布局,充分发挥民主协商的重要渠道和专门协商机构作用,强化履职能力建设,推进人民政协事业不断创新发展,襄阳市政协被湖北省政协确定为全省市县政协工作排头兵。《人民日报》《经济日报》《人民政协报》《中国政协》等中央、省主流媒体多次推介襄阳政协工作经验。

2014年和2015年,市政协组织驻鄂豫陕三省的全国政协委员通过社情民意信息、提案等形式向上级呼吁,时任政治局常委、全国政协主席俞正声,国务院副总理张高丽分别作出重要批示,促成"汉江生态经济带建设"上升为国家战略,为打造支撑全省高质量发展的省域副中心城市和汉江流域中心城市凝心聚力。

(三)巩固和发展爱国统一战线

新时代,全市统一战线坚持以习近平新时代中国特色社会主义思想为指导,深入学习贯彻落实习近平总书记关于统一战线工作的重要指示和党中央关于统一战线工作的决策部署,聚焦大局,发挥统战优势,推动全市统战工作守正创新、提质增效,为助力襄阳都市圈高质量发展集聚人才、汇聚力量。襄阳市被中央统战部确定为全国新的社会阶层人士统战工作创新推广城市和全国统战信息直报点。湖北省首次基层统战工作现场会和党外知识分子现场会都分别在襄阳召开，民主党派、非公经济、党外知识分子、新的社会阶层人士统战和民族宗教等37项工作在全国或全省会议上交流介绍，襄阳市政协先后获全国统战宣传工作先进单位、全国民族团结进步创建工作示范单位、全省统战工作先进集体和全省基层统战工作先进单位等46项荣誉称号。

（四）扎实推进襄阳法治建设

2012年以来，襄阳市委市政府深入贯彻习近平法治思想，重视依法治市，提高依法治理能力，襄阳法治建设取得累累硕果。我市荣获全国综治最高奖"长安杯"，成为湖北省首个全国法治城市创建先进单位、全国第一期市域社会治理现代化试点城市和首批省级法治政府建设示范地区。

这期间，襄阳市坚持科学立法、民主立法和依法立法，制定《襄阳市人大常委会关于加强和改进地方立法工作的若干意见》，不断完善机制，有序高效推进立法工作。襄阳市还以创建全国法治政府建设示范市为抓手，扎实推进文明执法，行政执法水平大幅提升。

二、新时代襄阳党的建设成就

（一）坚持党的领导和确保党的领导核心

新时代，襄阳市委市政府在党的坚强领导下，带领全市上下锐意进取，经济社会发展取得历史性成就，城乡面貌全面改善，人民福祉持续增加，如期实现了全面建成小康社会的目标……这些成绩的取得充分说明了党的领导是推动各项事业不断前进的根本保证，我们必须始终不渝地坚持党的领导。党的领导主要是通过政治领导、思想领导和组织领导来体现的。

1.坚持党的政治领导，充分发挥党组织总揽全局、协调各方的作用

一是旗帜鲜明，坚决做到"两个维护"。襄阳市委市政府认真学习党的二十大和历次全会精神，以及习近平总书记系列重要讲话和省委重要会议

精神，召开专题会议制定落实举措。为保证全党同以习近平同志为核心的党中央保持一致，市委常委会每年召开专门会议，听取市人大常委会、市政府、市政协、市中级人民法院、市人民检察院党组工作汇报；学习《中国共产党重大事项请示报告条例》，严格执行重大事项请示报告制度。自2016年起，市委、市政府按照中央和省委部署，把政治巡察作为落实全面从严治党要求的重大举措，各级巡视巡察机构全面贯彻巡视工作方针。

二是把关定向，确保党的各项事业沿着正确方向前进。襄阳市委市政府结合本地实际，通过召开会议、实地调研和举办活动等方式，加强党的全面领导。新时代以来，本市先后召开了中共襄阳市第十二次、第十三次和第十四次代表大会，先后审议通过了《中共襄阳市委关于制定全市国民经济和社会发展第十三个五年规划的建议》、《中共襄阳市委关于制定全市国民经济和社会发展第十四个五年规划和二○三五年远景目标的建议》和《中共襄阳市委关于落实促进中部崛起战略，推动"一极两中心"高质量发展的实施意见》等决议，推动本市经济社会发展沿着正确方向前进，各项工作不断迈上新台阶。

三是深化改革，不断提升党的领导力。新时代，襄阳市委市政府先后完成两轮机构改革，其中2019年的机构改革对党和国家组织结构及管理体制进行了一次系统性、整体性的重构，市县两级新组建或优化了网信、财经、审计等11个议事协调机构，建立健全了党对重大工作的领导体制，确保党中央、省委各项决策部署落到实处，保障全市经济高质量发展。

2.坚持党的思想领导，凝聚奋斗合力

一是坚持党管宣传、党管意识形态，让党的旗帜在思想战线上高高飘扬。市委市政府根据中央和省委的重要指示，开展专题学习研究，先后出台《襄阳市党委（党组）意识形态工作责任制实施细则》《襄阳市防范化解意识形态风险实施方案》《开展网上涉敏信息清理处置工作方案》，进一步

完善意识形态工作制度体系。探索建立全市"三个一"新闻宣传工作机制，形成统一指挥调度体系。以市委巡察专项检查为抓手，压紧压实下级党委（党组）意识形态工作责任。

二是用党的创新理论成果武装全党。襄阳市委先后制定了《襄阳市委党委（党组）理论学习中心组学习实施办法》和《襄阳市党委（党组）理论学习中心组学习巡听旁听办法（试行）》等文件，常态化举办"襄阳论坛"。每年组织党委（党组）理论学习，引导各级成员深入基层，学用结合、以学促干。组建市县两级"两团多队"宣讲队伍，广泛开展宣讲活动，策划推出"襄理襄情"线上微宣讲，开展"书香溢襄阳·理论进基层"示范点建设，着力打通理论宣讲"最后一公里"。探索用"理论宣讲+文艺表演+志愿服务"的形式，深入基层，宣传和解读党的政策。

三是强化思想引领，筑牢共同思想政治基础。在新中国成立70周年和中国共产党成立100周年时，开展系列庆祝活动。召开全市统一战线座谈会，进行主题教育。举办培训会和宣讲报告会开展思想政治教育，广泛宣传党的统战方针政策。持续开展"谈心交流月"活动，要求各级党组织书记和全市统战干部与党外代表人士结对子，最大限度地团结每位统战成员。

3.坚持党的组织领导，使党组织更加坚强有力

一是压紧压实全面从严治党主体责任，扛稳抓牢主责主业。发挥市委党建办牵头的作用，认真执行市委工作提醒机制，推行主体责任清单管理制度，健全从严治党考核评价机制，在全省率先实行从严治党综合管理系统。聚焦管党治党、市域治理、网络信息化、党史学习教育等，举办党委（党组）书记专题读书班，提升"关键少数"的能力。

二是推进党的组织体系建设，实现党的组织和党的工作全覆盖。建立健全包括组织设置、组织生活、组织运行、组织管理、组织监督等在内的组织制度体系，落实地方党委工作条例、党组工作条例、支部工作条例等

法规制度。推进传统领域、新兴领域、"两新"组织集聚区、协会商会等党建工作。扎实开展"整乡推进、整县提升"行动，整顿软弱涣散党组织。实施"五强创示范"和"夯基行动"，着力推动基层党组织全面进步、全面过硬。建立街道"大工委"、社区"大党委"，确保每个行业都在党的领导下开展活动，每名党员都纳入党组织的有效管理。

三是坚持党管干部、党管人才，确保党的事业后继有人。构建党员干部"选育管用"培养体系，着力打造忠诚担当的高素质专业化干部队伍。抓住"选"字，认真贯彻落实新时期党员干部选拔标准，始终把政治标准放在首位，注重在重大斗争一线考察识别干部，将优秀党员干部纳入"蓄水池"。抓住"育"字，加大对党员干部的培养锻炼，练就担当"铁肩膀"。抓住"管"字，坚持严管与厚爱结合、约束与激励并重。抓住"用"字，按照"人岗相适、以事择人"的原则，通过两轮市县乡村换届、市县机构改革等工作重用了一大批优秀的党员干部。构建人才工作全链条支撑体系，加快构筑区域性人才中心和创新高地。做到"谋"，由市委书记担任市委人才工作领导小组组长，市长担任第一副组长，吸收借鉴外地先进经验，制定政策，助力构筑区域性人才中心和创新高地。做到"引"，面向全国，引进紧缺人才，启动"紧缺专业人才引进计划"，分批次引进紧缺人才到本市工作，并"一人一策"，跟踪培养。做到"育"，深入推进"隆中人才支持计划"，遴选资助人才团队发展壮大，在全省率先组建人才超市服务联盟，为人才创新创业提供服务。做到"留"，强化人才安居保障，增强人才归属感，筹建人才公寓，本科学历以上人才可以拎包入住。做到"用"，全力打造区域科技创新中心，为人才各尽其能提供平台。

（二）深入贯彻党的组织路线

党的十八大以来，襄阳市组织工作始终坚持以习近平新时代中国特色社会主义思想为指导，深入贯彻执行党的建设总要求和党的组织路线，坚持组织路线服务政治路线，不断推动党建工作与各项中心工作深度融合，全力推进组织、干部、人才和公务员队伍建设，全市组织工作取得新成效、迈上新台阶，为襄阳高质量发展提供坚强组织保证。

1. 坚持凝心铸魂，政治建设更加有力

一是扎实开展党内集中教育。党的十八大以来，全市坚持以习近平新时代中国特色社会主义思想为指导，深入落实党中央精神、省委部署，开展党的群众路线教育实践活动，落实全省"三万"活动、"下基层、察民情、解民忧、暖民心"等实践活动，引导党员干部坚定理想信念、提高党性觉悟。

二是加强党员干部教育培训。充分发挥党校（行政学院）干部教育培训主阵地作用，制订实施学习贯彻习近平新时代中国特色社会主义思想主题教育培训计划，深入开展"党课开讲啦"活动，推动优质资源共建共享。在全省率先成立基层干部学院，建成乡村党校，全员培训基层党员干部。

三是持续提升理论武装实效。坚持在学习深度上拓展，在实践运用上强化，通过领导干部讲形势课、专家教授讲专业课、一线同志讲实践课、外出考察讲经验课的"四维"教学模式，打造枣阳新集、谷城堰河、保康尧治河等一批现场教学点，形成了具有襄阳特色的干部教育培训体系。创新"指尖党建"培训模式，开发微信公众号、视频号、网站、电视等"汉江创客"综合平台，探索理论学习新路径。

2. 发挥组织优势，践行"两个维护"政治责任

构建党建引领基层社会治理新格局。系统谋划党建引领社区治理"1+8"改革方案，大力推进市域社会治理补短板强弱项十大重点工程，全覆盖建立街道"大工委"、社区"大党委"，积极吸纳兼职委员单位近 4000 个，城区街道统筹协调、综合管理能力持续提升。圆满完成城市社区党组织书记事业岗位管理试点任务，建立社区工作者"四岗十八级"选育管用

体系，社区工作者队伍专业化、职业化、社会化水平明显提升。常态化推进"双报到"，建成"红色驿站"1000余个，深入推进党建引领物业管理全覆盖，大力推行党建引领"三方联动、多元共治"改革，探索建立组织联设、队伍联动、机制联建、资源联享的"四联"工作机制，引导全市各类社会组织、志愿服务团队积极投身社区参与治理。推动"党风政风热线"走基层、进社区，基层治理效能不断提升。

3.抓牢主责主业，走好新时代党的组织路线

一是织密建强党的基层组织体系。不断加强和改进发展党员工作，较好地实现了数量与质量、结构与素质的双提升。唐玉敏、熊会萍和襄阳市中心医院党委、襄城区闸口社区党委等先进典型获评全国"两优一先"表彰对象。牢固树立抓基层、打基础的鲜明导向，创新制定市县两级党委书记抓基层党建"三个一"清单，严格执行党建任务指导书、述职评议等制度，先后实施"五强创示范"和"夯基行动"，着力推动基层党组织全面进步、全面过硬。探索推进"四个一线""三个同步"机制，深入实施两新党建"牵手行动"，创新开展产业链党建，多项工作走在全省前列。

二是选贤任能锻造高素质干部队伍。认真落实新时代好干部标准，严把政治关，更加注重在重大斗争一线考察识别干部。研究制定教育、卫健系统领导班子和干部队伍建设的若干意见，有效提升班子配备科学化水平。加强专业培训和实践锻炼，每年安排百余名干部到项目建设、招商引资、脱贫攻坚等基层一线挂职。坚持严管与厚爱结合、约束与激励并重。

三是持续提升公务员的管理水平。依法开展公务员招录、遴选、调任工作，2012年以来，四级联考面向社会招录公务员、选调生、引进生，遴选市直机关公务员共计5000余名，有效改善了公务员队伍结构。深入贯彻落实新修订的公务员法，圆满完成公务员职务与职级并行制度试点工作，为全国全面铺开贡献"襄阳经验"。认真抓好公务员考核表彰、薪酬保障等

工作，程建胜、石海龙荣获全国"人民满意的公务员"称号，谷城县五山镇党委荣获全国"人民满意的公务员集体"称号，受到习近平总书记亲切接见。

（三）切实加强作风建设，营造风清气正的政治生态

党的十八大以来，以习近平同志为核心的党中央将作风建设上升到关系党的形象、关系人心向背、关系党和国家生死存亡的高度，以作风建设为切入点和突破口推进全面从严治党，坚持作风建设永远在路上。十年来，襄阳市以"十年磨一剑"的定力，深入贯彻落实中央和省委关于切实加强新时代作风建设的决策部署和工作要求，先后开展作风建设年、落实年、担当年、攻坚年、服务年、实干年活动，大力推进清廉襄阳建设，着力营造"好正实优"的发展气场。襄阳市抓作风建设的经验《襄阳坚持不懈抓好作风建设 党委政府勇担责出重拳》被《中国纪检监察报》等多家中央媒体报道。

1.加强作风建设的主要措施

一是坚持集中教育与常态化教育相结合。党性教育是共产党人的"心学"，加强党性教育是党员正心修身和改进作风的必修课。党的十八大以来，全市上下坚持以习近平新时代中国特色社会主义思想为指导，扎实开展党的群众路线教育实践活动、"三严三实"专题教育、"两学一做"学习教育、"不忘初心、牢记使命"主题教育、党史学习教育，全市上下坚定捍卫"两个确立"，坚决做到"两个维护"，锻造全市党员干部忠诚干净担当的政治品格。

二是坚决整治群众身边腐败和不正之风。党的十八大以来，全市坚决查处发生在民生资金、"三资"管理、征地拆迁、教育医疗、生态环保等领域的严重违纪违法行为，重点查处基层干部吃拿卡要、盘剥克扣、优亲厚友等问题，把惩治"蝇贪"同扫黑除恶结合起来，不断清除侵害群众利

益问题，铁纪护航脱贫攻坚决战决胜，推动解决了一批群众急难愁盼问题，以维护群众切身利益的扎实成效取信于民。

2. 襄阳加强作风建设的效果

干部作风明显转变，党性修养显著提高。开展严肃的党内政治生活，推动干部教育的常态化制度化，党员干部党性修养显著增强，全市党风政风为之一新。

群众获得感成色更足，党群关系进一步密切。以坚强的定力纠治形式主义官僚主义，以坚定的决心整治享乐主义奢靡之风，侵害群众利益问题不断清除，基层"微腐败"治理成效显著，打通联系和服务群众的"最后一公里"，党群关系得到极大改善，巩固了党长期执政的政治基础和群众基础。

清风正气更加充盈，党内政治生态持续净化。把从严管理监督干部和激励干部担当作为统一起来，将严管和厚爱相结合，形成激浊扬清的良好政治生态，激发干部拼搏奋进的干事热情。推动政治生态持续净化、持续向好，营造干事创业的浓厚氛围。

作风建设制度化规范化常态化取得长足发展。新时代十年，襄阳市建立健全党的作风建设制度体系，构建自我净化、自我完善、自我革新、自我提高的制度规范体系，通过制度建设不断堵塞管党治党体制机制的漏洞，为推进党的作风建设奠定坚实的制度保障，有力推动作风建设制度化规范化常态化，用制度巩固作风建设成果。

（四）持续开展党风廉政建设，巩固反腐败斗争的成果

新时代，我们党坚定不移进行反腐败斗争，襄阳反腐败斗争取得压倒性胜利。

1. 细化中央八项规定精神要求，踏上党风廉政建设和反腐败斗争新征程

2012年12月，为认真贯彻落实中央和省委关于改进工作作风、密切联

系群众的有关规定，襄阳市结合实际，提出《中共襄阳市委、襄阳市人民政府关于改进工作作风密切联系群众的实施意见》，新一轮党风廉政建设和反腐败斗争从作风问题发端。根据该意见要求，严控"三公"经费，堵住奢侈之源。同时，严格控制发文数量、压缩文件篇幅、精简文件简报，降低行政运行成本。2013年6月，党中央启动党的群众路线教育实践活动，全市以此为契机，结合开展"假如我是服务对象"大讨论活动，深入查找"四风"方面存在的突出问题，切实抓好整改纠正。

同时，全市各级纪检监察机关按照习近平总书记的要求，坚持"老虎""苍蝇"一起打，加大惩治腐败力度。推进反腐败体制机制创新，建立查办腐败案件以上级纪委领导为主的机制，落实各级纪委书记、副书记的提名和考察以上级纪委会同组织部门为主的规定。深入推进纪检监察派出（驻）机构改革，实行统一名称、统一管理，实现"全覆盖"。实行"一岗双责""一案双查"，党委担负党风廉政建设主体责任，党委书记是第一责任人，对党风廉政建设负全面责任、直接责任、首要责任。

2014年是全市深入推进党风廉政建设和反腐败斗争的重要一年。十二届襄阳市纪委八次全会强调，要严明党的政治纪律、组织纪律，坚持党要管党、全面从严治党，狠抓落实，落实党风廉政建设责任制，党委负主体责任，纪委负监督责任。全市各级纪检监察机关聚焦中心任务，坚持以"零容忍"的态度惩治腐败，坚持严格执行纪律。市纪委、市监察局纪检监察绩效考核获全省第一，被评为优胜单位。

2.持续加大反腐倡廉力度

贯彻中央和省委精神，中共襄阳市纪委十二届九次全会强调，做好当前和今后一个时期的党风廉政建设工作，必须严明政治纪律和政治规矩，始终保持惩治腐败的高压态势。

与强化不敢腐的力度同时，全市不断强化不能腐的制度，培养不想腐的自觉。全市各级纪检监察机关坚持依规治党，落实"两个责任"，进一步加强党的纪律建设、作风建设和惩治腐败工作，深化"三转"和纪律检查体制改革，坚定不移推进党风廉政建设和反腐败斗争，为加快汉江流域中心城市建设提供坚强保障。市纪委出台并落实严明党员干部政治纪律和政治规矩的具体要求，把纪律教育列入党员干部教育培训规划和中心组学习内容。加强党内监督，增强纪律和制度执行力。认真贯彻市委《关于落实党风廉政建设党委主体责任纪委监督责任的实施意见》，将主体责任压力切实传导到副职，对于不落实主体责任、造成分管单位腐败问题严重、作风问题频发的，实行"一案三查"。认真落实《湖北省落实党风廉政建设责任制考核暂行办法》。探索上级纪委对下级党委落实主体责任监督的有效途径。充分运用责任制检查考核成果，认真执行《湖北省党风廉政建设"一票否决"暂行办法》。加强对各项规定执行情况监督检查。建立县纪委纪检监察室、派出纪工委、乡镇纪委"三位一体"基层协作办案直查快办的新机制。随着《中国共产党廉洁自律准则》《中华人民共和国公职人员政务处分法》的出台，坚持依纪依法惩治腐败。

第二章 经济建设全面发展

党的十八大以来，在以习近平同志为核心的党中央坚强领导下，襄阳市深入学习贯彻党的十八大、十九大、二十大及历次全会精神和习近平总书记考察湖北重要讲话精神，全面落实党中央、国务院决策部署和省委、省政府工作要求，在市委市政府的坚强领导下，完整准确全面贯彻新发展理念，主动融入和服务新发展格局，在经济建设上取得重大成就。经济总量得到大幅提高，经济保持较快增长，综合实力实现新跨越，科技创新取得新成果，产业体系取得新发展，改革开放实现新进展。城市实力地位显著提升，襄阳成为国家确定的中部地区重点城市、汉江流域中心城市和省域副中心城市，加快襄阳都市圈高质量发展成为省级战略，打造汉江流域高质量发展标杆城市迈出坚实步伐，襄阳"辐射、引领、联结、带动"作用更加凸显，综合实力稳居中西部非省会城市前列。

一、经济总量实现新跨越

党的十八大以来，襄阳地区生产总值（GDP）由2012年的2406.19亿元大幅增加到2022年的5827.8亿元，在2015年、2018年、2021年分别跨越3000亿元、4000亿元、5000亿元台阶，实现每三年跨越一个千亿元台阶，经济总量连过三关，昂首跨越5000亿元大关，稳居湖北省第2位、汉江流域城市首位。GDP在大陆城市的排位由2012年的第64位大幅提升至2021年的第49位，前进了15位。按不变价格计算，全市地区生产总值年均增长

7.6%，高于全国年均增速（6.6%）1.0个百分点，高于全省年均增速（7.3%）0.3个百分点。

新时代，襄阳市狠抓重大项目建设，全市共实施省市重点项目1547个，完成投资6890亿元，连续十年超额完成省市重点项目年度投资计划，全市投资和重大项目考核排名自2018年以来始终保持在全省前两位。资金争取持续增长，累计争取预算内资金166.2亿元。2021年2月，汉江国投48亿元优质企业债获批注册发行，成为本市有史以来单只获批规模最大的企业债，同时也是中部六省第1只、全国第4只一般地级市城投企业优质企业债。全市新增国家级创新型产业集群1个（高新区新能源汽车产业集群，2018年），省级创新型产业集群2个（高新区航空航天创新型产业集群、枣阳汽车新材料创新型产业集群，2022年），省级重点成长型产业集群10个；成功入选国家消费品工业"三品"战略示范城市（全国共9个城市入选，襄阳是全省唯一入选城市），为助推襄阳都市圈经济高质量发展起到重要作用。

襄阳东站全景（襄阳融媒体记者王虎供图）

全市人均地区生产总值由2012年的4.3万元提高到2021年的10.1万元，突破10万元大关，高于全国（8.1万元）2.0万元，高于全省（8.6万元）1.5万元。其中，在2018年、2019年、2021年分别突破7万元、8万元、10万元大关，平均每年跨越一个万元台阶。

2021年，全市财政总收入达到400.8亿元，是2012年（251.0亿元）的1.6倍，其中，地方一般公共预算收入211.3亿元，是2012年（139.9亿元）的1.5倍，财政总收入和一般收入规模由全省第3位升至第2位。

县域经济全线进位，纳入全省考核的7个县（市、区）连续四年均被评为"全省县域经济工作成绩突出单位"；枣阳连续五年跻身全国县域经济百强县，从2016年的第100位跃升至2020年的第86位；高新区综合实力居国家级高新区第29位，成为国家高端装备制造业（新能源汽车）标准化试点和国家知识产权示范园区。襄州区上榜全国农业科技现代化先行县共建名单，技术改造成效明显，涌现了襄阳正大、襄阳鲁花、丰庆源、东风井关等一大批行业领军企业。谷城经济开发区作为全省唯一园区入选国家绿色产业示范基地。南漳在林特产品加工等领域持续发力，使得南漳县成为全国十大食用菌商品基地，产品远销海内外。

二、科技创新取得新成果

襄阳市始终坚持创新驱动发展战略，不断采取措施，吸引人才、资源，为襄阳高质量发展积蓄创新动能。企业、院校、科研机构等加大研发力度，追求新技术、新工艺，广大科技工作者深入研究，全市科技创新总体水平加速提升。高能级科创平台层出不穷，高技术企业如鱼得水，高质量人才少长咸集，处处洋溢着创新创造的"科技之光"。

科技创新不断结硕果。全市高新技术产业增加值由2012年的400.7亿元提高到2021年的1207.4亿元，稳居全省第2位，占GDP比重达到22.7%，比2012年提高6.7个百分点，高于全省平均数2.1个百分点。研发经费支出由2012年的42.4亿元增加到2021年的96.8亿元，年均增长9.6%。襄阳市先后获得全国科技进步示范市、国家创新型城市、国家可持续发展实验区、国家智慧城市等荣誉称号，入选"科创中国"试点城市，连续11年获评全省科技创新先进市。

区域科技创新中心基本形成。高新科技城、东津科学城、尹集大学城建设全面推进，武汉理工大学襄阳示范区开园，湖北隆中实验室挂牌运营，襄阳华中大研究院、襄阳航空研究院、华中农业大学襄阳现代农业研究院等相继落地。仅2021年全年就有72个项目被列入国家或省级科技计划项目。全年专利授权总量10646件，其中发明专利授权量709件，实用新型专利授权量9325件，外观设计专利授权量612件。

高新技术企业高质量发展。多年来，襄阳市持续实施高新技术企业"倍增计划"，大力培育专精特新"小巨人"企业和隐形冠军企业。截至2021年底，全市高新技术企业总数874家，国家科技型中小企业入库1196家，国家级专精特新"小巨人"企业46家，湖北省科创"新物种"中"瞪羚"企业入库33家，指标均位居全省第二。省级以上创新平台434家、国家级创新平台14家。2022年以来，全市新申报高新技术企业551家，科技型中小企业入库1575家。

湖北万洲电气有限公司（万洲电气公司供图）

湖北双登储能科技有限公司（枣阳市经信局供图）

江苏龙蟠科技股份有限公司襄阳分公司（龙蟠公司供图）

　　加快推进科技与产业深度融合，聚焦汽车及零部件、新能源汽车、装备制造、农产品加工、新一代信息技术等我市主导产业、战略性新兴产业和先进制造业 13 条产业链，筛选出对重点产业至关重要且有一定研发基础的 12 项技术。聚焦先进装备制造、新能源、新材料等领域重大技术需求，面向全国遴选优秀科研攻关团队。从2022年起连续三年从市本级科技专项经费中拿出1000万元支持隆中实验室项目攻关。与此同时，襄阳深化产学研合作，加速科技成果转化。与华中科技大学、武汉理工大学等国内知名

襄阳博亚精工装备股份有限公司（襄阳文联王晓剑供图）

回天新材料股份有限公司（回天公司供图）

高校签订校地合作协议，常态化开展重大产学研对接活动。襄阳全力以赴提升制造业水平，加快产业升级，建设万亿工业强市。

多年来，襄阳着力吸引高科技人才。深入推进"隆中人才支持计划"，人才资源总量达 85.4 万人。全省首个国家科技领军人才创新创业基地落户襄阳，襄阳注重搭建人才引进、技术合作、成果转化的桥梁，积极引导本地企业与科技领军人才深化战略合作，吸引各类领军人才来襄创新创业。聘请李培根院士等 12 名一流专家学者为我市献计献策。实施首席技术专家计划。

三、产业体系取得新发展

新时代，襄阳逐步建成现代化产业体系。第一产业增加值 605.61 亿元，增长 4.4%；第二产业增加值 2734.56 亿元，增长 9.5%；第三产业增加值 2487.64 亿元，增长 1.7%。三次产业结构由 2021 年核实后的占比 10.3∶45.3∶44.4 调整为 10.4∶46.9∶42.7，产业结构不断优化。农业发展由大转强，成功创建整市建设的国家现代农业示范区；工业经济量质齐升，全部工业增加值由 2012 年的 1187.10 亿元增加到 2022 年的 2734.56 亿元；服务业跨越式发展，增加值由 2012 年的 787.51 亿元大幅增加到 2022 年的 2487.64 亿元。实现产业结构转型，经济增长实现了由第二产业主导向第二、第三产业共同拉动的历史性转变，稳步迈向工业化中后期发展阶段。

（一）农业基础实现新巩固

农业发展由大转强。我市坚持把保障粮食安全放在重要位置，落实严格的耕地保护制度。新时代，粮食种植面积始终保持在 1200 万亩左右。2012 年，襄阳市成为湖北省及长江流域第一个粮食总产量过百亿斤的粮食大市、全国第 22 个百亿斤粮食大市，党的十八大以来粮食产量保持在百亿

收割机在襄州区古驿镇高粱地里作业（襄阳融媒体记者王虎供图）

斤左右，2021年粮食产量94.6亿斤，稳居全省首位，占全省的1/6。

襄阳加快从农业大市向农业强市跨越升级。先后引进正大、盼盼、牧原等一批农业产业龙头领军企业，农产品加工产业产值达1634亿元，农产品精深加工率升至32%。成功创建整市建设的国家现代农业示范区，全国春季农业生产暨农业机械化转型升级工作会议在本市成功召开。出台《培育壮大农业产业化龙头企业的实施意见》，提出聚焦粮食、生猪、淡水产品、蔬菜、家禽及蛋制品、茶叶、现代种业、菜籽油、林果、道地药材十大农业重点产业链。南漳县获评"国家农产品质量安全示范县"。保康县国家级重点农业龙头企业萧氏茶业形成"资源共享、标准共建、品牌共创、市场共拓"的产业化联结新模式。枣阳市坚持在"延伸产业链、打造供应链、提升价值链"上下功夫，大力延长加粗优质粮油、畜禽、果茶、中药材和淡水产品五大重点产业链。襄州区围绕优质粮油产业和优质畜牧产业，全方位构建农业产业链发展新格局。新时代，襄阳市荣获"全国粮食生产先进市"称号，成为国家现代农业示范区，粮食产量和猪、牛、羊出栏量常年位居全省第一，开启了农业由大到强的新跨越。

（二）工业引擎实现新增强

全市工业增加值由2012年的1187.1亿元增加到2021年的2093.88亿元，占全省工业增加值的比重由12.1%提高到13.3%。其中，规模以上工业增加值年均增长9.0%，高于GDP年均增速1.4个百分点，分别高于全国、全省年均增速2.2个、1.3个百分点。2021年，规上工业企业营业收入达到6558.4亿元，比2012年（销售收入3323.9亿元）翻了近一番，按可比价格计算，年均增长11.5%，高于全省年均增速3.5个百分点。新能源汽车、工业机器人、手机等新兴产品从无到有，2021年规上企业产量分别达到1.4万辆、0.99万套、500.4万台。

工业经济增势强劲。先后引进5亿元、10亿元以上工业项目918个、533个，合同投资额达15708.77亿元，比亚迪、吉利等一大批龙头企业相继落户襄阳，世界500强企业达32家，规上工业企业由1269家增加到1759

东风汽车纳米科技（襄阳）有限公司（襄阳文联王晓剑供图）

家，总产值由3833.5亿元增长到7172亿元、年均增长7.2%，规上工业增加值由1233.3亿元增长到2093.9亿元、年均增长6.1%。新增长源东谷、博亚精工等5家上市企业，总数达到14家、位居全省第二。汽车产业产值突破2000亿元，整车产量近40万辆、增长近1.5倍，新能源汽车产值增长近13倍，获评"国家新能源汽车推广应用示范城市"，国家智能网联汽车质量监督检验中心落地襄阳。襄阳相继成为新能源汽车、军民融合、再生资源利用等国家新型工业化产业示范基地；成功入选国家消费品工业"三品"战略示范城市（全国仅有9个、全省唯一）。

四、改革开放实现新进展

新时代，襄阳着眼全局，在更高起点上推进改革开放，努力为市场主体提供市场化、法治化、国际化的一流营商环境。

对外开放取得长足发展。2022年全市进出口总额371.5亿元，比上年增长31.2%。其中，出口346.0亿元，增长37.2%；进口25.5亿元，下降17.6%。全市新批外资项目21家，比上年增长50.0%。全市实际使用外资11.0亿美元，增长12.4%，其中，外商直接投资（FDI）0.25亿美元。2022年新增进出口主体突破100家、出口过亿美元企业2家。对外开放网络不断完善，重大项目接连落地正大集团、比亚迪、吉利等具有国际影响力的企业与襄阳成功牵手，际华三五四二、新火炬科技、襄阳三珍等外贸型企业的产品畅销世界各国。襄阳抢抓中国（湖北）自由贸易试验区襄阳片区建设宝贵机遇，大胆谋创新、全力求开放。努力搭建物流"新通道"连接海外。9条国际货运班列常态化运行，累计发运货物近1.7万大箱；年设计通过能力6460万吨的水运新港启动建设；机场国际区改造建设完成并实现国际货运直航，开放项目列入国家"十四五"口岸发展规划，一类航空口岸申建工作取得突破性进展；被世界知名船务公司马士基纳入全球第347号港口目录，可在襄阳本地签发进出口全程提单。以"四港一区"（航空港、铁路港、陆地港、水运港和综合保税区）为核心的"平台＋通道"物流体系构建完成，重现"南船北马、七省通衢"交通优势。

2018年襄阳开通欧洲货运班列（襄阳融媒体记者王虎供图）

截至2022年，襄阳自贸片区市场主体达1.2万家，引进项目200余个，总投资逾千亿元。随着襄阳综合保税区正式运营，高新区、自贸片区、综合保税区、跨境电商综合试验区"四区叠加"优势将进一步提升，并在贸易便利化、跨境电商发展、一体化通关等方面，探索形成更多顺应市场主体期盼、契合发展需要的制度创新成果，实现外贸经济与县域经济、城区经济的互促互进。外向型经济发展韧性不断增强，汉江流域开放高地加快形成。

五、打赢脱贫攻坚战

党的十八大以来，以习近平同志为核心的党中央把脱贫攻坚摆在治国理政突出位置。襄阳市委市政府积极贯彻落实中央和省委关于脱贫攻坚的指示精神，认真贯彻落实精准扶贫精准脱贫基本方略。经过努力，南漳、保康、谷城3个贫困县全部"摘帽"，346个建档立卡贫困村全部出列，12.3万户37.5万建档立卡贫困人口全部脱贫，现行标准下农村贫困问题100%解决。2021年2月，中共中央、国务院授予襄阳市扶贫办"全国脱贫攻坚先进集体"荣誉称号。

（一）履行脱贫攻坚政治责任

市委市政府每两个月召开一次脱贫攻坚工作会议，部署全局性、阶段性的重点工作。市扶贫攻坚领导小组每季度召开一次联席会议，落实市委市政府的决策。市、县、乡、村党组织书记遍访贫困对象，了解他们的所思所想，以便有的放矢。

（二）落实"两不愁三保障"和饮水安全有保障政策标准

首先解决"两不愁"问题。全市建档立卡贫困人口人均纯收入从2014年的2538元增加到2020年的10288元，增长4.1倍。其中，工资性收入5491元，占53.4%；生产性收入1973元，占19.2%；转移性收入2664元，占25.9%；财产性收入160元，占1.5%。贫困人口有能力通过自产或自购满足口粮需求，并补充一定的肉、蛋、豆制品，有能力通过自购做到四季有换季衣服、日常有换洗衣服。

累计资助贫困学生42万人次9.49亿元，安排26.9亿元资金改善农村薄弱学校办学条件，义务教育阶段贫困家庭适龄儿童、少年失学辍学现象全面消除，义务教育有保障率达到100%。

财政补贴资金1.86亿元，支持37.5万贫困人口全部纳入基本医疗保险、大病保险和医疗救助等保障范围，住院救治农村建档立卡贫困人口57.7万人次，门诊救治11.5万人次，县域范围内政策范围内住院和门诊医疗费用报销比例分别达到94.5%和86.5%，个人负担医疗费用不超过5000元，基本医疗有保障率达到100%。

襄阳还争取中央、省级的资金，为贫困户实施危房改造，投入专项资金30亿元，建设集中安置点927个，22567户贫困户实现易地扶贫搬迁，住房安全有保障率达到100%。投资21.34亿元，为贫困人口建成供水工程3325处，饮水安全有保障率达到100%。

（三）增强贫困人口的自我发展能力

新时代，襄阳累计争取中央、省扶贫专项资金28亿元，改善农村基础设施和基本公共服务条件，激发贫困人口内生动力。因地制宜发展茶叶、蔬菜、食用菌等特色经济作物，培植特色产业集群，培育带贫新型农业经营主体，带动贫困户增收。加大稳岗就业力度，帮助贫困劳动力外出务工，实现稳定就业。

（四）改善贫困地区生产生活条件

新时代，完成农村公路新改建12000千米，改造县乡道1047.5千米，实现硬化公路全覆盖，自然村全部通动力电。固定宽带和移动网络实现"村村通"，通信基础设施覆盖率达到100%。标准化村卫生室实现全覆盖。

第三章　文化教育卫生等社会事业蓬勃发展

2012 年以来，襄阳市委深入学习贯彻落实党中央对文化教育卫生等社会工作的战略部署，不断创新工作方法，推动了文化教育卫生等社会工作建设呈现崭新的局面。

一、文化建设呈现新局面

（一）加强意识形态工作

进入新时代，党的理论创新步伐大大加快，习近平新时代中国特色社会主义思想深入人心，是我们各项工作的重要指导理论。

新时代，我们坚持学深悟透习近平新时代中国特色社会主义思想。严格落实党中央《中国共产党党委（党组）理论学习中心组学习规则》，聚焦提升领导干部的马克思主义思想觉悟和理论水平，完善"思想引领，学习在先"机制，制定出台《襄阳市党委（党组）理论学习中心组学习实施办法》《襄阳市党委（党组）理论学习中心组学习巡听旁听办法（试行）》等文件，常态化举办"襄阳论坛"，编发《党委（党组）中心组学习参考》等学习资料。深入基层，组建市县两级"两团多队"宣讲队伍，广泛开展宣讲活动，着力打通理论宣讲"最后一公里"。市委严格落实党中央制定的《党委（党组）意识形态工作责任制实施办法》，还根据党中央印发的《关于修改〈中国共产党巡视工作条例〉的决定》，将认真贯彻落实意识形态工作责任制纳入巡视内容。

（二）践行社会主义核心价值观

进入新时代，以习近平同志为核心的党中央坚持以社会主义核心价值观引领文化建设，襄阳市委贯彻落实党中央决策部署，积极加强社会主义核心价值观的教育引导和实践养成，开展了一系列涵养社会主义核心价值观的活动。

一是坚持走好群众路线，典型选树示范、引领成效突出。培育选树时代楷模、道德模范等各类先进典型，荣获省级以上荣誉146人（组），其中6人入选全国道德模范提名奖（熊子勋连续两届提名），4人（组）入选"全国最美人物"，40人入选"中国好人"，8人（组）入选"荆楚楷模"年度人物，9人入选"湖北省道德模范"，79人（组）入选"荆楚楷模"。

二是坚持"软硬"兼顾，夯实思想道德建设基础。襄阳市用好红色资源，深入开展社会主义核心价值观宣传教育，制定《贯彻落实〈新时代加强和改进思想工作的意见〉的具体措施》，推动社会主义核心价值观落实。在爱国主义教育基地、国防教育基地、公共文化场馆、红色景区等开展社会主义核心价值观教育活动。开展"书香溢襄阳"全民阅读活动，开展"我们的节日"主题活动、道德讲堂活动。深化未成年人思想道德建设，开展"扣好人生第一粒扣子"主题教育实践活动、"清明网上祭英烈"活动、"童心向党"歌咏活动、"我是城市文明小主人"活动等，用社会主义核心价值观铸魂育人，培养担当民族复兴大任的时代新人。

三是坚持以人为本，持之以恒推进全国文明城市创建工作。进入新时代，襄阳市以创建全国文明城市为抓手，提升城市管理水平和治理效能，增强百姓的获得感、幸福感。通过开展创建全国文明城市双周"红黑榜"评选、居民小区"红黄蓝"牌照动态管理、"十小"不文明行为专项整治、"百名城市文明观察员"志愿者招募等活动，保障城市文明建设的全域性、敏捷性和精确性。把全国文明城市创建作为"一把手"工程来抓，推进创建工作全面开展。建立创建全国文明城市领导机构，构建"一办五组"（"办公室＋五个专项督导组"）创建工作格局，全面推进全国文明城市创建工作。实行各级领导包保责任制，实现全市责任包保全覆盖，精准提升全国文明城市创建质量。

（三）充分利用文化资源以促进文化产业繁荣

进入新时代，襄阳市委深入贯彻落实党中央关于文化工作的安排部署，坚持走中国特色社会主义文化发展道路，大力发展文化事业和文化产业，不断激发全社会文化创新创造活力，文化事业和文化产业呈现繁荣景象。

一是坚持"百花齐放"，不断涌现歌颂人民的优秀作品。以《长山壮歌》为代表的一批优秀戏剧作品纷纷搬上舞台；《遇见最美的本草》《送你一瓣月光》等文学作品获得冰心散文奖，市作家协会被中国作协授予"基层组织先进集体"，是湖北省唯一获此荣誉的集体；长篇小说《羊祜大将军》、传记文学《宋玉传》、历史专著《西晋名臣羊祜与襄阳岘山》和襄阳地方文化整理发掘成果《故事里的襄阳》系列图书出版发行，文化传承发展不断"开新花""结硕果"。同时，群众文化与专业艺术交相辉映，书法、美术、摄影等视觉艺术创作均取得突破。

二是坚持量力惠民，公共文化服务体系日臻完善。襄阳市成功创建"国家公共文化服务体系示范区"，公共文化服务网络覆盖率、基层群众数字文化资源服务覆盖率均从2012年的小于70%增长到2022年的100%。全市所有公共图书馆、博物馆、文化馆、美术馆免费向群众开放，公共体育场馆免费或低收费开放率、全市行政村和社区体育健身设施覆盖率均达到100%。市图书馆新馆、市全民健身中心、5座城市书房和12家民间博物馆建成开放，各县（市、区）公共文化场馆、基层综合文化服务中心全面完成新建或改扩建，群众文化获得感、幸福感大幅提升。襄阳广电高清全媒体演播室、中央广播电视节目无线数字化覆盖工程、农村智能广播网"村村响"和"户户通"等工程建成并投入使用，实现电视频道全流程高清化、广播电视节目数字化、"村村响"全覆盖。

三是坚持大众参与，人民体育事业发展动力十足。襄阳市政府先后出台《襄阳市关于加快建设体育强市促进全民健身和体育产业发展的实施意见》《襄阳市全民健身实施计划（2016—2020）》，体育强市战略加快推进。全市体育场地从 2012 年的 7954 个增加到 2022 年的 13955 个，人均体育场地面积从 2012 年 1.37 平方米增加到 2.26 平方米，全市县级及以上体育社会组织从 2012 年的 26 个增加到 2021 年的 3085 个，全市社会体育指导员总人数从 2012 年的 11559 人增加到 2021 年的 18440 人。全市每年举办各类全民健身赛事活动 500 多场，参与人数超过 100 万人次，形成了"周周有活动、月月有赛事、天天都健身"的全民健身发展格局。连续举办了襄阳马拉松、F1 摩托艇世界锦标赛、"智圣杯"全国桥牌公开赛、中国大学生方程式汽车大赛等大型体育赛事，赛事活动品牌影响力显著提升。襄阳籍运动员在国际、国内大赛上荣获世界冠军 7 个、亚洲冠军 13 个、全国冠军 66 个。特别是在东京奥运会上，斩获 1 金 2 银 1 铜，实现了襄阳奥运史上金牌零的突破，奖牌数占全省的 50%。

（四）讲好襄阳故事和展现襄阳形象

进入新时代，襄阳市文联开展各类文艺活动，讲好襄阳故事，传播好襄阳声音，展示襄阳文化成果，彰显襄阳城市魅力。围绕重大纪念日、重要节庆日策划实施文艺活动，先后围绕中国共产党成立 95 周年及 100 周年、纪念抗日战争胜利 70 周年、改革开放 40 周年、新中国成立 70 周年、党的十九大及二十大召开等主题，举办书法、美术、摄影等大型展览活动，这些活动受到《人民日报》、新华社、中央广播电视总台、《光明日报》、学习强国等中央各大媒体和新媒体平台的关注。2022 年《人民日报》头版头条报道了襄阳国庆节期间展出的"美的航程"美术展。

二、教育事业发展取得新成绩

新时代，襄阳市坚持教育优先发展，持续深化教育领域综合改革，义务教育优质均衡基础更加坚实，高中教育品牌效应更加凸显，职业教育服务能力更加强劲，高等教育办学层次更具规模，襄阳教育名片进一步擦亮，教育事业获得长足发展，襄阳从"教育大市"迈向"教育强市"。

（一）教育改革不断深化

首先，教育系统法治化建设工作不断推进。2014年，市教育局依据国家和湖北省的要求，制定《襄阳市中等及中等以下学校"依法治校"创建考核标准》，印发《关于开展依法治校示范校创建活动的通知》，明确依法治校示范校创建工作的目标任务，成立教育系统法治建设领导小组，制定法治建设工作规划和方案。全市中小学、幼儿园选聘法治副校长和法治辅导员，配备率达100%。

其次，"教育信息化建设"不断深入。成立由分管副市长任组长的领导小组，依托华中师范大学科研团队，建成教育信息化评估系统、新高考综合服务系统、阳光招生系统、智慧校园管理系统，形成了覆盖全市的教育管理信息化体系，实现教育基础数据的"伴随式收集"和互通共享。全市各级各类学校网络宽带接入率达100%。全市"班班通"建设率、教学点资源全覆盖率均达到98%以上。中小学教师信息化终端比例2∶1以上，学生信息化学习终端比例2∶1以上，97%以上的教学班能够在线使用襄阳教育资源公共服务平台。

最后，推行"统一招生平台"。襄阳市教育局在全市推行义务教育统一平台招生，全面推行"阳光招生"，实行统一免试招生、统一划片招生、统一计划招生、统一时间招生、统一审核条件、统一宣传审批程序、统一信息平台招生"七个统一"，招生秩序不断规范。升级"襄阳市义务教育招生平台"，实现与公安、房管、卫健、工商、社保等部门信息的"互联互通、业务协同"，建立包含房产、户籍、社保、人口、营业执照等信息在内的数据库，实行公平招生。

（二）学前教育、义务教育、高中教育稳步发展

1.学前教育

襄阳市先后启动实施学前教育发展"三年行动计划"，并设立学前教育市级奖补资金，推动该计划的发展。印发《襄阳市市区新建居住小区配套建设中小学校、幼儿园管理办法》《襄阳市规范幼儿园一日活动指导建议（试行）》等文件，规范学前教育。同时，加大对培训机构举办的学前班、幼小衔接班的排查整治，开展幼儿园"小学化"专项整治。开展省、市、区三级示范幼儿园结对帮扶工作，构建"市—县—乡—村"四级结对帮扶网络，通过开展各种活动，提高幼儿园的管理水平和师资建设。全市学前三年教育毛入学率达到96.7%。

2.义务教育

义务教育优质均衡基础更加坚实。截至2021年12月底，全市中小学已建立学区97个，组建教育集团65个，建立学校联盟12个，组建九年一贯制学校32所，全市义务教育入学率100%。义务教育各级各类学校做到课后服务两个"全覆盖"，即义务教育学校全覆盖、有需求的学生全覆盖，学校覆盖率100%。实行送教上门政策，实现了义务教育阶段适龄儿童"零失学零辍学"。推进"县管校聘"等改革，规范民办义务教育，夯实义务教育均衡发展的基础。

3.普通高中教育

襄阳市实施"规模与质效并重"的普通高中办学方略，由"壮大规模"走向"形成品牌"。全市省级示范高中达6所，市级示范高中达20所。从2018年起，全市高考过重点线人数每年都过万人。2022年清华大学、北京

大学录取人数创历史新高，达到64人。600分以上高分段人数，历史类在全省占比达21%，物理类在全省占比达13%，过重点线人数占全市高考参考人数的26.98%。本科上线占全市高考参考人数的42.55%。

（三）职业教育和培训体系不断完善

襄阳市制定了市职业院校教师弹性编制管理办法，推动襄阳职业教育发展。截至2021年，襄阳市有高等职业教育学校2所，具有招生资格的中等职业院校21所，其中公办学校20所、民办学校1所（襄阳智投汇文综合高中），有行业企业所办学校1所（湖北省工业建筑学校），"政府管理＋行业举办＋社会参与"型办学格局具有一定基础。21所中职学校中，国家级重点中等职业学校11所，省级示范学校5所，襄阳市基本管理优秀学校6所，共有52个专业点招生，涵盖医药卫生、装备制造、电子与信息等12个大类。

通过遴选与新兴产业和支柱产业对接紧密的专业、争取政策建立实训基地、开展与其他高校联合培养、举办技能大赛、开展"赋能体制专项行动"等方式，加强学生职业技能培养。通过开展"面对面"用工培训、探索"学生—学徒—准员工—员工"现代学徒制度、调整优化专业布局、开展政校行企多方联动等形式，不断提升职业教育育人链与产业链的契合度，实现进校即进厂的合作效果。

（四）高等教育办学规模不断扩大

高等教育办学层次更具规模。本土高校内涵发展取得新成效，湖北文理学院应用型综合性大学建设迈出实质性步伐，新校区建设加快推进，取得了13个硕士学位授予点；"招校引院"工作取得新突破，华中科技大学工研院、华中农业大学襄阳校区、武汉理工大学专业学位研究生培养模式改革襄阳示范区相继落户襄阳，全市高等教育规模与水平得到质的提升，服务经济社会发展能力显著增强。

在"双一流"建设方面，2019年，湖北文理学院召开"双一流"建设分析报告会，出台《关于加强一流学科建设的决定》《一流学科建设方案》。市政府出台《关于支持湖北文理学院建设一流大学和一流学科的实施意见》，明确提出湖北文理学院一流大学和一流学科的建设目标，制定17条具体支持性政策举措。围绕以交通为特色创建综合性大学目标开展学科大讨论，邀请哈尔滨工业大学、同济大学、重庆交通大学等高校的知名专家论证交通特色创建方案，确立以交通为核心、"一心多环，心环相交"的学科布局。

（五）师德师风建设不断加强

以创建湖北省教师教育综合改革试验区为引领，通过开展"国培计划（2013）示范性培训项目"培训、"农村教师素质提高工作"和"农村幼儿教师素质提高工程"培训计划、楚天中小学教师校长卓越工程培训、市级暑期教师培训、班主任培训及短线学科培训、教师学科培训点培训、教育管理干部培训，教师专业化发展更有生机。通过建成市、县、校三级培训网络，实现在职教师五年轮训全覆盖。实施"万名名师培养计划"，近5年共培养市、县、校三级名师10240人。实施"襄派教育家"成长工程，打造了一支生机勃勃的教师队伍。

三、卫生健康事业不断发展

党的十八大以来，襄阳市坚持把人民健康放在优先发展的战略位置，坚持人民至上、生命至上，以深化医药卫生体制改革为统领，以缓解群众看病难、看病贵问题为目标，破解医疗卫生事业发展瓶颈，夯实医疗设施建设基础，提升基层医疗卫生服务水平，织密筑牢疫情防控网络，加速推进医养结合，大力建设健康襄阳，实现了从"以治病为中心"到"以人民健康为中心"的跨越，交出了一份群众满意的"健康答卷"。

（一）加强医疗卫生服务体系和全科医生队伍建设

1. 全市医疗服务能力显著提升

2011年至2021年底，全市每千常住人口床位数从3.37张增加到7.74张，已提前完成规划目标值。每千人口执业（助理）医师从1.64人增加到2.64人，每千人口注册护士从1.55人增加到3.2人，均较2011年显著增加。大力开展标准化基层医疗卫生机构创建，全市66%的基层医疗卫生机构（97家）实现了60种基本病种诊疗。社区卫生服务机构公益性进一步强化，基层医疗服务能力持续提高。

医疗综合实力持续提升。建立了包含急救、口腔、传染病防治、职业病防治、结核病防治等卫生资源门类最齐全的医疗卫生服务体系。市中心医院、市一医院入围全国三级综合医院300强。市口腔医院、市职业病防治院等专科医院服务能力位居全省市州前列。市直三级医院成功创建国家级重点专科8个（中医类）、省级重点专科72个（西医类62个、中医类10个）。市中心医院和市一医院共10个专业成为委、市共建省级区域医疗中心临床专科。基层医疗服务能力显著提升。枣阳市第一人民医院、宜城市人民医院、谷城县人民医院、襄州区人民医院等通过了三级医院评审。

2. 公共卫生服务能力加强

初步建立以疾控机构和各类专科疾病防治机构为骨干，二级以上医疗机构和乡镇卫生院（社区卫生服务中心）、村卫生室（社区卫生服务站）为补充的疾病预防控制体系；建立了高效运转的疫情应急指挥体系和卫生健康领域应急演练、应急储备和常态化培训机制。

公卫体系补短板项目建设加快。全市推进公共卫生体系补短板项目147个，总投资114亿元（其中抗疫国债资金29亿元），已开工建设项目141个（其中竣工98个），开工率为96%，工作经验在全省会上交流发言。鄂西北重大疫情救治基地和市疾控中心迁建、"三大医院"新院区和市儿童医院等重大项目的建设快速推进。

3.医药卫生体制改革不断深化

分级诊疗制度进一步落实。大力推进分级诊疗制度建设，扎实推进襄阳市全国城市医联体建设试点、老河口市和枣阳市全国紧密型县域医共体建设试点，依托市区三级医院和市妇幼保健院，深化紧密型城市医疗集团建设；依托各县市区龙头医院，加强紧密型县域医共体建设，组建医联体38个，优质医疗资源有序有效下沉，县域内就诊率多年来稳定在94%以上，居全省前列。

医药改革持续深化。全面取消公立医院药品和高值医用耗材加成，常态化落实国家、省药品和医用耗材集中带量采购使用要求，平均降价60%。国家基本药物制度得到全面落实，公立医疗机构基本药物配备使用比例稳步提升，短缺药品供应保障能力显著提升，临床用药管理和药品使用更加规范。

4.医疗保障改革持续深化

通过建立统一的城乡居民基本医疗保险和大病保险制度，统筹推进医疗、医保、医药"三医联动"改革，成立襄阳市医疗保障局，全面实施基本医疗保险市级统筹，全市基本医疗保险覆盖率稳定在95%以上。

（二）倡导健康生活方式以预防重大疾病

1.做好民生健康服务，倡导健康文明生活方式

围绕影响群众健康的8类突出问题，扎实推进影响群众健康突出问题"323"攻坚行动；全面落实基本生育免费政策，认真做好孕妇孕期和儿童保健工作，加强母婴服务管理，促进人口长期均衡发展；扎实推进吸烟不文明行为专项整治活动，建设"无烟党政机关"707家。

2.各种法定传染病和重大传染病得到有效防控

全市法定传染病及时报告率达到100%，以乡镇为单位适龄儿童免疫规划疫苗接种率高于90%，手足口病报告发病率和艾滋病疫情持续控制在低

流行水平。成功消除碘缺乏症、疟疾、血吸虫等疾病。顺利通过国家卫生城市复审，全市下辖县实现国家卫生县城全覆盖。

（三）中西医并重以传承发展中医药事业

全市共建设中医传承工作室国家级4个、省市级25个。全市乡镇卫生院、社区卫生服务中心国医堂建设实现全覆盖，其中省级"示范国医堂"24个。南漳县开展支持中医药发展试点经验在全省推广，枣阳市组建了县域中医医共体，襄阳职业技术学院成功开设中医学专业。

（四）加快老龄事业和产业发展

1.扎实推进老龄健康工作

积极探索居家、社区、机构相协调的医养结合新模式，积极推进20个医养结合机构建设，全市医养结合床位3997张。2021年，组建23支心理关爱调查员队伍，认真开展老年健康服务体系省级试点建设。

2.不断完善养老服务体系建设

十年来，襄阳市相继出台了《市人民政府关于加快发展养老服务业的实施意见》《襄阳市中心城区养老设施专项规划》《襄阳市老年人助餐服务实施办法》《襄阳市养老服务体系建设"十四五"规划》等文件，建立"襄阳市养老服务联席会议制度"，形成了政府主导、部门负责、社会参与的养老服务工作机制。居家、社区、机构融合发展模式逐步形成，通过市政府民生实事共建了117个具有示范功能的城乡社区居家养老服务设施、7个街道综合性社区嵌入式养老服务设施、12个老年幸福食堂，32个社区居家养老服务设施社会化运营，实现老年人家门口养老。全市养老服务机构数量从2011年的180家发展到2022年的240家，养老床位数从1.9万张增加到养老机构护理型床位占比达到43%，高于全省平均水平。社区嵌入式养老服务设施、街道（社区）综合为老服务中心、幸福食堂等建设持续推进，社区居家养老服务中心覆盖率达到97%。成功申报第五批全国居家和社区养老服务改革试点城市和2022年居家和社区基本养老服务提升行动项目。全面落实高龄津贴补贴制度，对10.65万名80岁以上的老人发放高龄津贴补贴，为4000余名经济困难的高龄、失能老人发放补贴。

四、就业质量和人民收入水平不断提高

襄阳市各级各部门积极落实国家各项就业政策，开展各类技能培训，奋力打出"组合拳"，实现更加充分、更高质量的就业。新时代，襄阳全市城镇新增就业115.06万人，各类失业人员实现就业34.86万人，人民收入水平不断提高。

（一）大规模开展职业技能培训

为培养造就更多高技能人才、能工巧匠，先后建成各级高技能人才培训基地8家（其中省级5家，国家级2家），各级技能大师工作室42家（其中省级11家，国家级2家）；开展补贴性职业技能培训74.9万人次，累计培养各类技能人才31.34万人，技能人才队伍稳步扩大，推动社会人员就业稳步增长。围绕汽车、航空航天等13条制造业产业链，市总工会启动以评选百个红旗班组、选树千名金牌工匠、培育万名技能人才为内容的"百千万工程"，深化劳模创新工作室创建活动，创建各级职工（劳模、工匠）创新工作室248个，在创新创造中激发活力。

（二）提供全方位服务以促进多渠道就业创业

1. 创新招聘方式

开发"云上就业"信息服务平台，推出"湖北公共招聘网·襄阳"网站，举办"局长直播带岗""招聘夜市""就业轻骑兵"等系列专项服务，拓宽就业渠道，推进襄阳市十大民生事项"零工市场"建设，已建成市级总站1个、县级分站11个、乡镇（街道）驿站50个，累计服务25.6万人次，相关做法被国务院肯定。

2.强化人才引进

先后组织到华中科技大学、武汉大学、西北工业大学等30所高校，举办"才聚荆楚·智汇襄阳"等系列活动，十年来共吸纳高校毕业生来襄就业创业20.33万人，引进紧缺高层次人才2859人（其中硕士以上高层次人才2532人）。

3.强化平台建设

成立襄阳人力资源产业园，实现开园即挂省牌，累计入驻企业95家，服务企业6300家，服务人才65.4万人次，为各类人才提供优质服务。

4.强化转移就业与就业帮扶

持续推进"就业营销计划"，与南京市、无锡市、昆明市、十堰市等地人社部门签订劳务协议76份，提供岗位7.7万个；加强就业培训、就业援助等服务力度，农村劳动力转移就业从2012年的95.5万人增加到102.8万人，促进农村劳动力实现更高质量就业。发放稳岗返还补贴、一次性吸纳就业补贴、就业培训补贴等33.72亿元，有效调动企业积极性和主动性。建立脱贫劳动力每月监测调度机制，面向脱贫人口实施精准就业帮扶，做好脱贫人口稳岗就业工作。持续加大稳岗就业力度，帮助97108名贫困劳动力外出务工，实现稳定就业。2022年，全市脱贫人口就业总数达到100665人。

5.创业带动就业

大力实施"创在襄阳计划"，组织"襄十随神"城市群创业创新大赛等赛事11场，举办"我兴楚乡·创在襄阳"上海推介会等返乡创业推介会13场，认定各类大学生创业孵化示范基地19家（其中，国家级1家，省级3家，市级1家），累计发放创业担保贷款4.5万笔75.2亿元。

（三）完善多方协调机制，构建和谐劳动关系

围绕创建和谐劳动关系，出台《关于进一步深化和谐劳动关系企业创

建工作的意见》，全市规模以上企业开展劳动关系和谐企业创建活动覆盖面达98.5%。开展职工工资集体协商，探索工资集体协商"双自律"机制，出台邮政快递、外卖送餐等新形态行业集体合同指导文本。截至2022年10月，全市141家新业态企业建立集体协商制度，覆盖劳动者3.3万人。立足共建共享共赢的社会治理新格局，在劳动争议调裁诉对接机制试点中探索出"五化"同步推进的"襄阳样板"，实现"法院＋工会"劳动争议诉调市县全覆盖。

（四）拓宽居民收入渠道

增强贫困人口自我发展能力。着力强化产业、就业帮扶，改善农村基础设施和基本公共服务条件，激发贫困人口内生动力。因地制宜发展茶叶、蔬菜、食用菌等特色经济作物面积180万亩，培植九大特色产业集群，培育带贫新型农业经营主体1.1万家，带动贫困户7.1万户，户均增收7000余元。同时强化产业帮扶。围绕地区资源禀赋和主导产业谋划重点产业项目，将重点产业项目纳入中央和省、市衔接资金支持项目库，积极争取上级对联农带农效果好的项目给予重点支持。同时，探索金融支持乡村振兴新渠道，开展农户信用建档，扶持农户和新型经营主体发展产业，2022年全市共建档评级110.3万户，向24.65万户农户授信217.6亿元，向9.65万户农户发放贷款145.2亿元，有效培育了致富新型农业经营主体1.1万家，带动脱贫户7.1万户。

（五）健全劳动法律法规和保障劳动者权益

在全国率先出台《工程建设领域推行第三方担保代替农民工工资保证金缴存暂行办法》，释放政策红利2亿多元，实现了"惠企""保支"双利好，连续2年代表湖北省迎接国家根治欠薪工作专项考核，获得全国第四的好成绩。

五、社会保障体系更加完善

襄阳市认真贯彻落实党的十八大、十九大、二十大及历次全会精神和习近平总书记对社会保障体系建设工作的重要指示批示精神，坚持以习近平新时代中国特色社会主义思想为指导，紧紧围绕保障和改善民生，扎实推进社会救助体系、妇女儿童事业发展、残疾人事业、住房建设等各项工作不断发展。

（一）完善社会救助体系和最低生活保障制度

实行社会救助标准动态调整机制，2012—2020年城市低保保障标准由每人每月450元提高至每人每月690元，增加了53%；农村低保保障标准由每人每月345元提高至每人每月490元，增加了42%。2014年以来，发放低保贫困户救助保障资金2.8亿元，发放五保贫困户救助供养资金3.48亿元，发放困难残疾人生活补贴和重度残疾人护理补贴0.91亿元，实施临时救助40835人次，救助资金0.75亿元，兜牢兜实了民生底线。

（二）坚持男女平等和保障妇女儿童合法权益

1.优化妇女儿童发展环境

襄阳陆续出台《襄阳市妇女发展规划（2021—2030）》等文件，为妇女儿童事业发展提供一系列扶持；设立妇女议事会；建立市县两级家庭暴力庇护中心、市县两级婚姻家庭纠纷人民调解委员会；成立市维护妇女儿童权益暨"平安家庭"建设专项组，开展平安护万家婚姻家庭矛盾排查化解专项行动；成立由市政府分管民政和公安工作的副市长"双挂帅"，多部门领导同志"同参与"的未成年人保护工作领导小组，并实现县（市、区）未保协调机制全覆盖。

2.服务妇女儿童多元化需求

探索建立贫困妇女"两癌""查救治"服务机制，免费为57万名城乡妇女进行"两癌"筛查，按照每人1000元至10000元标准救助2765名贫困妇女"两癌"患者。投入474万余元实施公益项目190个，依托社会组织提供精准服务，惠及80多万妇女儿童和家庭。实施"单亲特困母亲安居工程"，帮助103户单亲特困母亲家庭建新房。通过"金凤工程"募集资金700多万元，资助2000余名贫困女学子入学。"新建200所市级留守儿童爱心服务站"连续三年纳入政府十件实事，建成留守儿童爱心服务站840所、流动站16所，打造示范站点100所。

3.妇女儿童事业发展成效

全市妇女健康状况不断改善。妇女人均预期寿命和受教育程度明显提升。至2022年，女性平均受教育年限为10.96年，比2011年增加1.2年；女性专业技术人员占比为47.2%，其中高级专业技术人员中女性所占比例为44.1%，比2011年提高5.1个百分点。政治地位和经济地位不断提高。市、县（市、区）各级各类代表中女性代表占比较2011年都有大幅提升，妇女参与公共决策和社会治理水平不断提升，社会地位显著提高，合法权益得到有效保障。

婴幼儿生命质量逐步提高。至2022年，婴儿死亡率、5岁以下儿童死亡率分别为2.49‰和3.96‰，比2011年分别下降2.51个和2.09个千分点。儿童健康水平不断提升。0—6个月婴儿纯母乳喂养率达到88.27%，5岁以下儿童中重度贫血患病率为0.39%。儿童疫苗接种率全面提高。纳入国家免疫规划的各类疫苗接种率均已超过99%。儿童合法权益和特殊利益保护机制得到有效维护。儿童中心数量达到2109个，比2011年增加1869个；271名未成年人得到法律机构援助，比2011年增加96人。落实孤儿养育标准自然增长机制，2022年社会散居孤儿养育标准、福利机构供养孤儿养育标准分别达到1410元/月、2256元/月，困境儿童保障水平进一步提高，儿童保护体系进一步完善，儿童发展的社会环境进一步优化。开展"儿童福利信息动态管理精准化提升年"专项行动。精准掌握农村留守儿童、困境儿童、孤儿、儿童督导员、儿童主任等服务对象底数。定期召开未成年人保护工作领导小组全体会议和"三留守"联席会议，完善农村"三留守"信息台账，定期探访和关爱"三留守"人员。依托12345政务服务平台，开通全市未成年人保护热线，畅通强制报告和救助保护渠道。

（三）完善社会救助福利和优抚安置等制度

1.社会救助体制建设更加完善

十年来，襄阳市认真落实《社会救助暂行办法》《湖北省社会救助实施办法》等文件，建立了以城乡低保、特困供养为核心，以临时救助、医疗、住房、教育、司法等专项救助为辅助，覆盖城乡的社会救助体系。实行社会救助标准动态调整机制，2012—2020年城市低保保障标准由每人每月450元提高至每人每月690元；农村低保保障标准由每人每月345元提高至每人每月490元。

2.社会救助机制建设更加便民

搭建了"一门受理、协同办理"的社会救助综合服务平台，2018年，城乡低保审批权限下放乡镇。将最低生活保障范围扩大到低收入家庭中的重残人员、重病患者。对低收入家庭中的重残人员、重病患者等特殊困难人员，经本人申请，参照"单人户"纳入低保。将特困人员救助未成年人年龄从16周岁延长至18周岁。

3.社会救助水平不断提高

截至2022年9月，全市共有城市低保1.3万户1.99万人，月发放保障金901万元；农村低保4.37万户8.04万人，月发放保障金2869万元；特困供养对象2.75万人，月发放保障金3265万元；累计发放临时救助资金2000万元，救助7517万人次，人均救助2661元。城乡低保实现了动态管理下的应保尽保，特困供养对象的生活条件及生活质量明显提升，临时救助水平不断提高，切实保障了民生。

（四）残疾人事业全面发展

新时代十年，襄阳落实残疾人两项补贴资格认定申请"跨省通办"和残疾人两项补贴申请"全程网办"政策，累计为31338名困难残疾人和61999名重度残疾人，发放两项补贴金额6680万元。过去五年，共为残疾人提供基本康复服务18万人次，残疾人基本康复服务覆盖率保持在90%以上，高于全省平均水平。

（五）住建事业稳健发展

住房保障能力不断增强。对全市858个老旧小区实行改造，改造棚户区11.7万套；市区开工建设公租房（含廉租房）26390套222.59万平方米，已建成21834套，惠及困难群众5万余人；累计发放租赁住房补贴2.3万户、9478万元。公租房有效解决了城镇中低收入困难家庭、在襄稳定就业的外来务工人员和新就业无房职工、引进人才的住房问题，形成了较为完整的住房保障政策体系、多渠道的房源筹集体系、多层次的分配体系和规范有序的管理体系。

无人机航拍襄城檀溪片区（襄阳融媒体记者王虎供图）

房地产业平稳健康发展。房地产市场发展速度不断加快，人民群众居住条件明显改善。全市新增商品房供应5309万平方米，其中住宅4134万平方米，基本形成了低端有保障、中端有市场、高端有供给的住房体系，梯级价格产品可满足各个阶层的购房需求。房地产平稳健康发展不仅拉动了经济增长，而且扩大了就业规模，提高了人民收入水平，为全市经济社会发展作出了积极贡献。

六、共建共治共享的社会治理新格局基本形成

襄阳作为湖北的省域副中心城市，在中央和省委的坚强领导下，发扬实事求是的精神，不断提升治理的活力和效率，城乡基层治理体系日益完善，人民群众的获得感、幸福感、安全感显著提升。

（一）建设预防和化解社会矛盾机制

襄阳坚持发展"枫桥经验"，在枣阳市、谷城县、襄州区、高新区开展以矛盾纠纷为主题的人民调解中心建设试点工作。全市共成立行业性专业人民调解委员会110个。近十年来，襄阳市人民调解成功率达90%。襄阳市房产和物业纠纷人民调解委员会被司法部表彰为"全国模范人民调解委员会"。医疗纠纷调解"襄阳经验"在全国推广。

（二）健全公共安全体系

1.主动担难担险，守卫人民生命财产安全

新冠疫情期间，市区近6000名环卫工人全员备勤，全力以赴做好垃圾清运、精准消杀和城乡环境整治等工作，生活垃圾日产日清，消毒杀菌扎实有效，城乡环境面貌显著改善，全市环卫工人实现零感染。在市区强降水期间，迅速防汛清淤，以最快速度恢复了市容市貌，保障了市民出行安全。

2.应急管理工作成效提升

新时代十年，在市委市政府领导下探索完善了应急管理机制体制，初

步建立起政府主导、应急牵头、部门联动、社会参与的应急管理新体系。印发《襄阳市构建防抗救一体化应急指挥协调机制实施意见》，进一步厘清各部门在事故灾难和自然灾害应对中防与治、抢与救的职责边界，全面提升事故灾难和自然灾害防范应对能力。

3.防灾减灾救灾体制机制进一步完善

襄阳市相关部门先后印发《襄阳市关于建立健全应急物资保障体系，打造汉江流域区域性应急物资储备中心的实施方案》和《襄阳市应急物资储备管理应急预案》，救援物资保障能力大幅提升。防灾减灾救灾基础逐渐改善，全市新建、改建城市社区应急避难场所24个，成功创建全国综合减灾示范社区29个、全省综合减灾示范社区64个，启动建设防灾减灾宣传教育基地2个，健全完善了3176名的"市、县、乡、村"四级灾害信息员队伍。通过积极组织开展防汛抗旱、地质灾害、森林防火等自然灾害应急演练，应对自然灾害应急处置能力不断提升，多次成功有效应对处置了极端恶劣天气、城市内涝、防汛抗旱、森林火灾等自然灾害。

（三）加快社会治安防控体系建设

1.严厉惩治刑事犯罪

新时代十年，襄阳制定了《襄阳市司法行政系统开展扫黑除恶专项斗争实施方案》，明确了司法行政机关参与扫黑除恶专项斗争具体职责任务。圆满完成扫黑除恶专项斗争，一审审结涉黑涉恶案件129件907人，依法严惩了一批涉黑涉恶犯罪分子，极大震慑了黑恶势力，净化了社会风气。

2.扎实做好安置帮教工作

全市基本形成了"横向到边，纵向到底，上下贯通，依托基层，多方参与"的帮教安置网络。加强刑满释放人员安置帮教工作组织领导，建立市级安置帮教联席会议制度，12个县（市、区）建立县级安置帮教联席会议制度。落实"必接必送"和"双列管"措施，最大限度地实现了对接无缝隙、帮教无遗漏。

3.强制隔离戒毒场所保持安全稳定

坚持高标准建立科学、统一、规范化司法行政戒毒工作模式。教育戒治工作体系不断完善。扎实开展安全生产整治，场所未发生脱管脱逃、伤医伤警事件。

（四）加快社区治理体系建设

1.社区综合服务设施更加完善

通过标准化社区建设、社区党群服务中心建设、新建改建城市公厕、新增机动车停车泊位等举措，新建、改扩建社区党群服务中心212个，社区综合服务设施覆盖率达100%，城市公厕达573座，停车位新增17100余个，有效缓解"停车难"问题。

2.社区治理能力持续提升

市委市政府先后出台了《关于进一步加快社区建设的意见》等文件，推进以"放权赋能"为重点的社区治理改革，从优化社区规模、加强社区工作者队伍建设、健全社区自治组织、完善社区志愿服务等方面，着力打造基层社会治理共同体。先后探索了"四小工作法""三长两员一片警""志愿服务4S站"等自治共治办法。

3.社会组织监督管理持续规范

截至2022年，全市共登记社会组织3201个。市级共登记社会组织478个（其中，社会团体349个，民办非企业单位126个，非公募基金会3个）。当年，市民政局完成社会组织年检443个，年检率达到90%以上。

4.社会工作和志愿服务工作取得新突破

截至2022年9月底，襄阳市实名注册志愿者突破100万人，持证社工2441名，全市慈善组织24家，志愿服务组织、慈善组织、民办社工机构实现了县市区全覆盖。

第四章 生态文明建设发生显著变化

党的十八大把生态文明建设纳入中国特色社会主义事业"五位一体"总体布局，明确提出大力推进生态文明建设，努力建设美丽中国，实现中华民族永续发展。襄阳市积极贯彻落实习近平生态文明思想，狠抓生态文明建设，全市生态环境明显改善。

一、全力推进生态文明体制改革

2012年以来，襄阳市深入贯彻习近平生态文明思想，不断完善生态文明体制机制，加快推进生态文明建设，使生态文明建设的地位和作用更加凸显。

（一）建立生态文明领导体制

襄阳市不断完善生态文明领导体制，强化顶层设计，夯实源头治理，充实环保力量，锻造了一支优秀的环保铁军。2014年，襄阳市成立"生态文明体制改革领导小组"，启动《襄阳生态市建设规划纲要》编制工作，全面开启了生态文明建设。2019年，襄阳市成立生态文明体制改革专项小组，重大改革事项由市领导领衔，实行"五个一"工作机制，使生态文明建设领域改革任务全面推进。2021年6月，襄阳市调整生态环境保护委员会，县（市、区）均建立了生态环境保护委员会，成立了大气污染防治指挥部。出台部门生态环境保护责任清单，严格落实"一票否决"、风险评估、生态补偿、生态损害赔偿等机制，使环保成效与领导干部实绩挂钩。

（二）优化环保行政审批制度

按照国务院、省政府关于深化行政审批制度改革的要求，襄阳市不断改革环保行政审批制度。2014年，襄阳市颁发《市人民政府关于取消、调整行政审批和管理服务事项的通知》，下放学校、体育场、房地产开发等小污染项目的环评审批，实行属地管理。同时全面推行、完善网上环保审批制度改革，让群众少跑腿，让数据多跑路。2015年市环保局将市级环境行政许可、审批移交襄阳市行政审批局，开启了行政审批事项"一"时代。

（三）推进生态文明立法

市人大常委会先后制定出台了《襄阳市汉江流域水环境保护条例》《襄阳市农村生活垃圾治理条例》《襄阳市城市生活垃圾治理条例》《襄阳市城市建筑垃圾治理条例》《襄阳市鱼梁洲生态保护条例》等地方性法规，作出《襄阳市人大常委会关于坚决贯彻执行全国人大常委会、省人大常委会决定，全面禁止非法野生动物交易、革除滥食野生动物陋习、切实保障人民群众生命健康安全的决定》《襄阳市人大常委会关于推进绿满襄阳再提升行动的决定》《襄阳市人大常委会关于汉江襄阳段全面禁渔的决定》《襄阳市人民代表大会常务委员会关于加快推动襄阳都市圈高质量发展的决定》等，为奋力打造汉江流域高质量发展标杆城市提供有力支撑。"岘山保护管理办法"进入立法程序，建立健全最严格最严密的生态环境保护法律制度。

（四）明确生态文明责任

2015年8月，市政府印发《襄阳市环境保护工作责任规定（试行）》，构建以生态环境质量为核心的考核奖惩评价体系，全面推行环境保护"党政同责、一岗双责"制度，建立健全空间规划、用途管制、领导干部自然资源资产离任审计、差异化绩效考核等治理体系。印发《襄阳市生态文明体制改革实施方案》，力争在全面深化生态文明体制改革上走在全省前列。2016年，襄阳市加快生态文明建设，完成自然资源资产负债表编制和领导干部自然资源资产离任审计制度建设。2017年，襄阳市围绕"担当筑牢湖北重要生态屏障、打造长江经济带重要绿色增长极"新使命，制定《创建国家生态文明建设示范市规划》，出台《环境保护"一票否决"暂行办法》，印发《环境保护工作任务清单》，构建从严推进生态建设和环境保护的制度体系。2018年，襄阳市先后制定《襄阳市生态文明建设目标评价考核办法》《生态文明建设目标考核体系》《襄阳市绿色发展指标体系》《襄阳市污染防治攻坚战工作方案》，将环境保护纳入县级领导班子和市直19家重点单位综合考评目标体系，开展专项督查和综合督查，构建环境保护责任链条。2019年3月，市发改委印发《汉江生态经济带襄阳沿江发展规划（2018—2035年）》，明确汉江生态经济带襄阳沿江发展的总体规划和空间发展、生态建设与环境保护、水利发展、综合交通运输体系建设、城镇化建设、产业发展、文化旅游发展7个专项规划，致力把汉江襄阳沿江区域打造成生态绿水青山、路畅岸安，产业现代高端、园区集聚，城市智慧便捷、宜业宜居，文化保护传承、汉风楚韵的美丽新汉江。

二、切实加强环境保护

襄阳市坚持预防为主、综合治理，强化大气、水、土壤等污染综合防治，坚决打赢污染防治攻坚战。

（一）守护一片蓝天

2014年以来，襄阳市启动全市大气污染防治工作，对影响市区空气质量的主要污染源开展专项整治，实施淘汰落后产能、工业污染源治理、重点行业清洁生产、机动车污染综合控制、清洁能源利用改造、扬尘污染控制、环境管理能力建设等方面重点项目。突出抓好"三治"（城市扬尘污染治理、重点工业污染源治理、油气回收和机动车尾气治理）、"四禁"（禁秸秆露天焚烧、禁高污染燃料、禁城区燃放烟花爆竹、禁露天烧烤）组合措施，环境空气质量恶化趋势明显控制。在全省率先制定《襄阳市挥发性有机物污染整治工作方案》，修订出台《襄阳市区燃放烟花爆竹管理暂行规定》，印发《襄阳市蓝天保卫战实施方案》《襄阳市蓝天保卫战三年行动计划》《襄阳市蓝天保卫战行动计划》《襄阳市重污染天气应急预案》《襄阳市挥发性有机物污染防治三年行动方案》等，实施襄阳历史上最严格的大气污染防治攻坚行动，环境空气质量明显好转。2022年，市区 PM_{10}、$PM_{2.5}$ 均值分别较2015年下降了32微克/立方米、26.4微克/立方米；优良天数达到256天，比2015年增加50天。保康县、南漳县、枣阳市达到国家二级标准，老河口市、谷城县临近达标。

（二）保护一江碧水

目前，全市有大中小河流985条，其中流域面积在100平方千米以上的66条，均属长江水系，次分属汉江、沮漳河两水系，最终流入长江。汉江是长江的最大支流，全长1577千米，流经襄阳境内长195千米，是襄阳人民的母亲河。所以保护和治理汉江一直是襄阳生态文明建设的重要工作。2014年，襄阳市成功入选全国第二批水生态文明城市建设试点，成为全国百家试点城市之一，保康入选全国水土保持生态文明综合治理示范县。全市启动最严格水资源管理制度考核工作。深入推进"九水润城"战略，把水生态文明理念融入城市建设和水系治理，努力做好"保障水安全、强化水功能、彰显水生态、打造水景观、弘扬水文化、完善水制度"六大文章。2016年，襄阳市编制《襄阳市水生态文明建设规划（2015—2030）》，把汉江干支流水质达标率和重点减排工程纳入目标考核，实行一票否决制。与南阳市建立唐白河水环境联防联控机制。启动汉江航道综合整治，实施汉江、唐白河航运开发，使汉江达到千吨级通航条件，使唐白河成为连接鄂豫二省的水运新通道。印发《襄阳市水污染防治行动计划工作方案》，全面部署涉及水环境保护和水污染防治的工作，明确责任单位。颁布《襄阳市汉江流域水环境保护条例》，开工建设海绵城市，着力实施襄水全域生态修复与风光带建设工程。2017 年襄阳市在全省率先制定印发《关于全面推行河库长制的实施意见》，全市建立市、县、乡、村四级河库长制责任体系。实行河库长、防汛责任人、拆除网箱围网责任人、区搬迁责任人制度，全市 985 条河流、1210 座大中小型水库全部实行生态综合治理，解决汉江非法采砂、水库投肥养鱼、围栏网箱养殖等问题。2019 年，襄阳市重拳出击开展汉江水环境治理，点对点、实打实、硬碰硬打好长江大保护十大标志性战役。2020 年健全完善河湖长制，在全省率先实行河湖长述职制度，推动河湖长领责履职规范化常态化。2022 年，襄阳市碧水保卫战继续走在全省前列，大江大河水质持续向好，15 个国考水质断面优良率 100%，28 个省考水质断面优良率 96.4%，汉江干流连续六年保持 II 类水质，主要支流水质明显改善，沮河、漳河、南河提升至 I 类，北河稳定在 II 类，小清河、蛮河、唐白河、滚河达到 III 类。

（三）厚植一方净土

土壤是生态环境的基本要素之一，是国家重要的自然资源之一，也是农民的必备生产要素之一，土壤质量的好坏直接关系到粮食安全和身体健康。十年来，襄阳对土壤环境保护和污染防治工作进行了积极探索和有益实践。2016 年，襄阳启动《土壤污染防治行动计划工作方案》编制工作，基本建立"村收集、镇转运、县处理"农村垃圾收集清运处理体系，土壤环境质量总体稳定。2018 年，襄阳市以防控土壤环境风险为目标，逐步改善土壤环境质量。完成农用地土壤污染状况详查样品采集，采集样品 1691 个。开展重点行业企业用地调查，核实全市企业信息 692 家。2019 年，完成全市生态保护红线评估，南漳县创建为省级生态文明示范县，保康尧治河村入围第三批"绿水青山就是金山银山"实践创新基地名单。围绕受污染耕地安全利用率、污染地块安全利用率不低于 90% 的总目标，抓好土壤环境质量改善和安全利用工作，全面完成全市农用地土壤污染状况详查工作，保障了农产品质量和人居环境安全。2020年，完成重点行业企业用地土壤污染状况详查，对全市24家土壤环境高关注度地块开展采样布点方案编制。明确建设用地管理措施，督促29家沿江化工企业和危化品生产企业，对搬迁腾退土地开展土壤环境状况调查评估，并全部纳入疑似污染地块管理。开展农用地环境质量分类管理，全市耕地土壤环境质量类别划分完成。积极推进生态文明示范建设四级联创。宜城市、枣阳市完成创建规划编制并实施，2020年全市建成7个省级生态示范乡镇，59个省级生态示范村。

（四）改善人居环境

新时代，襄阳不断推进农村生活垃圾治理、乡镇污水处理以及厕所革命，为改善人居环境作出了重大努力和尝试。

1.农村生活垃圾治理不断规范

襄阳市以镇为试点，总结经验，不断完善农村构建"户分类—村收集—镇转运—县处理"的垃圾处理体系，规范农村生活垃圾治理流程、责任、资金、设备、机制、考核"六大链条"。积极探索PPP模式，在乡镇组建垃圾清运公司各乡镇、村、组均配备保洁员，各行政村基本实现村级垃圾清运设施全覆盖。截至2017年5月底，襄阳市所有乡镇均成立住建分局，负责村镇规划、建设、城建监察、市容环境、拆违控违、农村生活垃圾治理等综合协调管理工作。2018年3月20日，《襄阳市农村生活垃圾治理条例》颁布施行，配套出台《襄阳市农村清洁工程三年（2018—2020年）行动方案》《关于在全市开展农村清洁家园百日行动的通知》《襄阳市城乡生活垃圾无害化处理全达标三年行动实施方案》《襄阳市农村人居环境整治三年行动实施方案》，明确农村生活垃圾无害化处理目标任务。2021年，襄阳市把美丽乡村建设作为乡村振兴的重要抓手，以治理农村生活污水、垃圾、小河流河道清淤为重点，开展村庄清洁行动。

2.乡镇污水处理设施逐渐健全

襄阳市乡镇生活污水治理工作于2016年底在全省率先铺开。2020年底，全市140个乡镇生活污水项目完成建设，陆续转入商业运营阶段。为确保乡镇污水项目正常稳定运营，襄阳市建立乡镇生活污水厂厂长负责制，各县（市、区）住建局主要负责人担任本县总厂长，负责全县（市、区）乡镇污水收集处理项目的监督、协调、检查、通报，接受环保督察；各乡镇政府主要负责人担任乡镇污水厂厂长，负责本镇厂站和管网的日常督办和检查，加强对管网保护的宣传，防止人为破坏乡镇污水收集处理设施。

（五）推进生态修复

加快推进中央财政支持山水林田湖草生态保护修复工程试点申报工作，编制完成立项建议书；谋划储备省级跨区域、跨流域生态修复项目5个。探索开展国土空间综合整治。在襄州区、枣阳市、宜城市、谷城县等地，通过土地流转的方式，结合城乡建设用地增减挂钩、未利用地开发利用、工矿废弃地复垦利用等工作，采取"公司＋合作社＋农户"的模式打造田园综合体项目。2020年印发《襄阳市生态环境损害赔偿制度改革实施方案》，支持全市具有环境监测资质和实力的机构，参与全省环境损害司法鉴定审核登记，成立环境损害司法鉴定机构。深入实施市内流域横向生态保护补偿机制，核定小清河、滚河、蛮河涉及相关县（市、区）、开发区补偿资金840万元。2022年，全市29家沿江化工企业已全部完成关改搬转。扎实推进排污口溯源整治，探索建立跨省、跨市流域上下游突发水污染事件联防联控机制，牢牢守住水生态环境安全底线。

三、推进城市绿化和形成绿色生产生活方式

城市绿化是生态文明建设的重要内容，也是改善城市人居生活环境的重要抓手。十年来，襄阳市着力推进城市生态工程建设，协同推进降碳、

减污、扩绿、增长，在全社会营造植绿、爱绿、护绿、兴绿氛围，大力推动国家园林城市创建，使城市环境更美好，人民生活更幸福。

（一）"绿满襄阳"见成效

2014年襄阳编制完成《襄阳市城市绿地系统规划》，从多层面构建襄阳全域生态框架体系，打造宜居的绿色生态家园，实施"500米见绿，1000米见园，2000米见水"的生态绿化目标，构筑集"山、水、洲、林、城"于一体，自然与城市景观和谐共生的后现代花园式"绿色襄阳城"。襄阳市被授予"国家森林城市"荣誉称号。襄阳市累计投资30亿元实施绿色通道、绿色水系、绿色村庄、绿色荒山（基地）、绿色屏障五大绿化工程，将"绿化、美化、彩化、香化"的全方位理念引入城市园林建设，开展"增彩延绿"工程、拆墙透绿和美化庭院行动。全市共创建国家级生态乡镇3个、国家级生态村2个，省级生态乡镇73个、省级生态乡村550个，保康县、谷城县成功创建国家生态文明建设示范县，南漳县、枣阳市成功创建

保康县马桥镇尧治河村民居（襄阳融媒体记者安富斌供图）

省级生态文明建设示范县（市），尧治河村成为国家第三批"两山"实践创新基地。

（二）"海绵城市"入人心

2014年襄阳首次将"海绵城市"理念引入绿地建设，一批运用"海绵城市"理念和园林景观建设相结合的试点陆续建成。2016年开工建设海绵城市855万平方米，2017年开工建设海绵城市607万平方米。2019年，襄阳市制定《襄阳市海绵城市规划设计导则》，推进海绵城市建设，完善中心城区排水管网、水系现状图、优化排水分区建设，加大园林绿化项目建设，提高绿地质量，改善城市生态环境。鱼梁洲中央生态公园项目、环岘山绿道工程（一期）等海绵城市项目20个，计划新建海绵城市面积21平方千米，建成面积11平方千米。2023年，襄阳市入选国家"十四五"第三批系统化全域推进海绵城市建设示范城市，之后3年将获得10亿元中央财政补助资金。襄阳将有序实施八大类110个海绵城市建设示范项目，重点实

襄阳汉江岸线生态绿道（襄阳融媒体记者王虎供图）

施汉江及其重要支流水系综合治理及生态廊道建设、汉江堤防提档升级、病险水库除险加固、排水管网泵站改造、渍涝点改造、雨污分流、海绵公园绿地建设等，全面补齐老城区基础设施短板，构建蓝绿灰融合的海绵城市设施体系。

（三）"厕所革命"有进展

近年来，襄阳积极推进"厕所革命"，在全域实施公厕全覆盖，改善百姓如厕环境，提升百姓幸福感。"十三五"期间，襄阳编制了《襄阳市城市"厕所革命"专项规划（2018—2020年）》，根据该规划，2018—2020年，襄阳市需完成城市公厕新建改建目标任务867座，截至2020年12月底，实际完成1013座，完成率116.84%。提升公厕美观性和实用性，提升公厕档次。推进公厕云平台建设，实现"微信扫一扫，公厕全知道"。强化公厕运营维护管理，在全省率先推行免费提供厕纸和洗手液等便民服务。

（四）"减量化增长"助发展

为了推动节能减排，襄阳市制定《关于推进减量化增长探索绿色发展路径的实施方案》《襄阳市生态文明建设目标评价考核办法》《襄阳市生态文明建设目标考核体系》《襄阳市绿色发展指标体系》，推进减量化增长促进绿色发展模式。探索经济增长率与资源消耗增长率反向运动的实践路径，实施高质量发展十大重点工程，助推"一个龙头、六大支柱"产业体系转型升级。出台支持企业技改"金十条"措施，全力打造"新能源汽车之都"。推动碳排放交易试点，纳入全省碳排放交易体系的38家企业全部完成履约。推进园区循环化改造，襄城经济开发区成为园区循环化改造省级重点支持园区。发展清洁能源，华电襄阳生物质气化耦合发电项目建成投产，是全国首个生物质气化耦合发电项目混合气化试验成功的项目。

（五）垃圾分类有成效

2018年4月，市政府制定《襄阳市城市生活垃圾分类制度实施方案》，明确生活垃圾分类覆盖率三年行动方案，即2018年底达20%，2019年底达40%，2020年底达60%。同时，印发《襄阳市城市生活垃圾分类技术导则》《襄阳市市民生活垃圾分类指引》指导居民开展垃圾分类。襄阳垃圾分类治理经验在全省推广并在全国市容市貌整治工作现场会上进行了典型经验交流发言。2018年11月，市政府出台《襄阳市城市生活垃圾治理条例》，为推进城市生活垃圾强制分类提供了法制保障。2019年，襄阳在全市范围内的公共机构、相关企业和居民小区开展生活垃圾分类示范单位创建评选。制定《襄阳市区城市生活垃圾分类工作奖补经费分配使用方案（2019—2021年）》，对居民小区生活垃圾分类推进工作进行奖补。对市区居民小区（含部分单位家属院）安装生活垃圾分类投放设施，拨付财政奖补经费。襄阳市形成了门类齐全、管理规范的生活垃圾分类处理体系。

四、进一步加强环境监管

襄阳先后出台推进长江经济带重要绿色增长极建设的决定、推进高质量发展十大重点工程、探索绿色发展路径实施方案、打好三大攻坚战重点战役实施意见等重要文件，作出了"加快建设美丽襄阳、率先实现绿色崛起"的决策部署，全面完成"四个三重大生态工程"建设任务，各级党委、政府和相关部门生态环境保护的政治责任不断压实。围绕改善提升汉江流域生态环境，积极推动构建"市委政府主导、人大政协监督、市直部门联动、社会广泛参与"的生态文明建设长效机制和监管机制，深入开展生态环境执法检查和大气污染防治专项监督，推动环境质量持续改善。

（一）健全环境应急联动制度

2014年以来，襄阳市环保部门就跨流域污染问题分别与南阳市环保局和荆门市环保局建立唐白河流域襄南联防联控联席会议制度，定期通报情况，研究污染防治对策。在发生环境污染事件后，相互协作，整体联动。

与襄阳市公安消防支队、襄阳市水利局、市交通运输局、市南水北调办和市安全生产监督管理局等签订应急联动工作协议。会同市法院、市检察院和市公安局联合印发《襄阳市环境行政执法与刑事司法联席联动工作的实施意见》。建立"两法衔接"信息共享、案件移送、联席会议和执法联动等相关工作机制。2023年，襄阳市制定了《襄阳市流域综合治理和统筹发展规划纲要》，深入推动流域水生态环境综合治理。

（二）完善环境污染应急预案

2014年襄阳市政府制定了《襄阳市突发环境事件应急预案》。2015年市环保局与市气象局签订《关于联合开展重污染天气预警预报和改善城市空气质量工作的框架协议》，建立本地空气质量监测预警体系。发布《襄阳市危险化学品事故应急救援预案》，用于处置危险化学品生产、经营、储存、运输、使用和废弃处置等过程中发生突发环境污染事件。发布《襄阳市重污染天气应急预案》，建立健全全市城区范围内重污染天气预警和应急响应机制。2016年发布《襄阳市突发土壤污染环境事件应急预案》《襄阳市饮用水源突发环境事件应急预案》《襄阳市环保局辐射事故应急预案》。2017年发布《襄阳市突发环境事件应急预案》《襄阳市重污染天气应急预案》。2019年对《襄阳市重污染天气应急预案》进行补充完善、重新修编，整体构建了一套以预防为主、统筹为要、治理为标的生态环境保护体系。

（三）推进环保督察整改

针对环保督察整改项目，襄阳市采取常态化调度、清单化督办、不定期暗访、限时交账、突出问题市领导领衔督办等措施，全力推进环保督察整改，一大批突出环境问题得到解决，张湾磷石膏堆场变身江滩公园，全市11家省级以上工业园区集中式污水处理厂全部实现达标排放。

（四）完善环境监管治理体系

治理模式更新颖。工业园区普遍推行"环保管家"服务，更多企业主动引入第三方治理，行业治理走向多部门联合发力，治理质效明显提升。治理手段更精准。运用雷达扫描、无人机巡飞、走航监测、日夜巡查等手段，联合"环保管家"团队，开展 $PM_{2.5}$ 源解析、通风廊道研究、臭氧成因分析，持续强化面源管控。监管措施更科学。执法监管实现差别化、远程化、智慧化、网格化，治理攻坚实现清单化、标准化、系统化，提高了精准度、实战性、及时性。环境科研更深入。坚持科学治污、精准治污，发挥科研作用，用好"国家队"，生态环境部环境规划院、国家长江研究中心、省环科院等科研队伍助力襄阳环境治理研究与实践。

　　本编执笔人：刘南方　襄阳市委党校法学教研室教师

　　　　　　　　薛　鸽　襄阳市委党校马克思主义基础理论教研室教师

　　　　　　　　曹彦兵　襄阳市委党校党史党建教研室主任

　　　　　　　　孙　莎　襄阳市委党校党史党建教研室教师

　　　　　　　　杨欢欢　襄阳市委党校党史党建教研室教师

　　　　　　　　杨　珂　襄阳市委党校党史党建教研室教师

　　　　　　　　崔旭阳　襄阳市委党校党史党建教研室教师

　　　　　　　　胡　玲　襄阳市委党校经济学教研室教师

　　　　　　　　孙梦宇　襄阳市委党校马克思主义基础理论教研室教师

　　　　　　　　杨金鹏　襄阳市委党校马克思主义基础理论教研室教师

　　　　　　　　张紫菁　襄阳市委党校党史党建教研室教师

　　　　　　　　张　敏　襄阳市委党校教务科副科长、公共管理教研室教师

后　记

　　《襄阳发展成就通览（1921—2021）》一书是中共襄阳市委党校（襄阳市行政学院）认真学习回顾党的百年奋斗历程、总结提炼襄阳革命和建设成就而谋划的，得到了中共襄阳市委组织部的支持；也是我校自2022年启动培训教材自编工作以来完成的第五本教材，为我校的干部培训工作提供了优质高效的有力支撑。

　　自2022年7月启动以来，市委党校先后三次召开编写工作推进会，研究体例结构，明确写作方法和具体要求。本书共分为新民主主义革命时期襄阳的革命史、社会主义革命和建设时期襄阳的发展成就、改革开放和社会主义现代化建设新时期襄阳的发展成就以及新时代十年襄阳的发展成就和变革四个部分，其中前三个部分的文稿由襄阳市教育科学研究院高中教研室主任石雄斌牵头，组织部分重点高中历史老师编撰并审定，第四部分由市委党校组织骨干教师撰稿。初稿形成后，襄阳市第一中学正高级教师张利宝老师负责对全书进行专业性审读，逐章认真修改，关照各部分与主题的联系，确保大体均衡协调。全书形成后，市委党校分别聘请梁发双、李地宝、詹学德等文史专家，对四个不同历史时期的内容进行审读，并充分吸收专家提出的意见，进行反复打磨，确保了文稿质量。在编写过程中，襄阳市史志研究中心、襄阳市档案馆给予了大力支持，提供了较为翔实的史料，襄阳融媒体中心提供了图片，在此一并表示衷心感谢！

中共襄阳市委党校（襄阳市行政学院）常务副校（院）长罗丽高度重视本书的编写工作，审核框架、督导进程、把关质量。教育长杨华斌同志密切关注，全程参与，认真审核，提高了文稿的精准度。科研科张承武、孙梦宇、薛鸽负责统稿、组稿，对专家反馈意见作文字修改，以及协调照片统筹、采编和布局等工作。

本书是市委党校与外单位合作的典范，编写工作时间长、跨度大、要求高、协调难度大，对党校来说既是一次创新，更是一次挑战。加之我们对本土党史研究还不够深入，现有馆藏资料不够丰富，文中可能存在诸多不足之处，敬请读者提出宝贵意见，以帮助我们进一步提高编写水平。

作 者

2025 年 3 月